팀 켈러의 부활을 입다

HOPE IN TIMES OF FEAR

팀 켈러의 **부활을 입다**

지은이 | 팀 켈러
옮긴이 | 윤종석
초판 발행 | 2021. 3. 24
14쇄 발행 | 2024. 3. 21
등록번호 | 제1988-000080호
등록된 곳 | 서울특별시 용산구 서빙고로65길 38
발행처 | 사단법인 두란노서원
영업부 | 02)2078-3333 FAX | 080-749-3705
출판부 | 02)2078-3330

책값은 뒤표지에 있습니다.
ISBN 978-89-531-3964-0 03230

독자의 의견을 기다립니다.
tpress@duranno.com www.duranno.com

두란노서원은 바울 사도가 3차 전도 여행 때 에베소에서 성령 받은 제자들을 따로 세워 하나님의 말씀으로 양육
하던 장소입니다. 사도행전 19장 8 - 20절의 정신에 따라 첫째 목회자를 돕는 사역과 평신도를 훈련시키는 사역,
둘째 세계선교™와 문서선교단행본·잡지 사역, 셋째 예수문화 및 경배와 찬양 사역, 그리고 가정·상담 사역 등을 감
당하고 있습니다. 1980년 12월 22일에 창립된 두란노서원은 주님 오실 때까지 이 사역들을 계속할 것입니다.

인생 단 하나의 희망,
하나님의 위대한 반전

○

팀 켈러의
부활을
입다

팀 켈러 지음
윤종석 옮김

두란노

▽

수십 년째 그리스도 안에서 우정을 나눈 벗이자
주님이 가꾸시는 포도원에서 충성을 다하는 일꾼이며
손 대접의 초자연적인 은사로
여러 해 동안 우리를 지원해 준
레이 레인Ray Lane과 질 레인Gill Lane에게

Contents

Part 1

**답 없는 세상,
희망을
묻다**

Part 3
예수의 부활이
나의 부활이
되다

Part 4
두려운 현실
한복판에서
부활의 권능을 입다

○

서문

모든 두려움을 몰아내는
생명의 빛

2002년, 갑상선암에 걸려 투병하는 동안 800쪽에 달하는 톰 라이트N. T. Wright의 역작 《하나님의 아들의 부활The Resurrection of the Son of God》을 읽었다. 그 책은 나의 신학적 이해에 아주 큰 도움이 되었을 뿐 아니라, 상황이 상황인 만큼 죽음을 한층 실감하던 내게 용기와 힘을 북돋아 주었다. 예수님이 죽음을 이기셨으니 나의 죽음 또한 정복될 것이라는 확신을 일깨워 주었다.

이후 거의 20년이 지나 직접 예수님의 부활에 관한 책을 쓰던 중에 나는 다시 암 진단을 받았다. 이번에는 췌장암인데, 모든 면에서 이전보다 병증도 훨씬 위중하고 치료도 훨씬 까다롭다.

게다가 지난 한 세기 가운데 최악이라 할 수 있는 팬데믹^{세계적으로 전염병이 대유행하는 상태}까지 덮쳤다. 많은 사람이 감염과 죽음의 두려움 속에 살고 있다. 뉴욕에 자리한 우리 집은 몇몇 대형 병원과 마주하고 있다. 그래서 바이러스의 기세가 극에 달할 때면 창문마다 밤새 불빛이 환한 데다 요란한 사이렌 소리며 빨간 경광등이 끊일 새가 없다. 바이러스를 조기에 퇴치해 빠른 시일 내에 국면 전환이 이루어지리라는 희망은 거듭 물거품이 되었다.

하지만 팬데믹이 불러온 문제는 비단 질병만이 아니다. 거의 모든 사회 분야에 걸쳐 일어난 일대 교란은 장기간 지속될 수 있다. 대공황 이후 최악의 실업률에다 무수한 기업들이 도산하고 업계마다 전반적으로 고통스러운 침체에 빠져 있다. 이대로라면 멀잖아 막대한 세수 부족으로 정부 복지와 연금에 의존하는 수많은 삶이 위태로워질 것이며, 사교육은 물론 공교육까지도 위기를 맞을 수 있다. 이 글을 쓰는 지금은 그나마 위기의 맨 초기인데, 당장 떠오르는 것만도 그 정도다. 아마도 미처 예견하지 못한 수많은 다른 문제들이 닥쳐올 것이다. 사회·경제적으로 가장 취약한 계층일수록 피해가 더 클 것이요, 이 모두에 더해 사회적 고립은 수많은 사람을 자포자기와 절망감 속에 몰아넣고 있다.

코로나 바이러스로 인한 사망자 수가 한창 급증하던 2020년 초여름 동안, 미니애폴리스에서 조지 플로이드George Floyd가 경찰에게 살해당한 여파로 또 다른 종류의 죽음을 성토하는 시위대가 거리마다 봇물처럼 터져 나왔다. 미국 내 2천여 개 도시와 전 세계를 통틀어 수백만을 헤아리는 사람들이 시위에 참여했으며, 그런 사회적 시위로서는 역사상 가장 많은 사람이 모였다. 1960년대에 마틴 루서 킹Martin Luther King Jr. 박사가 주도해 벌어진 민권운동 때보다 훨씬 큰 규모였다.

작금의 시위는 대부분 우리 사회에 만연한 고질적인 인종차별에 초점을 맞추고 있다. 그런데 민권운동 시위를 생생히 기억할 만큼 내 나이가 들다 보니, 그 시절과 극명하게 다른 양상 하나가 크게 다가왔다. 사회 정의를 부르짖는 근래의 시위는 여러모로 고무적임에도 불구하고 거기에서 초창기 운동 때 저마다 가슴에 품었던 그 희망은 좀체 찾아보기가 힘들다.

킹 박사가 했던 명연설 "나에게는 꿈이 있습니다"에 이런 대목이 나온다.

이것이 우리의 희망이며, 바로 이 믿음을 품고 나는 남부로 돌아갑니다. 이 믿음으로 우리는 절망의 산에서 희망의 돌을 떠낼 수 있습니다. 이 믿음으로 우리는 나라의 시끄러운 불화를 형제애의 아름다운 조화로 바꿀 수 있습니다. 이 믿음으로 우리는 함께 일하고, 함께 기도하고, 함께 고생하고, 함께 감옥에 가고, 함께 자유를 옹호할 수 있습니다. 언젠가는 우리가 자유로워질 것을 알기 때문입니다.[1]

절망의 산에서 "희망의 돌"을 떠낸다고 표현한 킹의 은유는 다니엘 2장 34-35, 45절에서 따온 것이다. 다니엘 2장에는 바벨론 왕이 꿈속에서 하나님께 받은 미래에 대한 환상이 나온다. 그 환상 중에 "손대지 아니한 돌이 산에서 나와서" 우상을 숭배하는 이 세상 왕국들을 부서뜨린다. 이 작은 돌은 정의와 평화의 태산을 이루어 온 세계에 가득해진다. 기독교 해석자들은 이 돌을 하나님의 나라로 이해해 왔다. 이 초자연적 역사"손대지 아니한"는 처음에는 아주 작아서 무력해 보이지만, 결국에는 악과 압제를 지속하는 모든 교만한 정권을 무너뜨린다.

킹 박사는 이 은유를 훌륭한 수사법으로 활용했지만, 이 은유는 수사에 그치지 않는다. 예수님은 마태복음 13장 31-32절에 "천국은 …… 겨자씨 한 알 같으니 이는 모든 씨보다 작은 것이로되 자란 후에는 …… 나무가 되매 공중의 새들이 와서 그 가지에 깃들이느니라"라고 말씀하셨다.

당시 미국 흑인이 처한 정치·경제적 무력함 앞에서도 킹 박사는 희망을 잃지 않았다. 1950년대와 1960년대에 활동한 민권운동가들은 은연중에 이루어진 제도적 인종차별에서부터 특정 인종에 행해지는 노골적인 따돌림과 폭력에 이르기까지 그야말로 엄청난 현실에 부딪쳤다. 그러나 그는 하나님이 작고 약하게 시작하여 희생과 섬김을 통해 변화로 나아가는 방식으로 역사하심을 알았다. 킹 박사는 그저 희희낙락하는 낙관론자가 아니었다. 그의 연설과 서신을 읽어 보면 분노와 민권운동에 대한 현실적 두려움이 보이면서도 희망의 징후가 남아 있다.

사실 지금껏 민권운동을 주도해 온 이들은 흑인 목사들과 기독교 지도자들이었다. 정의를 부르짖는 그들의 연설에는 성경적 은유가 차고 넘치는데 이는 한낱 호언장담이 아니었다. 그것은 하나님께 뿌리를 둔 믿음과 희망의 고백이었다.

죽음과 팬데믹과 불의와 사회 붕괴 속에서 우리에게도 다시 희망의 돌이 절실히 필요하다. 그런데 예수 그리스도께서 죽은 자 가운데서 다시 살아나셨음을 믿는 것보다 더 큰 희망은 없다. 사도 바울이 말한 것처럼 '예수님은 약하심으로 십자가에 못 박히셨으나 하나님의 능력으로 살아 계시다.' 이 놀라운 역사적 사실을 깨달으면, 다른 불이 다 꺼져 암담해진 상황에서도 이 희망이 당신에게 빛이 되어 준다. 그래서 바울은 "우리도 그 안에서 약하나 너희에게 대하여 하나님의 능력으로 그와 함께 살리라"라고 덧붙일 수 있었다. 고후 13:4

이 책의 주제는 '예수님의 부활'이다. 톰 라이트는 그분의 부활에 대한 사료와 증거를 매우 광범위하게 고찰했다. 하지만 나는 그러지 않을 것이며 그럴 능력도 없다. 현재로서는 아무도 그의 역작을 능가할 수 없겠기에 이 책 초반부에는 그의 책에서 많은 부분을 요약했다. 나는 학자가 아니라 설교자이므로 예수님의 부활이 성경 전반을 이해하고 '고난, 개인적 변화, 불의, 확실한 도덕, 불확실한 미래' 같은 삶의 온갖 도전에 직면하는 열쇠라는 측면에 집중할 것이다.

누구나 자신이 언제라도 죽을 수 있음을 이론적으로는 안다. 그러나 암이나 심장병 진단 또는 팬데믹의 위협 앞에서는 죽음이 우리에게 눈앞의 현실로 성큼 다가온다. 지금은 세상 전반에나 나 개인에게나 암흑기다. 그래서 우리는 다 희망을 갈구하고 희망을 붙잡으려 한다. 이럴 때일수록 우리가 바라봐야 할 것은 무엇보다도 예수 그리스도의 부활이다.

그의 많으신 긍휼대로 예수 그리스도를 죽은 자 가운데서 부활하게 하
심으로 말미암아 우리를 거듭나게 하사 산 소망hope; 희망이 있게 하시
며 …… 너희 믿음과 소망이 하나님께 있게 하셨느니라.

베드로전서 1장 3, 21절

¤

프롤로그

'거짓 희망'과 '불안'이
뒤엉킨 세상을 표류하다

인류가 미래의 희망이요, 신이다?

2020년에 코로나19 팬데믹과 그 여파가 발생하기 전에도 이미 서구 세계에는 희망의 부재라는 위기가 고조되어 왔다.

적어도 무려 두 세기 동안 서구 문화의 동력은 역사가 진보한다는 부푼 희망이었다. 인류가 필연적으로 안전과 번영과 자유 세계를 창출하는 쪽으로 나아가고 있다고 희망에 차 있었다. 그렇다 보니 인류의 각 세대마다 이전 세대보다 더 나은 세상을 향유하리라는 군센 신념이 있었다. 이는 유럽 계몽주의가 남긴 유산이다. 계몽주의의 많은 인사들은 인간의 이성과 창의력과 과학이 과거의 온갖 미신에서 해방되면 더 나은 미래가 도래할 수밖에 없다고 예측했다.[1]

그러다 20세기가 밝았다. 1947년에 W. H. 오든Auden은 단행본 한 권 분량의 시 "불안의 시대The Age of Anxiety"를 썼다. 맨해튼의 한 술집에서 네 사람이 각자의 삶과 인생을 서로 이야기하는 내용인데, 퓰리처상까지 받았지만 이 시를 읽는 사람은 거의 없다. 대신 문화 현상을 제대로 포착한 듯 보이는 시 제목이 주목을 끌었다. 40년도 안 되는 기간에 세상은 두 차례의 세계대전과 세계적 유행병스페인독감-편집자과 대공황을 겪었고, 서구와 공산권 사이에 수십 년간 지속될 핵무장 냉전을 향해 치달았다.

그런데 1989년에 냉전이 종식되면서 인류는 필연적으로 진보할 것이라는 옛 신념이 되살아난 듯하다. 일각에서는 파시즘, 공산주의, 서구식 자본주의 같은 굵직한 이념들 간의 살벌한 투쟁이 마침내 끝났다는 의미로 아예 "역사의 종말"을 선포하기도 했다. 그리고 세계적 재앙을 초래할 수 있는 전쟁에 대한 두려움이 감소했다. 세계화를 등에 업은 국제 자본주의가 본격적으로 가동되면서 많은 권역의 경제가 번창하는 듯 보였다. 불안의 시대는 끝나고 계몽주의의 초기 낙관론에 다시 불이 붙었다. 오늘의 자녀들이 장성하면 부모 세대보다 더 잘살 것이라고 응답한 사람이 인구의 50퍼센트를 넘었다.[2]

하버드대학교의 스티븐 핑커Steven Pinker는 이런 낙관론에 경험적 기초를 제공한 대표적 사상가다. 그는 저서 《우리 본성의 선한 천사The Better Angels of Our Nature》와 Enlightenment Now계몽주의의 현재에서 여러 자료를 근거로 들어 '세계 전반에 폭력과 전쟁과 빈곤은 감소한 반면 의료 수준이 높아지면서 수명은 연장되었다'는 주장을 폈다.[3]

핑커는 안락과 안전이라는 경험적 척도에 국한해서 논했지만, 유발 노아 하라리Yuval Noah Harari의 주장은 한 걸음 더 나아간다. 그는 2017년에 베스트셀러 《호모 데우스Homo Deus》에서 고대인이 신들을 의지한 이유는 순전히 자기네가 살고 있던 세상을 통제할 수 없었기 때문이라고 주장했다. 그런데 지금 우리에게는 그런 통제력이 있다는 것이다.

세 번째 밀레니엄이 밝아오면서 인류는 놀라운 자각으로 깨어난다.

이런 생각을 하는 사람이 별로 없다 뿐이지, 지난 수십 년간 우리는 기근과 역병과 전쟁을 용케 억제해 왔다. 물론 완전히 해결된 것은 아니지만, 여태 통제 불가한 자연력이라 여겼던 그런 문제가 이제 손써 볼 만한 도전으로 바뀌었다. 그러니 신이나 성인에게 거기서 우리를 구원해 달라고 기도할 필요가 없다. 기근과 역병과 전쟁을 예방하려면 어떻게 해야 하는지를 우리는 잘 알고 있으며, 대개 성공리에 막아 낸다.[4]

책 제목 "호모 데우스인간 신"라는 말에 기본 결론이 들어 있다. 더는 우리에게 신이 필요 없는 정도가 아니라 이제 인류가 곧 신이다. 바로 우리가 미래의 희망이고 신이다. 이제 우리는 밝은 미래를 희망할 뿐 아니라 확신할 수 있다. 그런 미래를 실현할 모든 자원이 우리 안에 있기 때문이다.

새로운 불안의 시대

추종자가 많기는 하지만, 핑커와 하라리는 오든과 달리 시대정신을 읽어 내지 못했다. 자녀 세대의 삶이 더 나아지리라고 믿는 사람의 수는 21세기가 밝은 지 5년 만에 다시 줄기 시작했다.[5] 다양한 여론 조사와 연구 결과에서 보듯이 지난 15-20년 사이에 우리 사회와 자녀의 미래에 대한 비관론은 시간이 흐를수록 더 심화되었을 뿐

이다.[6]

　이유는 많다. 일각의 지적대로 사회 분열과 양극화는 웬만한 정치적 당파성을 한참 벗어난다. 종족주의로 대변되는 문화는 점점 늘어 가는데, 거기에는 구심점도 없고 서로 합의된 공익 개념도 없다. 사회적 신뢰마저도 크게 떨어져 그동안 우리 사회를 떠받쳐 온 여러 제도까지도 동시에 무너뜨리는 것 같다.

　우리의 미래를 위협하는 요소 중에는 과학기술이 진보하지 않아서가 아니라 오히려 과학기술 때문에 발생하는 부류도 있다. 예를 들어 팬데믹 진압이 어려운 이유는 항공 수단을 통해 이동이 자유로워진 것과 경제가 세계화된 것 때문일 수 있는데, 둘 다 현대 기술이 낳은 결과물이다. 게다가 SNS 사용 증가로 도리어 신념의 양극화와 신뢰 상실 문제가 심각해지고 있다. 아울러 기후 변화의 위험과 끝없는 국제 테러 가능성도 빼놓을 수 없는데, 이 둘 또한 과학의 발전으로 더욱 악화된다. 끔찍한 위험에서 우리를 구원해 주어야 할 것들이 오히려 새로운 위험을 만들어 내고 있는 것이다.

　앤드류 설리번Andrew Sullivan은 우리 시대의 특징인 점증하는 불안과 절망의 이유를 다른 데서도 찾는다. 자칭 핑커의 열렬한 팬인 그는 핑커의 책 *Enlightenment Now*계몽주의의 현재에 대한 서평에서, 일단 그 책이 내린 경험적 결론들에는 아무런 하자가 없다고 보았다. 하지만 그러고 나서 설리번은 다음과 같이 덧붙였다. "핑커는 예컨대 대다수의 진보적인 선진 사회에 깊은 불만과 우울, 마약 남용, 절망, 중독, 외로움이 그토록 심한 이유를 설명하지 못한다." 이어 그는 "느리지만 확실하게 더 진보를 이루는 사이에, 우리는 이 모두를 떠받치는 무언가를 잃었다. 의미와 유대감을 잃었고, '온갖 현세적 욕구를 채움으로써 얻는 만족'보다 더 깊은 다른 종류의 행복을 잃었다"라고 진단한다. [7]

유발 하라리는 과거에 인간이 희망을 찾고자 신을 의지한 이유가 자연 환경을 이해하거나 통제할 수 없었기 때문이라고 주장했다. 그러나 종교의 기능은 그보다 훨씬 깊다. 자고로 인류의 딜레마는 "저 바깥"의 힘을 통제할 방도만이 아니라 "이 안"의 힘 즉 인간 본성 자체가 지닌 많은 난제와 결함을 통제할 방도를 모르는 데 있었다. 후자가 훨씬 어려운 도전이다. 우리에게 만족을 가져다주려니 했던 것들이 알고 보면 속 빈 강정이다. 타인이 저지르는그리고 나 자신도 저지를 수 있는 악행들은 우리를 충격에 빠뜨린다. 이런 우리를 어찌할 것인가? 설리번의 말마따나 외부의 힘만 통제해서는 부족하며, 한 해 동안 코로나19 팬데믹을 겪으며 충분히 입증되었듯이 우리는 그 일에조차 턱없이 역부족이다.

핑커와 하라리는 인류가 진보하려면 종교에서 벗어나야 한다고 말한다. 그러나 저명한 철학자 위르겐 하버마스Jürgen Habermas는 지난 20년 동안 다른 입장을 취했다. 그에 따르면 세속 이성은 한계가 있어 절대적 도덕을 제공할 수 없고, 타인의 유익을 위해 자기 개인의 이익을 희생할 동기도 부여하지 못한다. 하버마스는 그리스도인은 아니지만 종교는 모든 사람의 생명이 신성하다는 근거를 제공하며, 대인 관계에서 희생적으로 사랑할 동기를 부여한다고 믿었다. 이는 과학만으로는 얻을 수 없는 것들이다.[8]

세상이 더 나아지리라는 우리의 희망을 가장 위협하는 요소는 자연 환경이 아니라, 인간의 마음에서 끊임없이 솟아나는 다양한 악이다. 과학은 인간악을 근절할 수 없고, 오히려 악한 목적에 쓸 도구를 늘릴 수 있다. 여기서 "악"이란 유태인 대학살 같은 극악무도한 사건만이 아니라 평범한 불의를 의미한다. 이를테면 사리사욕을 좇는 기업, 특정 인종에 대한 편견, 오만과 우월감, 부정직과 부패, 사회를 무너뜨리는 일상의 수많은 이기적 행위 등이다.

암흑 같은 시기에 번성한 초기 기독교

첫 몇 세기에 기독교가 놀랍도록 부상한 이유 가운데 하나는, 수많은 전염병이 로마 세계의 도시를 초토화하던 암흑 속에서도 희망의 원천을 제공했기 때문이다. 고대 전염병을 연구한 역사가 카일 하퍼Kyle Harper는 인터뷰 중에 어떻게 기독교가 그런 암담한 시기에 계속 성장하고 번성했는지 묻자 이렇게 답했다.

그리스도인들은 이것까지도 긍정적 과정으로 보았다. 현세는 본래 덧없는 것이며 더 큰 이야기의 일부에 불과했다. 그리스도인에게 중요한 것은 삶의 방향을 더 큰 이야기, 우주적 이야기, 영원한 이야기 쪽으로 맞추는 것이었다. 그들도 이 세상에 살며 고통을 경험하고 남을 사랑했다. 그러나 그 시대의 그리스도인들은 부름받은 대로 현세의 이야기를 그저 자신들이 살고 있는 이야기들 중의 하나로 보았다. 이면의 지도map는 앞서 말한 더 큰 그림이었다.[9]

기독교의 "이면의 지도"는 이제껏 평범한 종교들이 주었던 위안을 훌쩍 뛰어넘었다. 예를 들어 다른 종교들은 내세가 더 나을 거라는 막연한 가능성만 이야기했다. 그나마도 생전에 충분히 도덕적으로 살았을 경우에 한해서다. 그런데 기독교의 희망소망은 모든 면에서 그런 조마조마한 희망 사항을 능가했다. 성경에 쓰인 "엘피다"라는 헬라어 단어는 영어로는 의미가 약한 "호프hope"로 번역되지만 본래 '깊은 확신'을 뜻한다. 그래서 그리스도인은 최악의 역경조차도 하나님이 일일이 인도하시는 역사의 일부로 본다. 또한 그 역사의 지향점은 그저 막연한 내세가 아니라, 우리 몸과 영혼이 부활하여 회복된 새 하늘과 새 땅에 들어가는 것이다.

이 모든 희망의 구심점이 되는 중대한 사건이 하나 있으니 바로 예수 그리스도의 죽음과 부활이다. 희망을 잃은 세상에 기독교가 주는 것이 바로 그것이다.

베드로의 편지를 받은 그리스도인들은 이미 '여러 가지 시험으로 말미암아 근심했고' 이제 "불 시험"까지 당하고 있었다. 벧전 1:6; 4:12

그런 그들에게 베드로는 하나님이 "예수 그리스도를 죽은 자 가운데서 부활하게 하심으로 말미암아 우리를 거듭나게 하사 산 소망living hope, NIV이 있게 하시며 …… 너희 믿음과 소망이 하나님께 있게 하셨느니라"라고 상기시킨다.^{벧전 1:3, 21} 부활이 사실이기에, 우리의 앞날에 희망이 있는 근거는 과학 발전이나 사회 진보가 아니라 하나님이다. 이는 단지 지적인 신념이 아니라 베드로의 말대로 "산 소망희망"이다. 신약 성경에 따르면 성령께서 '거듭나게 하심으로써the new birth' 그리스도인 안에 영적 새 생명을 주시는데, 그 생명이 가진 필수 요소가 바로 희망이다. 그래서 예수님의 부활을 믿으면 영혼 깊은 곳에 그 희망이 심긴다. 우리의 존재 속으로 희망이 녹아들어 이제 우리는 어떤 상황에도 능히 맞설 수 있다.

그렇다면 예수님의 부활을 믿는다는 것은 무엇인가? 그것이 무엇이기에 "산 소망"이 되어 우리 안에 따뜻한 불처럼 타오르며 기운을 돋울 수 있단 말인가? 그리고 이 믿음을 어떻게 얻는가?

부활의 의미와 권능을 잘 모르는 신자들

첫걸음은 예수 그리스도의 부활이 실제로 있었던 일임을 믿는 것이다. 한낱 상징으로서의 부활은 거의 무익하다. 차차 보겠지만 예수님 당시의 사람들도 우리만큼이나 부활을 믿기가 힘들었다. 고대 세계관과 현대 세계관은 공히 죽은 사람의 부활을 아예 불가능한 일로 본다. 그러나 예수님이 부활하셨다는 증거는 아주 탄탄했다. 그리고 그 증거는 당시 사람들이 지적 영역에서 내놓는 반론마다 답을 주었고, 이는 지금도 물론 가능하다.

그러나 부활을 액면 그대로 받아들인다 해서 저절로 그것이 우리의 "산 소망"이 되지는 않는다. 부활이 실제 사건임을 아는 데서 그치지 말고 부활이 무엇을 의미하는지도 알아야 하는 것이다. 부활절을 제외하고 부활을 자세히 논하는 설교를 들었던 때를 떠올려 보라면, 대부분은 잘 생각나지 않을 것이다. 주류 개신교 강단에서는 부활을 대개 막연한 개념으로만 다룬다. 어떻게든 선이 악을 이길 것이라는 상징으로들 받아들인다. 그나마 복음주의 교회에서 부활을 전할 때, 부활의 사실성을 장황하게 논증하는 설교가 주를 이룬다. 하지만 예수님의 부활에 관한 객관적 사실을 아는 것은 바울의 말대로 "그〔분의〕부활의 권능"빌 3:10을 아는 것과는 전혀 다른 문제다. 후자는 직접 체험함으로써 인격적으로 안다는 뜻인데, 놀랍게도 여태 교회가 이 부분에서 우리에게 가르쳐 준 내용은 많지 않다.

내가 속한 장로개혁 교단의 전형적 조직신학만 하더라도 예수님의 부활보다 십자가의 죽음에 훨씬 더 주목한다. 프린스턴의 신학자 찰스 하지Charles Hodge는 총 127쪽을 할애해 십자가를 다루면서 부활 이야기는 겨우 네 쪽에 그쳤다. 다른 신학 서적들도 비슷하다.[10] 샘 올베리Sam Allberry는 많은 그리스도인이 부활을 믿고 부활절마다 그 믿음을 고백하지만, "남은 한 해 동안 사실상 그것을 도로

서랍에 처박아 둔다"면서 이는 "부활로 무엇을 어찌해야 할지 모르기" 때문이라고 진단했다.[11]

"예수는 …… 또한 우리를 의롭다 하시기 위하여 살아나셨느니라"롬 4:25 같은 구절들에서 보듯이, 예수님의 죽음만이 아니라 그분의 부활도 우리를 구원한다. 그런데 대다수 그리스도인은 "복음"을 제시하다가 구원받는 법을 설명할 때면, 온통 십자가 이야기만 하고 부활은 곁다리로 덧붙이거나 아예 생략해 버린다.

선한 침략

예수님의 부활은 신기한 마술이 아니라 침략이다. 우리를 구원한 사건, 십자가에서 부활로 이어지는 그 사건은 이미 지금부터 성령의 능력으로 그리스도인의 삶을 속속들이 재창조한다.

십자가와 부활은 함께반드시 함께 있을 때에만 미래의 새로운 창조세계를 우리의 현재 속에 들여놓는다. 덕분에 우리는 온 세상을 새롭게 하시고 치유하시는 하나님의 전능하신 능력을 지금 누릴 수 있다. 그리스도께서 십자가에서 우리의 죗값을 치르실 때 성전의 휘장이 위에서부터 아래로 찢어졌다.마 27:51 그때까지 이 휘장은 인류가 하나님의 거룩하신 임재로부터 분리되어 있음을 상징했다. 그런데 태초에 이 땅을 낙원이 되게 하셨던 그 임재가 이제 그리스도의 죽음 덕분에 우리에게 임할 수 있게 되었고, 그리스도의 부활 덕분에 우리에게 실제로 임한다.

부활하신 그리스도는 우리에게 성령을 보내시고, 그리스도와 성령은 둘 다 "첫 열매"롬 8:23; 고전 15:20-23 "보증"이시다. 엡 1:13-14; 고후 1:22; 5:5 즉 장차 사망이 멸망하고 물질세계가 새롭게 재창조될 사건에 대한 계약금이자 첫 납입금이다. 새롭게 하는 미래의 이 능력이 아직 여기에는 부분적으로밖에 없지만, 그래도 실존하는 실재이며 현재의 세상 속으로 들어왔다.

예수님을 죽은 자 가운데서 다시 살리신 하나님의 "힘의 위력"이 이제 우리 안에 있다. 엡 1:19-20 그래서 우리는 '새로 지으심을 받아' 미래의 "빛" 가운데 살아가야 한다. 롬 13:11-13; 갈 6:15 즉 미래에 누릴 부활한 삶을 현재의 생활 방식에 접목해야 한다. 예수님이 부활하셨기에 우리의 모든 것이 달라진다. 사람을 대하는 방식, 재물과 권력을 보는 관점, 직장에서 일하는 태도, 성性과 인종과 정의에 대한 이해와 실천 등이 모두 변한다.

또한 십자가와 부활은 함께반드시 함께 있을 때에만 우리에게 그리스도인으로서 지금 "새로운 피조물답게 살아갈" 기본 골격 내지 틀을 제시한다. 십자가와 부활은 대반전The Great Reversal이다. 그리스도는 약함을 통해 우리를 구원하신다. 권력을 내려놓고 패하신 듯 보이지만 사실은 승리하신다. 권력을 잃어 약하심에도 불구하고가 아니라 약하시기에 그 무력함을 통해 승리하신다. 이 대반전은 "하나의 역동"이 되어 삶의 모든 영역 곧 "생활 리듬, 윤리, 세계관, 세상을 살아가는 방식에까지 확장된다."[12] 죽음과 부활이라는 이 원리대로 살면 인간의 삶이 지금 여기서부터 새로워진다. 부분적일 수밖에 없지만 그래도 실재다. 새로운 창조세계는 "이미 그러나 아직"의 실존인데, 이는 맹신과 냉소를 둘 다 배격한다. 이상주의와 패배주의를 둘 다 날려 버린다.

이 책의 개괄

예수님의 부활은 대반전으로, 현재의 삶을 미래에 완성될 하나님의 새로운 창조세계와 연결 지어 살아가도록 우리에게 그만한 능력과 틀을 가져다준다. 이것이 이 책의 기본 주제다.

이 주제를 전개하기 위해 우선 1부에서 예수님의 부활이 역사적 사실임을 살펴볼 것이다. 물론 그분의 부활은 훨씬 그 이상이지만 절대 그 이하는 아니다. 현대사회에 팽배한 초자연에 대한 회의론 때문에 사람들이 예수님이 몸으로 부활하신 역사를 믿기가 어려워졌다. 그러나 이 부활의 기적이 없다면 장차 악과 죽음을 이기리라는 우리의 절대적 확신은 아무런 소용이 없어진다. 이어 2부에서는 대반전인 그분의 부활이 성경 전체 줄거리를 이해하는 열쇠이자 또한 그리스도인의 삶을 영위하는 원리임을 고찰할 것이다. 3부에서는 인격적인 부활 신앙이 어떻게 시작되는지를 알아보고자 마리아, 요한, 도마, 베드로, 바울이라는 다섯 명의 성경 인물을 살펴보면서 사례 연구를 해 보려 한다. 끝으로 4부에서 삶을 몇 가지 영역별로 나눠, 부활이 어떻게 각 영역에서 우리에게 충실하고 구별된 삶을 위한 독보적 자원을 제공하는지 살펴볼 것이다.

예수님이 부활하심으로써 우리가 일상에서 누리게 된 가장 평범한 혜택은 아마도 이것일 것이다. 우리가 따르는 분은 존경받는 죽은 스승이 아니라 부활하신 주님이기에, 실제로 그분이 우리와 늘 함께 계신다는 것이다. 요한계시록 3장 20절에 예수님은 "내가 문 밖에 서서 두드리노니 누구든지 내 음성을 듣고 문을 열면 내가 그에게로 들어가 그와 더불어 먹고 그는 나와 더불어 먹으리라"라고 말씀하신다. 흔히 이 구절을 예수님께 마음을 열도록 비신자를 초청하는 말씀으로 생각하지만, 요한계시록 3장의 문맥을 보면 그분이 말씀하시는 대상은 교회 즉 그리스도인들이다.

그때나 지금이나 함께 먹는다는 것은 교제를 나눈다는 뜻이다. 그렇다면 예수님이 신자들에게 하시는 말씀은, 그분과 풍성하고 친밀한 교제를 나누며 그분과 그분의 사랑을 알아 갈 수 있는데도 안타깝게 그런 가능성이 대체로 사장되고 있다는 뜻이다.

부활하셨기에 그분은 책으로만 알 수 있는 죽은 작가가 아니다. 그분은 살아 계셔서 지금도 우리를 부르신다. "볼지어다"라고 당신에게 말씀하신다. ^{계 3:20} 문을 열어 그분을 사랑하고 말씀을 들으라. 그렇게 하는 사람은 "절망에서 깨어나 어두운 상상을 떨치게" 될 것이다.¹³

—

Part

1

HOPE IN TIMES OF FEAR

✛

답 없는 세상,

희망을 묻다

1 。인생 단 하나의 희망,
다시 사신 예수

형제들아 내가 너희에게 전한 복음을 너희에게 알게 하노니
…… 내가 받은 것을 먼저 너희에게 전하였노니 이는 성경대로
그리스도께서 우리 죄를 위하여 죽으시고 장사 지낸 바 되셨다
가 성경대로 사흘 만에 다시 살아나사 게바에게 보이시고 후에
열두 제자에게와 그 후에 오백여 형제에게 일시에 보이셨나니
그중에 지금까지 대다수는 살아 있고 어떤 사람은 잠들었으며
그 후에 야고보에게 보이셨으며 그 후에 모든 사도에게와 맨
나중에 만삭되지 못하여 난 자 같은 내게도 보이셨느니라 나는
사도 중에 가장 작은 자라 나는 하나님의 교회를 박해하였으므
로 사도라 칭함받기를 감당하지 못할 자니라 그러나 내가 나
된 것은 하나님의 은혜로 된 것이니 내게 주신 그의 은혜가 헛
되지 아니하여 내가 모든 사도보다 더 많이 수고하였으나 내가
한 것이 아니요 오직 나와 함께하신 하나님의 은혜로라.
고린도전서 15장 1, 3-10절

기독교 신앙의 핵심은 복음이다. 바울이 로마서 1장 16절에 말했듯이 복음은 "구원을 주시는 하나님의 능력"이다. 복음은 무한히 풍성하므로 갈라디아서와 로마서에서 보듯이 길고 자세하게 풀어 쓸 수 있다. 이에 비해 이 고린도전서 본문은 복음을 간단히 요약했다는 데 큰 가치가 있다. 덕분에 우리는 복음을 구성하는 모든 측면과 요점을 더 똑똑히 볼 수 있다. 이 본문은 기독교가 역사적 신앙, 합리적 신앙, 은혜의 신앙이라고 이야기한다.

† 역사적 신앙

복음은 특정한 역사적 사건을 보고하면서 시작된다. 기독교가 삶을 변화시키는 경험이라는 시각은 옳다. 하지만 기독교가 당신을 변화시키려면 특정한 사건이 역사 속에서 일어났다는 사실을 받아들여야만 한다.

대학 시절에 나는 몇 과목을 택해 세계의 여러 종교를 공부했다. 지금 그 공부를 돌아보면, "다른 무엇보다도 먼저 이런 역사적 사건이 있었다는 것부터 믿어야 한다"라는 말로 시작하는 종교는 기독교밖에 없었다. 물론 기원 이야기와 신앙 깊은 여러 영웅들을 다룬 이야기는 다른 종교에도 다 있었는데, 주로 본받을 귀감으로 제시하는 경우였다. 그러면서 "이렇게 살아 지혜의 길을 발견하라. 그러면 당신도 무한한 세계와 합일을 이룰 것이다"라는 식의 메시지를 남겼다.

기독교는 "여기 당신이 살아가야 할 방식이 있다"로 시작하지 않고 "여기 예수님이 역사 속에서 당신을 위해 이루신 일이 있다"로 시작한다. 첫째로, 그분은 우리 죄를 위하여 죽으시고 장사 지낸 바 되셨다. 둘째로, 그분은 사흘 만에 다시 살아나셔서 많은 이들 앞에 자신을 나타내 보이셨다.

† '자유주의 기독교'를 만들려는 움직임

내가 십자가와 부활의 역사성을 강조하는 데는, 두 세기 전에 시작되어 지금도 계속 이어지는 어떤 현상을 경고하려는 이유도 있다. 그 현상이란 바로 타 종교에 더 가까운 '자유주의 기독교'를 만들려는 움직임이다.

19세기 초에 기독교를 현대 감성에 더 맞추기 위해 기독교의 초자연적 요소를 제거하려는 운동이 생겨났다. 프리드리히 슐라이어마허Friedrich Schleiermacher는 기독교란 역사적 사건을 믿는 것이 아니라 하나님을 의지하는 내면의 느낌이라고 가르쳤다. 알브레히트 리츨Albrecht Ritschl은 더는 기적을 믿을 수 없다면서, 예수님의 성육신 출생과 죽음과 부활에 대한 기록을 역사적 사건이 아니라 전설과 비유와 삶의 본보기로 재해석해야 한다고 가르쳤다. 이 운동의 기본 논리는 이런 식이었다. "기독교 신앙에는 미신과 기적의 요소가 많다. 현대인은 그런 일이 실제로 벌어졌다고 믿을 수 없다. 그러니 현대 세계에 어필하려면 그것을 허구로 재해석해야 한다. 허구이되 그 속에 기독교 신앙의 본질적 생활 원리가 담겨 있다."

이런 현대화 작업은 부활절을, 그리스도께서 죽은 자 가운데서 몸으로 부활하셨다는 교리를 어떻게 취급했을까? 설명이 이렇게 바뀌었다. "문자적, 육체적, 역사적 부활을 더는 믿을 수 없다. 그래도 부활절의 개념은 건재하다. 자연도 겨울 다음에 봄이 온다고 가르치지 않는가? 자연에서는 재난 중에나 죽음 후에도 새 출발이 가능하지 않은가? 역경 속에서도 교훈을 배우고 성장하여 새로 시작할 수 있지 않은가? 이것이 부활절의 이치다."

자유주의 기독교의 가르침에 따르면, 앞서 말한 사건들을 예수님이 실제로 겪으셨는지 여부는 중요하지 않다. 중요한 것은 그리스도인이 착하고 윤리적인 사람이 되어 남을 사랑하고 세상을 더 좋은 곳으로 만드는 것이다. 하지만 이는 반역사적 신앙을 만들려는 노력이다. 이 신앙의 근거는 하나님이 역사 속에서 실제로 행하신 일이 아니라 그저 우리의 행실과 살아가는 방식이다.

심지어 자유주의 기독교는 자기네를 원래의 참기독교로 소급해 올라가 역사 속에 끼워 넣으려고까지 한다. 본래 예수님은 정의와 사랑을 가르치신 인간 스승일 뿐이라는 것이다. 그런데 수십 년이 지나서야 그분의 생애에 대한 전설 속에 기적과 초자연적 요소가 가미되었고, 그 후에야 그분이 죽은 자 가운데서 살아나신 하나님의 아들로 제시되었다는 것이다. 그 말대로라면 원래의 신앙에서 관건은 역사적 기적의 사건이 아니라 그냥 사랑의 윤리였다.

그러나 이런 내러티브는 최신 버전의 기독교이기는커녕 전혀 다른 종교의 탄생이다. 구원이 우리의 행위에서 나지 않고 하나님이 이루신 것이라는 기독교의 고유 메시지를 저버리기 때문이다. 또 신자는 '내 힘으로 이루는 구원'이라는 막중한 부담을 짊어져야 한다. 역사적 복음은 그 짐을 우리에게서 거두어 갔는데 말이다.

자유주의 기독교와 원래 역사적 기독교의 극명한 차이에 대해서는 H. 리처드 니버^{Richard Niebuhr}가 한 말이 유명하다. 그는 자유주의를 "진노 없는 하나님이 죄 없는 인간을 십자가 없는 그리스도의 사역을 통해 심판 없는 나라로 인도하셨다"라고 표현했다.[1] "부활 없는"이라는 말도 덧붙였을 법하다. 자유주의 기독교가 부르짖는 한낱 윤리적 사랑과 희망의 메시지로는 로마 세계 전체는 고사하고 단 한 사람의 삶도 결코 뒤집어 놓지 못했을 것이다.

전율을 일으키는 원래의 메시지는 하나님의 능력이 역사 바깥에서 이 세상 속으로 들어왔다는 것이다. 예수님이 우리 죄를 위해 우리 대신 죽으셨으므로 우리는 믿음으로 말미암아 그분의 사랑을 알고 영생을 보증받을 수 있다. 이 모두가 은혜요 선물이다. 그분은 또한 죽은 자 가운데서 다시 살아나 역사 속에 내세의 능력을 들여놓으셨다. 장차 우리 모두가 부활할 때 그분이 모든 눈물을 닦아 주실 것이다.^{벧후 3:13; 롬 8:18-25} 죄를 위한 예수님의 죽음과 부활이 역사 속에 실제로 벌어졌기에 모든 것이 달라졌다. 그야말로 모든 것이다.

바울은 고린도전서 15장 14절에 "그리스도께서 만일 다시 살아나지 못하셨으면 우리가 전파하는 것도 헛것이요"라고 했다. "헛것"의 헬라어 원어 "케노스"는 "능력이 없다"는 뜻이다. 그의 말인즉 "불의에 맞서 싸워야 한다"든지 "불안 속에서도 희망을 잃지 말아야 한다"는 등의 윤리적 권면은 아무리 옳은 말일지라도 무력하다는 것이다. 예수님이 역사 속에서 부활하지 못하셨다면 말이다. 그분이 부활하셨기에 우리에게는 선을 위해 힘쓸 이유가 얼마든지 있으며 실제로 그렇게 살 내면의 능력까지 받았다. 하지만 그분이 부활하지 못하셨다면, 고대 철학자들과 현대 과학자들이 공히 말하듯이 세상은 결국 불타 없어질 것이다. 살아남아 그것을 슬퍼할 사람도 아무도 없을 것이고, 누가 무엇을 하든 결국 아무것도 달라지지 않을 것이다.

이제 자유주의 기독교는 신자들 사이에서는 통계적으로 급감했지만, 그럼에도 대중 매체에서는 아직 인기가 높다. 대중 매체는 그것만을 신앙의 생존 가능한 버전으로 본다.[2] 그러나 초자연이 배제된 반역사적 신앙은 아무런 힘이 없다. 그것은 처음에도 삶과 세상을 변화시키지 못했고, 지금도 마찬가지다. 그래서 존 업다이크John Updike는 이렇게 썼다.

정녕 그분의 부활은
몸의 부활이었다.
세포 분해가 복원되고 분자가 재결합하여

아미노산이 다시 활성화되지 않았다면

교회는 무너질 것이다.

부활은 새봄마다 환생하는

꽃 같은 것이 아니었고,

열한 사도의 입과 당혹한 눈에 임한

그분의 영도 아니었다.

그분은 몸으로 살아나셨고 우리도 마찬가지다.

손가락과 발가락의 구부림도 똑같았고

심장의 판막도 똑같았다.

그 심장이 찔려 죽고 시들어 멎었다가

영원한 능력으로

다시 새 힘을 얻어 봉합된 것이다.

은유와 유추와 우회와 초월로

하나님을 조롱하지 말자.

이 사건을 어수룩한 옛날에 칠했다 퇴색된

상징과 비유로 둔갑시키지 말고,

문 안으로 걸어 들어가자.

돌은 굴러갔다.

임시 조형물이나 허구의 돌이 아니라

서서히 시간이 흐르면

우리 각자의 환한 날빛을 가릴

거대한 물리적 바위다.

그 무덤에 있던 천사도

진짜 천사로 놓아두자.

막스 플랑크의 양자들quanta로 묵직하고,

머리칼이 생생하고, 새벽빛 속에 아련하며,

엄연한 베틀로 짠 진짜 세마포 옷을 입은 그를

우리가 편리한 대로, 또 아름답게 포장하고 싶어

굳이 덜 무시무시하게 만들지 말자.

그렇지 않으면 우리는 불시에 깨어날 때

그 기적 앞에 난감해지고

책망 앞에 무너질 것이다.[3]

† 합리적 신앙

기독교는 역사적 신앙이기에 또한 합리적 신앙이다. 고린도전
서 15장에만도 믿어야 할 이유가 넘쳐 난다. 부활을 반박하려는 다
양한 이론이 현대에 많이 등장했으나 그 모두에 대한 답이 이 본문
에 들어 있다.

가장 오래된 이론 가운데 하나는, 실제 사건들이 당대의 기억
에서 흐려지고도 수십 년이 지나서야 예수님의 부활이 전설로 생겨
났다는 것이다. 하지만 고린도전서의 이 본문 자체가 그런 견해를

논박하는 중요한 증거다. 현재 대다수 신약학자가 보기에 3-7절은 원래 바울이 쓴 말이 아니라 초대 교회에서 전도와 교육에 사용하던 요약된 복음이었다. 그것을 바울이 인용한 것이다. 본인도 3절에 밝혔듯이 이 어구는 그가 창작한 것이 아니라 "받은 것"을 다시 다른 사람들에게 '전한 것'이다. 아울러 학자들이 지적했듯이 이 대목에 쓰인 어휘 "성경대로"와 "사흘 만에"와 "열두 제자"는 바울이 쓴 다른 책에는 등장하지 않는 표현이다. 이 요약된 복음은 바울이 편지를 쓰던 당시에 이미 지중해 세계 전역의 그리스도인들 사이에 널리 쓰이고 있었다. 고린도전서의 집필 시기는 예수님이 죽으신 지 불과 15-20년 후였다. 그래서 저명한 성경학자 제임스 던^{James Dunn}은 고린도전서 15장 3-7절의 요약 문구가 "예수님이 죽으시고 수개월 내에 …… 작성되었음을 확신할 수 있다"라고 결론지었다.[4]

이로써 '예수님이 죽으실 때 생존했던 사람이 모두 사라진 뒤 그분의 부활이 전설로 생겨났다'는 주장을 성공적으로 논박했다. 오히려 수천의 유대인 남녀가 거의 즉시 예수님을 구주이자 부활하신 주님으로 경배했음^{행 2:41}을 이 본문에서 명백히 알 수 있다. 로마인과 달리 유대인은 "인간이 신이 될 수 있다고 믿지 않았다. …… 그런 주장은 반감을 주다 못해 경악할 일이었고 …… 신성 모독 정도가 아니라 미친 소리였다."[5] 인간을 하나님의 아들로 경배하는 운동이 유대인들 사이에 퍼져 나간 것은 유례를 찾을 수 없는 놀라운 사건이었다. 게다가 그때는 예수님이 죽으신 직후였다. 이것이 가능하려면 틀림없이 무언가 중대한 일이 벌어졌어야만 한다. 그게 부활이 아니라면 무엇이겠는가?

바울은 또 예수님이 "사흘 만에" 다시 살아나셨다고 했다. 예수님의 첫 제자들이 부활하신 그리스도를 정말 눈으로 본 것이 아니라 그저 마음으로 그분의 임재를 경험했다는 현대의 두 번째 이론은 여기서 무너진다. "사흘 만에"라는 말에서 보듯이 예수님의 부활은 타임스탬프가 찍힌 실제 사건이었다.

이어지는 바울의 장황한 보고를 보면, 부활하신 예수님이 "게바[베드로]에게 보이시고 후에 열두 제자에게와 그 후에 오백여 형제에게 일시에 보이셨나니 그중에 지금까지 대다수는 살아 있고 어떤 사람은 잠들었으며 그 후에 야고보에게 보이셨으며 그 후에 모든 사도에게와 맨 나중에 만삭되지 못하여 난 자 같은 내게도 보이셨느니라"라고 되어 있다. 고전 15:5-8 이 목록은 예수님의 부활이 날조되었다는 현대의 세 번째 이론에 치명타를 날린다. 문제는 부활하신 그리스도를 직접 목격했다는 베드로, 예수님의 동생 야고보, 바울 자신의 주장이 일치한다는 것뿐만이 아니다. 예수님은 일시에 500여 명에게도 나타나셨다. 확증해 줄 목격자가 말 그대로 수백 명에 달했다.

현대 독자들은 바울 시대에는 모두가 미신적이고 아무 말이나 덥석 믿었다고 생각할지 모른다. 그렇다면 자기가 믿는 종교의 창시자가 부활했다고 주장하고 싶은 사람은 이렇게만 말하면 되었을 것이다. "그분은 다시 살아나셨다. 내가 그렇다면 그런 줄로 믿으라."

반대로 바울이 글을 쓴 방식을 보면, 당시 독자들은 증거 없이는 그런 주장을 선뜻 받아들이려 하지 않았던 것 같다. 그래서 본문에서 복음을 제시하는 데 쓰인 단어의 75퍼센트 이상을 부활의 목격자를 열거하는 일에 할애했다. 그가 이름을 쭉 대면서 "그중에 지금까지 대다수는 살아 있고"라고 말한 것은, 누구든지 그들을 찾아가 목격자의 증언을 직접 들어 보라는 권유였다. 다시 말해서 바울은 소위 '신앙주의자'가 아니다. "내놓을 만한 논증이나 근거는 없다. 그냥 무조건 믿어야 한다. 증거가 없어도 내 말대로만 믿으면 된다"라고 말하는 사람이 아니다.

고대 독자들이 부활을 믿는 데 왜 그렇게 더디었을지 의아할 수 있다. 그 시대 사람들은 기적을 받아들이는 데 현대인보다 덜 회의적이지 않았을까? 그러나 성경학자 톰 라이트가 《하나님의 아들의 부활》에 설명했듯이, 당시의 그리스-로마 문화와 유대교는 공히 여러 굳건한 신념 때문에 개인의 육체가 부활한다는 것을 믿기 힘들었다. 예수님 시대의 유대인은 부활을 아예 믿지 않거나, 종말에 온 세상이 새롭게 될 때 의인들이 전체적으로 부활할 것만 믿었다. 악과 고난과 죽음이 여전히 계속되는 역사의 중간에 일개 개인이 부활한다는 것은 그들의 생각으로는 완전히 불가능한 일이었다.[6] 이로써 예수님의 제자들이 너무 슬픔에 겨워 그분이 살아 계시기를 바란 나머지 그분이 부활하셨다고 확신했다는 현대의 네 번째 이론도 논박했다. 그게 있을 수 없는 일임을 라이트는 더없이 설득력 있게 논중했다. 유대인은 그런 부활을 아예 상상할 수도 없었다. 빈 무덤의 증거와 모든 목격자의 진술만이 부활에 대한 그들의 깊은 회의론을 뒤집을 수 있었다.

1세기를 연구하는 역사가라면 누구나 인정할 수밖에 없듯이 …… 초대 그리스도인들이 기대하고 바라고 희망하고 기도한 것이 무엇이었든 간에 이것만은 아니었다. 부활은 그들이 나중에 지어낸 말이 아니라 …… 실제로 벌어진 사건이었다. 전혀 예상하거나 바라지 않았던 그 일을 중심으로 그들은 삶을 재편해야만 했다.[7]

† 예수 부활에 대한 바울의 증언

사도행전 26장을 보면 바울은 아그립바왕과 로마 총독 베스도 앞에서 발언한다. 그가 그리스도의 죽음과 부활에 대해 말하자 베스도가 말을 끊고 "네 많은 학문이 너를 미치게 한다"행 26:24라고 외쳤다. 이에 맞서 바울이 내놓은 답변은 정중하면서도 놀랍도록 확신에 차 있다.

바울이 이르되 베스도 각하여 내가 미친 것이 아니요 참되고 온전한 말을 하나이다 왕께서는 이 일을 아시기로 내가 왕께 담대히 말하노니 이 일에 하나라도 아시지 못함이 없는 줄 믿나이다 이 일은 한쪽

구석에서 행한 것이 아니니이다.^{행 26:25-26}

바울은 자신의 부활 신앙이 "온전"하다고^{NIV는 합리적이라는 의미의 'reasonable'을 썼다-편집자} 했는데, 이는 신중한 이성적 사고를 가리키는 단어다. 그의 말은 단지 주장이 아니라 논증이었다. 바울은 아그립 바가 예수님의 죽음, 빈 무덤, 목격자들이 보고한 부활 등 모든 사실을 안다는 말도 자신 있게 했다. 모두 "한쪽 구석에서 행한 것"이 아니기 때문이다. 이것은 공공연한 지식이었고, 따라서 바울의 말을 든든히 떠받쳐 주었다.

아그립바와 베스도 앞에서 한 일을 바울은 고린도전서 15장에서 현재와 미래의 모든 독자에게 하고 있다. 예수님의 부활에 대한 논증을 그는 주로 두 가지로 요약하여 제시한다.

첫째로, 무덤이 비어 있었다. 이 요약된 복음은 예수님이 죽으셨다는 말로 끝나지 않고 "장사 지낸 바 되셨다가"[4절]라고 이어진다. 다음 사실을 강조하기 위해서가 아니라면 동어 반복이 될 뻔했다. 즉 부활은 "영적인" 사건이 아니었다. 시신은 사라졌고 무덤은 비어 있었다.[8] 예수님의 부활을 인정하지 않는 사람들까지 포함해서 대다수 학자가 빈 무덤만은 사실로 받아들인다. 시신을 그냥 썩도록 밖에 내놓지 않고 장사 지내는 것은 유대인에게 아주 중요한 일이었다.[9] 고린도전서 본문과 이 요약된 복음이 공히 입증해 주듯이, 초대 그리스도인들은 예수님이 죽은 자 가운데서 부활하셨음을 믿었고 선포했다. 그러므로 "무덤 속에 그분이 그대로 계심을 쉽게 가리켜 보일 수 있다면, 부활하신 예수님을 믿는 믿음이 아주 오래가리라고는 상상하기 힘들다."[10]

두 번째 주된 논증은 다양한 정황에서 수많은 사람이 부활하신 예수님을 보았다고 증언한 점이다. 그분은 자신을 딱 한 번만 보이셨거나 연출 가능한 어느 한 외딴 곳에만 몇 차례 나타나시지 않았다. 피터 윌리엄스Peter Williams는 성경에 나온 증언을 다음과 같이 정리했다.

"기록된 것만 해도 부활하신 예수님은 유대에,[마 28:9; 눅 24:31, 36] 갈릴리에,[마 28:16-20; 요 21:1-23] 성읍에,[눅 24:36] 시골에,[눅 24:15] 실내에,[눅 24:36] 실외에,[마 28:9, 16; 눅 24:15; 요 21:1-23] 아침에,[요 21:1-23] 저녁에,[눅 24:29, 36; 요 20:19] 예고하신 대로,[마 28:16] 예고 없이,[마 28:9; 눅 24:15, 34, 36; 요 21:1-23] 가까이에,[마 28:9, 18; 눅 24:15, 36; 요 21:9-23] 멀리에,[요 21:4-8] 산 위에,[마 28:16] 호숫가에,[요 21:4] 여러 남자에게,[요 21:2; 고전 15:5, 7] 여러 여자에게,[마 28:9] 개인에게,[눅 24:34; 고전 15:5, 7-8] 최고 500여 명의 단체에게,[고전 15:6] 앉으셔서,[요 21:15에 암시됨] 서신 채로,[요 21:4] 걸으시며,[눅 24:15; 요 21:20-22] 음식을 드시며,[눅 24:43; 요 21:15] 늘 말씀하시며,[마 28:9-10, 18-20; 눅 24:17-30, 36-49; 요 20:15-17, 19-29; 21:6-22] 나타나셨다. 대화까지 나눈 명백한 근접 대면이 많았다. 다수의 개인이 죽은 자 가운데서 다시 살아나신 예수님을 실제로 보고 전하지 않고서야, 복음서와 초대 기독교 서신서에 기록된 이토록 수많은 나타나심을 상상하기 힘들다."[11]

많은 사람이 이런 목격자 진술을 반박하려 했다. 가장 흔한 주장은 그런 진술을 신약 기자들이 지어냈다는 것이다. 하지만 바울이 잘 입증된 이 초기의 공문서에 밝혔듯이, 대다수 목격자가 아직 살아 있어 누구나 그들을 쉽게 찾아갈 수 있었다. 목격자가 존재하지 않았다면 그런 주장이 불가능했을 것이다. 아울러 복음서에 보면 예수님의 부활을 제일 먼저 목격한 사람은 여자들이다. 당시의 가부장 문화에서 여자는 법정에서 증언할 자격이 주어지지 않았으니[12] 복음서 기자들이 굳이 그렇게 꾸며 낼 이유가 없었다. 그러니 부활하신 그리스도를 여자들이 보았다고 기록된 이유로 역사적으로 인정받을 만한 것은, 그들이 정말 보았다는 것뿐이다.

앞서 언급했듯이 일각에서는 부활하신 예수님이 나타나신 일을 목격자들이 간절히 바라는 바를 심리적으로 이룬 것으로 보거나 환각 또는 황홀한 환상으로 설명한다. 그러나 대면한 시점과 정황이 워낙 다양해서 그럴 가능성은 희박하다. 일례로 어떻게 500여 명이 한꺼번에 똑같은 환상을 볼 수 있겠는가?[13]

게다가 라이트가 논증했듯이 역사의 중간에 일개 개인이 부활할 수 있다는 것은 유대인의 세계관으로는 상상도 못할 일이었다. 예수님의 제자들이 그런 구상을 떠올렸을 리도 없지만, 설령 떠올렸다 해도 다른 유대인들까지 그렇게 믿어 주리라고 생각지는 않았을 것이다. 1세기의 유대인들이 여태 자기가 배운 내용을 다 뒤집어 예수님을 하나님의 부활하신 아들로 믿으려면, 도저히 부인할 수 없는 비범하고 강력한 증거가 있어야만 했다. 고린도전서 15장에

따르면 그들이 받은 것이 바로 그것이었다.[14]

결국 논박하기 힘든 두 가지 사실이 우리에게 남는다. 하나는 빈 무덤이고, 또 하나는 부활하신 그리스도를 보았다는 수백 명의 증언이다. 빈 무덤만 있다면 시신을 도둑맞았다는 주장이 가능하다. 증언만 있다면 이를 몽상으로 치부할 수 있다. 그러나 이 둘이 함께 있으면 무언가 비범한 일이 벌어졌다는 증거가 된다. 톰 라이트의 말마따나 부활을 배제하면 우리는 엄청난 도전에 직면한다. 즉 가능한 역사적 대안을 찾아내 이 두 가지 사실과 교회의 탄생 자체를 설명해야 한다는 것이다. 그는 이렇게 썼다.

> 빈 무덤은 초대 그리스도인들이 꾸며 낸 것이 아니며, 부활하신 예수님을 만났거나 본 일도 마찬가지다. …… 그런 것을 예상한 사람은 아무도 없었다. 그들이 아무리 극적인 회심을 체험했고 아무리 죄책감이 컸고^{또는 용서에 감격했고} 아무리 장시간 성경을 파고들었어도 이것을 지어냈을 리는 없다. 이를 부인한다면 역사 연구를 떠나 자기만의 공상의 세계로 들어가는 것이다.[15]

† 예수 부활에 대한 복음서의 증언

가장 기본적인 이 두 가지 증거에 세 번째 증거를 더할 수 있다. 프롤로그에 살짝 언급했던 이 증거는 복음서의 부활 기사들 자체에 나온다. 이 범주를 일컬어 "부활하신 예수님의 신기함"이라 할 수 있다. 기포드 강연에서 존 폴킹혼John Polkinghorne은 첫 목격자들이 부활하신 예수님을 알아보지 못한 것이 신기하다고 말했다. 그의 말마따나 그 시대 사람들이우리 시대도 마찬가지지만 부활한 사람의 이야기를 지어내려 했다면, 환생한 인간에 대한 두 종류의 전설을 바탕으로 상대를 "눈부신 천상의 존재 아니면 소생한 시신"으로 그려 냈을 것이다.[16]

톰 라이트도 똑같이 보았다. 유대교 묵시 전통의 이야기들에 등장하는 인물들은 "눈부신 빛이나 찬란한 광채 가운데 또는 구름에 둘러싸여" 나타난다. 다니엘 12장 2-3절에 보면 인간이 종말에 부활할 때는 "궁창의 빛과 같이 빛날 것"이다. 사울왕과 대화하는 죽은 선지자 사무엘은 사무엘상 28장에 그야말로 "영"으로 나타난다. 13절 복음서 기자 가운데 유대인들이 만일 이야기를 지어내 예수님의 부활을 가르치려 했다면, 당연히 이상의 기사에 근거해 그분을 너무 밝아서 바라볼 수 없는 존재나 무서운 유령으로 묘사했을 것이다. 그런데 부활하신 예수님은 지극히 평범한 모습으로, "인간 중의 인간으로" 나타나셨다.[17]

다른 한편 폴킹혼은, 만일 복음서 기자들이 생각한 예수님이 신성하게 변화되지 않았거나 나사로처럼 혼이 되돌아와 그냥 소생하기만 했다면, 당연히 그분은 평소와 똑같아 보였을 것이다. 나사로가 부활한 뒤에는 누구 하나라도 그를 알아보지 못했다는 암시가 없다.요 11장 그런데 예수님의 부활 내러티브들을 보면, 그분은 제자들이 한동안 알아보지 못했을 정도로 달라 보였다. 최대한 가깝게 비유하자면, 유년기의 친구를 십 대 시절 이후로 본 적이 없다가 오십 대에 재회하는 경우를 들 수 있다. 처음에는 상대를 알아보지 못하다가 더 자세히 보아야 알 것이다. 예수님의 부활하신 몸도 인간 그대로이신 데다 이전의 몸의 연속이었지만_{십자가에 못 박히신 상처가 그대로 있었다; 요 20:27} 이제 변화되어 있었다.

라이트는 예수님의 몸이 "물성을 초월한다"라는 말도 덧붙였다. 물론 그 몸은 손으로 만져졌고 생선도 드실 수 있었지만^{눅 24:36-43} 그분이 잠긴 문을 통과해 들어가셨다는 말이 복음서에 두 번이나 나온다.^{요 20:19, 26} 예수님은 유령이나 눈부신 신령도 아니었고, 그분의 몸은 다시 살아난 통상적 인체도 아니었다. 유대교와 그리스-로마의 문헌과 전설에는 그런 것이 전무해 복음서 기자들이 본뜨고 말 것도 없었다. 이것은 완전히 새로운 범주의 개념이었고, 이전의 모든 종교나 문화의 상상을 모조리 초월하는 것이었다. 몸과 영에 대한 전혀 새로운 사고방식이었다.

라이트와 폴킹혼은 부활에 관한 이야기들을 꾸며 내는 사람이 부활하신 그리스도를 그렇게 구상해 낼 리는 만무하다고 역설했다. 이것만은 아무도 생각해 낼 수 없었다. 폴킹혼의 결론은 이렇다. "이것은 한낱 날조된 이야기들 속에 되풀이되기에는 이상한 모티프다. 오히려 정말 있었던 일에 대한 회고의 핵심으로 보인다."[18]

끝으로, 초대 교회의 역사에서 부활의 네 번째 증거를 추가할 수 있다. 톰 라이트는 초대 교회의 부활 신앙을 이해할 수 없다는 점에 주목했다. 많은 현대인이 "수백 년의 과학 연구가 축적된 현대를 사는 우리는 사람이 한 번 죽으면 끝임을 알지만" 고대인들은 당연히 죽은 자의 부활이 가능함을 믿었을 거라고 생각한다. 하지만 라이트는 고대인의 관점을 이렇게 해석한 현대의 관점이 "터무니없다"고 지적한다. 그에 따르면 "역사적 증거가 방대하여 결론이 일치되어 있거니와 …… 고대 이교 사상에 온갖 이론이 다 들어 있어도, 부활만 언급됐다 하면 답은 매번 단호한 부정이었다. 당연히 그런 일은 없다는 것이다."[19]

그렇다면 유대교는 어떤가? 라이트의 말처럼 1세기의 대다수 유대인은 종말에 의인들이 몸으로 부활할 것을 믿었다. 그러나 그리스도인들의 부활 신앙은 거의 하룻밤 사이에 "주목할 만한 수정" 또는 그의 표현으로 "변이"를 이루었다. 부활에 대한 신념과 강조점과 회의론이 다양하게 존재하던 유대교와 달리, 그리스도인 전원은 부활을 즉시 믿었다. 부활이 신앙의 중심이었다. 유대교에서 생각하던 부활한 몸은 소생만 했다 뿐이지 기본적으로 똑같은 몸이었다. 그런데 앞서 보았듯이 그리스도인들은 부활한 몸이 물리적이되 새로운 속성과 능력을 폭넓게 지닌다고 믿었다.

유대교는 또 부활이 역사의 종말에 한꺼번에 일어난다고 가르쳤다. 그러나 그리스도인들은 역사의 중간에 한 사람이 이미 부활하셨다고 믿었다. 끝으로 유대인치고 누구도 메시아가 죽었다가 다시 살아나리라고 믿지 않았고, 인간이 하나님의 아들이 될 수 있다고도 믿지 않았다. 그런데 초기 그리스도인들은 대다수가 유대인인데도 정확히 그렇게 믿었다.[20]

이상을 모두 종합해 볼 때, 초대 교회의 부활 신앙은 인류 역사의 문화와 사상에서 철저히 분리돼 있었다. 초대 교회 안에서는 이 문제에 대한 변론조차 없었다. 이 새로운 믿음은 즉각적이었다. 라이트는 "사회마다 매우 보수적인 경향을 띠는데, 이런 변이는 인간에게 워낙 이례적인 경험이라서 역사가들에게 …… '이런 일이 왜 벌어졌을까?'라는 의문을 떠안긴다"라고 썼다. 이 의문과 씨름하는 역사가들은 그리스도인들이 기독교의 모체인 유대교까지도 포함해 다른 모든 신앙과 하룻밤 사이에 결별한 데 대해 그럴듯한 설명을 찾아내기 힘들 것이다. 라이트의 결론처럼 "예수님을 메시아로 믿은 초대 기독교 신앙은 그분의 부활이 없이는 설명이 …… 불가능하다."[21]

† 이성과 증거와 믿음이 어우러진 결과

이 모두를 통해 예수 그리스도의 부활이 실제로 일어난 일임을 합리적인 의심의 여지없이 증명이 가능할까? 라이트를 비롯해 많은 사람이 지적했듯이, 지난 역사에서 일어난 어떤 사건도 실험실에서 무언가를 실험하듯이 경험적으로 증명하기는 어렵다. 정복자 윌리엄이 1066년에 잉글랜드를 침공한 사건을 어떤 화합물이 일정한 온

도에서 액화되는 현상과 똑같은 방식으로 알 수는 없다. 그러나 이런 구별을 전제하더라도, 역사 속의 사건이 실제로 벌어졌음을 안다는 말은 여전히 가능하다. 역사적 증거가 그만큼 충분하다면 말이다.

그렇다면 예수님의 부활은 어떤가? 역사가들에게 "이처럼 돌연히 부활을 새로운 관점으로 보면서 교회가 폭발적으로 성장했는데, 이를 어떻게 설명할 것인가?"라고 묻는다면 그들은 역사적 관점에서 답해야만 한다. 철학적 전제에 따라 기적을 불신할지라도 여전히 역사적 기준에서 대안이 될 만한 설명을 찾아내야 한다. 라이트의 말대로 이는 전혀 쉬운 일이 아니다. "어떻게 무덤이 비워졌고, 어떻게 제자들이 예수님을 보았으며, 어떻게 그들의 삶과 세계관이 달라졌는지를 흡족하게 풀이할 만한 …… 다른 어떤 설명도 2천 년간 조롱해 온 회의론에서는 제시된 적이 없다."[22]

이것이 의미하는 바는 이렇다. 한편으로, 예수님의 부활을 믿도록 인간의 이성만으로 강요할 수는 없다. 웬만한 역사적 사건에는 다지적인 회의의 여지가 있다. 다른 한편으로, 그리스도의 부활을 믿는 신앙은 전혀 맹신이 아니다. 이 신앙은 역사에 엄청난 족적을 남겼다. 그래서 이것은 "역사가와 과학자 양쪽 모두의 전체 세계관에 일격을 가한다." 부활 신앙은 인간의 이성을 배격하는 맹신이 아니라 "이른바 역사와 이른바 과학을 초월하면서 동시에 포괄한다."[23]

사실 삶의 근간이 되는 중요한 요소일수록 명백히 입증 가능한 것은 거의 없다. 우리의 도덕적 가치관, 인간 본성에 대한 신념, 물리적 우주가 저절로 생겨났는지 아니면 하나님의 피조물인지에 대한 견해 등 실재에 대한 모든 기본 가정은 이성과 증거와 믿음이 어우러진 결과다.[24] 예컨대 존엄성과 인권이 만인에게 평등함을 우리가 알 수 있는가? 물론 그렇게 믿을 만한 증거는 많지만, 그래도 인권을 과학적으로 증명하여 회의론자에게 억지로 받아들이게 할 수는 없다. 마찬가지로 예수님의 부활이 실제로 있었던 일임을 우리가 알 수 있는가? 필시 사실일 거라고 합리적 근거에 입각하여 인정하게 된다 해도, 그리스도인이 되려면 여전히 믿음을 구사해야 한다.[25]

† 은혜의 신앙

그러므로 바울이 기독교의 역사적 측면과 합리적 측면을 강조했다 해서, 교리와 원리에 지적으로 동의하는 것만으로 충분하다는 뜻은 아니다. 우리는 이런 진리를 믿음으로 자신의 것으로 삼아야 한다. 예수님의 부활을 믿고 안 믿고는 결코 지적인 과정만이 전부가 아니다. 우리는 컴퓨터가 아니라 살과 피로 된 인간이다. 따라서 예수님의 부활에 반응할 때도 논리로만 하지 않고 평생의 희망과 두려움과 기존의 신념을 두루 반영한다. 결국 자신에게 하나님의 은혜가 필요함을 깨닫지 않는 한 우리는 결코 그분의 부활을 받아들일 수 없다.

그래서 바울은 고린도전서 15장 3-8절에 복음의 교리를 약술하자마자 바로 간증을 덧붙여, 이런 진리가 개인적으로 자신을 어떻게 변화시켰는지를 나눈다.

> 나는 사도 중에 가장 작은 자라 나는 하나님의 교회를 박해하였으므로 사도라 칭함받기를 감당하지 못할 자니라 그러나 내가 나 된 것은 하나님의 은혜로 된 것이니 내게 주신 그의 은혜가 헛되지 아니하여 내가 모든 사도보다 더 많이 수고하였으나 내가 한 것이 아니요 오직 나와 함께하신 하나님의 은혜로라. 고전 15:9-10

바울을 완전히 딴사람이 되게 한 것은 무엇일까? 그는 세 번이나 은혜라는 단어를 썼다. 이전에 사울이었을 때만 해도 그는 자신에게 자비와 용서 따위는 전혀 필요치 않다고 생각했다. 진리와 하나님을 향한 열정이라면 누구보다도 뜨겁다고 자부했다. 빌 3:6 그런데 삶 앞에 낮아져 자신의 결함과 부족함을 보고 하나님의 용서가 필요함을 깨닫고 나자, 그동안 배척했던 여러 주장과 진리 앞에 그의 마음이 열렸다.

이 시대 대부분의 사람들도 그리스도인이 되기 전에는 자신이 진지하게 진리를 추구하는 사람인 줄로 안다. 스스로 꽤 착한 사람이라 여긴다. 그러나 대다수 그리스도인이 바울처럼 자신의 삶을 돌아보며 깨닫듯이, 우리는 결코 진리를 진지하게 추구한 적이 없다. 삶을 자신이 주관하고 싶어 자신의 욕망에 맞는 진리와 신을 원했을 뿐이다. 그런데도 하나님은 우리를 찾아오셔서 만나 주셨고, 우리 눈이 멀어 정당한 근거도 없이 그분을 불신하고 있음을 은혜로 깨우쳐 주셨다.

바울에게 벌어진 일도 그것이다. 그는 하나님이 어떤 분이시고 예수가 누구인지 자신이 안다고 생각했으나 다 잘못 알았다. 1992년에 개봉한 더스틴 호프만^{Dustin Hoffman} 주연의 〈리틀 빅 히어로^{Hero}〉라는 영화가 있다. 버니 래플랜트 역의 호프만은 추락하여 불타는 비행기에서 자기 목숨을 걸고 55명을 구조한다. 나머지 줄거리는 다음 사실을 중심으로 돌아간다. 버니는 워낙 영웅과는 거리가 먼 볼품없는 인물인지라 아무도 그가 그 일을 했다고 믿지 않는다. 대신 대중은 현장에 있던 사람 가운데 더 사진발 좋고 매력적인 사람을 골라 그가 모두를 구조했다고 철석같이 믿는다. 실제로 버니가 한 일인데도 주변 사람들은 하나같이 그가 그랬을 리 없다고 말한다. 그들은 그를 안다고 생각했으나 사실은 몰랐다. 겉모습에 눈이 멀어 진짜 영웅을 분간하지 못했다.

바울도 우리 모두와 똑같이 영적으로 눈이 멀어 구원의 본질을 보지 못했다. 스스로 구원할 수 있으며 자신의 열심과 의로 하나님의 복을 얻어 낼 수 있다고 생각했다. 또한 무학자요 노숙자에다 저주받은 범죄자로 죽은 전직 목수인 예수가 구주일 리도 없다고 생각했다. 바울은 다 잘못 알았을 뿐 아니라, 자기가 통제할 수 있는 신을 원했고 예수가 거짓 스승이기를 바랐다. 그런 식으로 자기 인생의 주인이 된 것이다. 나중에 돌아보니 바울은 진지하게 진리를 추구한 적이 없었다. 오히려 하나님께 심판과 정죄를 당해 마땅했다.

그런 그를 하나님이 만나 주셔서 다 용서하시고 사도로 삼으셨다! 그의 전향이 극적이기는 했지만, 바울은 결국 우리 모두의 영적 상태도 기본적으로 똑같다고 역설한다. 그래서 이렇게 썼다.

의인은 없나니 하나도 없으며 깨닫는 자도 없고 하나님을 찾는 자도 없고 다 치우쳐 함께 무익하게 되고 선을 행하는 자는 없나니 하나도 없도다. 롬 3:10-12[26]

"의인은 없나니"라는 말은 이전의 바울처럼 도덕적으로 살아가는 허다한 무리가 없다는 뜻이 아니다. 다만 그것이 정작 진짜 하나님을 추구하는 삶은 아니라는 것이다. 자신이 영적으로 눈멀어 하나님의 도움이 필요함을 깨닫지 않는 한 바울처럼 우리의 착한 삶도 주로 자신을 위한 것이다. 자기 인생의 통제권을 놓지 않기 위한 것이다. 거기에 우리가 사심으로 만들어 낸 왜곡된 하나님관이 사용됨은 물론이다.

바울은 예수님을 직접 만나 뵙고서야 자신의 생각이 잘못되었음을 깨달았다. 나머지 우리의 경우 '실재의 습격'은 다른 방식들로 찾아올 수 있다.

2020년에 겪은 코로나19 팬데믹은 과학과 첨단기술을 신봉하는 현대인들이 믿기로는 있을 수 없는 일이다. 현대에는 불가능하리라 여겨지던 방식으로 죽음이 우리를 덮쳐 왔다. 이 위협 앞에 매우 다양한 모습으로들 반응했다. 많은 사람이 자신이 얼마나 용감하고 또 자유로운지 입증하려고 안전 수칙을 일절 거부했다. 반대로 남이야 어찌되든 자신을 보호하기에만 급급한 사람들도 있었다. 한편, 위기 중에 많은 교회가 주일 예배와 기타 모임을 온라인으로 전환했는데, 놀랍게도 종종 시청자가 교인 수보다 몇 배나 더 많았다. 여태 자신에게 영적 자원이 필요 없다고 생각하던 사람들 중에서 적어도 일부는 '들여다보고' 있다는 뜻이었다. 이렇게 두려운 시절에 우리 모두에게 필요한 것은 바로 예수님의 부활을 믿는 신앙이다.

1527년에 유럽 전역에 흑사병페스트이 퍼지자 통치자 선제후 요한John은 마르틴 루터Martin Luther에게 어서 피해 목숨을 보전하라고 명했다. 그러나 루터는 남아서 병들어 죽어 가는 이들을 계속 돌보았다. 자기 집을 야전 병원으로 삼기까지 했다. 그 와중에 루터가 쓴 "치명적 전염병을 피하여 떠나도 되는가?"라는 공개서한이 있다. 놀랍도록 신중하게 잘 정제된 문서지만, 무엇보다도 죽음을 두려워하지 않는 마음이 잘 드러난다. 우선 그는 어떤 그리스도인들은 자신들이 떠나야 한다고 믿고 어떤 그리스도인들은 자신들이 남아야 한다고 믿는다면서, 양쪽 다 옳을 수 있다고 썼다.

"죽음을 피하는 것은 …… 하나님이 심어 주신 본능적 성향이니 막아서는 안 된다. …… 그러므로 이웃에게 해를 끼치지만 않는다면, 목숨을 보전하고 사망을 면하려는 것은 적절한 일이다."[27] 루터는 단지 죽음을 초탈했음을 과시하려고 쓸데없이 목숨을 거는 것은 교만한 만용이라 했다. 목숨은 우리의 것이 아니라 하나님의 것이며 모든 사람의 생명은 소중하다. 성경에도 감염자에게는 격리를 명했다.[레 13-14장] 전염병이 확산하는 것을 막는 데 필요한 수칙과 대책을 거부하는 것은 잘못이다. 요컨대 '거리 두기' 등 자신과 타인의 목숨을 보전하기 위한 모든 조치는 옳고 선하다.[28]

반면에 만일 그리스도인이 전염병을 피해 떠남으로써 누구 하나라도 무방비 상태로 남는다면, 그는 '사람 생명의 무한한 가치'라는 동일한 이유로 남아야 한다. "그리스도는 그분의 약한 자들이 〔강한 자들에게〕 버림받기를 원하지 않으신다."[29] 당신이 떠남으로써 당신 가정이나 동네나 도시에 사는 아픈 사람들이 충분한 병간호를 받을 수 없다면, 당신은 떠나서는 안 된다. 특히 루터는 목사와 시장과 판사와 "그와 같은 부류"는 반드시 남아서 "죽음의 위험 앞에 끝까지 의연해야 한다"라고 역설했다.[30] "최전선"에서 일하는 일꾼들이 목숨을 보전하려고 자기 자리를 버릴 경우 지역사회가 어떤 혼란에 빠져들 수 있는지를 루터는 알았다. "화재, 살인, 폭동 등 각종 위험과 상상 가능한 모든 재난이 닥쳐올 때 …… 지역사회 전체를 버리는 것은 중죄다."[31]

루터는 결론짓기를 전염병을 피해 떠나는 것은 옳을 수도 있고 틀릴 수도 있으며, 그러므로 사람마다 자신의 상황에 맞게 결정해야 하고 타인의 결정을 단죄해서는 안 된다고 했다. 이번 팬데믹 기간에 우리 앞에 펼쳐진 공황 상태와 무모함과 끝없는 맞고소 따위와는 얼마나 다른가.

루터가 전염병에 놀랍도록 침착하면서도 현실성 있게 반응할 수 있었던 비결은, 죽음을 전혀 두려워하지 않는 그의 의지였다. 죽음이 두려운 사람은 불안을 떨쳐 보려고 자신에게 안전 수칙이 필요 없다며 거세게 저항할 수도 있고, 반대로 겁에 질려 불안에 지배당할 수도 있다. 그러나 두려움을 극복하면 그때부터 다음에 나오는 중요한 질문을 더 객관적으로 던질 수 있다. "이 상황에서 내가 가장 사랑으로 행할 수 있는 일은 무엇일까?" 나아가 그대로 실천하는 것까지 가능해진다.

루터는 그 용맹이 어디서 왔는지도 설명했다. 복음은 예수님의 죽음을 통해 우리를 죄와 사탄의 "진정한 영적 역병"에서 해방시켰다. 그래서 이제 우리는 수시로 "죽음과 부활을 …… 경건하게 묵상할" 수 있다. [32]

리처드 닉슨Richard Nixon 대통령이 1970년 5월에 캄보디아에 미군을 파병해 베트남전을 확대시키자 많은 대학 캠퍼스에서 '학생 시위'가 벌어졌다. 내가 재학 중이던 버크넬대학교에서도 학생들이 여러 날 동안 중앙 광장에 모였는데, 누구나 마이크 앞에 나가 발언할 수 있었다. 치열하게 토론하고 대화하던 평화로운 시간이었다. 그로부터 불과 몇 달 전에 나는 예수님을 제대로 믿기 시작했다. 내가 속해 있던 아주 작은 단체의 그리스도인 10-15명은 광장에 함께 앉아 어떻게 대화의 물꼬를 틀지를 고민했다. 마침내 우리 중 하나가 표지판을 만들어 붙였고, 우리는 군중의 언저리에서 한두 명씩 종일 그 밑에 앉아 있었다. 표지판에는 이렇게 적혀 있었다. "예수 그리스도의 부활은 지적으로 믿을 만하고 실존적으로 만족을 준다."

지나가던 대부분의 사람은 무시했고 한두 명은 우리에게 욕을 퍼부었다. 그러나 그 주에 나는 사람들과 유익한 대화를 많이 나누었다. 모든 회의론자가 이성적 문제와 '실존적' 또는 개인적 문제라는 두 가지 쟁점에 부딪친다는 것도 그때 처음 깨달았다. 한 여학생은 굳이 증거를 볼 필요가 없다면서 부활이 실제로 있었던 일이라 해도 자신에게는 중요하지 않다고 했다. 구주가 필요 없다는 것이었다. 어떤 남학생은 이런 식으로 말했다. "그런데 나는 그런 우주가 싫거든요. 우주가 그럴 것 같지도 않고요."

부활하신 그리스도를 만났을 때 바울은 이성적으로나 개인적으로나 양쪽 다 벽에 부딪쳤다. 우선 그는 역사의 중간에 부활이 발생할 수 없고 그런 약골이 메시아일 수 없다는 자신의 합리적 의심을 극복해야 했다. 나아가 자신의 의로는 부족하고 자신이 영적으로 죽어 있어 하나님의 아들의 죽음과 부활이 아니고는 구원받을 수 없음을 깨달아야 했다. 스스로 최고인 줄로 알던 바울은 결국 자신이 가장 작은 자임을 깨닫고 나서야 큰 인물이 되었다. 고전 15:9

바울의 놀라운 자아상을 보라. 이는 그를 위해 죽으시고 부활하신 그리스도께 "산 소망"을 둔 결과였다. 바울은 자신이 전에는 사도 중에 가장 작은 자였으나 이제는 가장 성공한 자라고 말하지 않았다. 자신이 쓸모없는 죄인이라서 당연히 여태 성취한 일이 별로 없다고 말하지도 않았다. 반대로 그는 자신이 여전히 사도 중에 가장 작은 자이며 또한 "죄인 중에 괴수"딤전 1:15라 하면서도 동시에 가장 많은 열매를 맺었다고 말했다. 우리는 이런 자아상을 잘 모른다. 자만심에 빠지거나 자신을 비하하거나 둘 중 하나를 알 뿐이다. 그런데 바울은 두 가지 사실적 평가를 거뜬히 통합했다. 즉 그는 자체적으로는 여전히 버림받아 마땅한 흠 많은 죄인이었지만, 동시에 하나님의 은혜로 사랑받으며 풍성한 열매를 맺었던 것이다. 어떻게 그럴 수 있었을까? "죄인 중에 내가 괴수니라"라고 고백한 그가 어떻게 죽음을 담대히 비웃고, 자신을 죽일 수 있는 왕들에게 직언하며, 역사를 바꾸어 놓은 운동을 이끌 수 있었을까?

당신은 이런 생각이 들지도 모른다. "내가 죄인 중에 괴수라면 나는 스스로 목숨을 끊고 싶을 것 같다." 그렇게 말한다면 당신은 아직 복음을 충분히 이해하지 못한 것이다. 하나님 아버지는 예수 그리스도 안에서 당신을 사랑하여 온전히 받아 주신다. 이 사실을 믿는다면 당신은 자신의 죄와 연약함을 인정함과 동시에, 그럼에도 불구하고 그분이 당신을 용서하시고 써 주실 것을 안다. 바울의 놀라운 자아상은 바로 거기서 비롯되었다. 이토록 신기한 것은 다시없다.

예수님은 정말 부활하셨을까? 그렇다. 하지만 당신이 이를 받아들일 수 있으려면, 그 부활을 이성과 머리로 이해할 뿐 아니라 우리의 자아상에도, 마음의 헌신에도 적용해야 한다.

—

Part

2

HOPE IN TIMES OF FEAR

❖

'부활 복음'으로

성경과 인생
새로이 읽기

2 。예수 부활,
'미래의 창조세계'를
'오늘 여기'에 들여놓다

이르시되 때가 찼고 하나님의 나라가 가까이 왔으니
회개하고 복음을 믿으라 하시더라.
마가복음 1장 15절

예수 그리스도의 부활은 실제 있었던 일이다. 하지만 그러면 당연히 따라 나오는 질문이 있다. "그래서 어쨌다는 것인가?"

여러 부활의 기적이 성경에 기록되어 있다.왕상 17:17-24; 왕하 4:32-37; 13:20-21; 마 27:52-53; 막 5:35-43; 눅 7:11-17; 요 11:39-44; 행 9:40; 20:9-10 모두 극적이고 감동적이며 하나님의 능력을 증언해 준다. 그러나 예수님의 부활도 거기까지일까? 하나님이 존재하시며 예수님이 하나님의 아들이시라는 증거로 끝날까? 1장에 논증했듯이 그런 의미는 그분의 부활이 가지는 최소한의 의미다. 그래서 이 책 나머지에서는 예수님의 부활이 무한히 그 이상임을 살펴보려 한다.

대개 그리스도인은 십자가만이 우리를 죄에서 구원한다고 믿어 왔다. 그러면 부활은 예수님이 하나님의 아들이심을 증명해 주는 놀라운 기적으로만 보일 뿐 그 이상은 아니다. 나는 대학생 시절에 그리스도인이 되었는데, 돌아보면 나 역시 똑같이 배웠다. 그래서 부활의 역사적 증거를 즐거이 논증하면서도 부활이 지금 내 일상생활에 영향을 미친다고는 생각하지 못했다. 예수님이 '우리를 의롭다 하시기 위해 살아나셨고'롬 4:25 또 우리가 그리스도인다워지려면 '그 부활의 권능을 …… 알아야 한다'는빌 3:10 바울의 말에 주목하지 못했다. 이런 구절들에 따르면, 그리스도의 부활은 지금의 우리에게 구원과 삶과 능력의 원천이다. 그런데 나는 그것이 얼마나 엄청난 약속인지를 깨닫지 못했다.

처음 신앙의 길에 들어섰을 때 진작 배웠어야 할 내용을 나는 사역을 준비하러 신학교에 들어가서야 배웠다. 부활을 통해 하나님의 능력이 기적적으로 드러난 것은 사실이다. 그러나 우리는 부활을 세상의 자연 질서가 잠시 중단된 것이 아니라, 오히려 하나님이 본래 의도하신 상태로 회복되기 시작한 사건으로 보아야 한다. 인류가 하나님을 떠난 뒤로 죄와 악과 무질서와 질병과 고난과 죽음이 인간계와 자연계를 지배해 왔다. 그러나 예수님은 죽은 자 가운데서 다시 살아나심으로써 장차 권능으로 임할 하나님 나라의 첫 단계를 세상에 출범시키셨다. 만물을 회복하고 치유하기 위해서였다.

예수님의 부활 덕분에 그리스도인에게는 미래를 위한 희망만이 아니라 미래로부터 오는 희망까지도 주어졌다. 성경의 놀라운 메시지는 예수님이 부활하실 때 미래의 하나님 나라를 현재 속에 들여놓으셨다는 것이다.[1] 그 나라는 아직 이 땅에 완성되지는 않았지만 엄연히 실재한다. 이미 와 있는 그것을 몰라서 누리지 못한다면 그리스도인의 삶이 빈곤해진다. 그래서 바울은 에베소 교인들을 위해 이렇게 기도했다. "너희 마음의 눈을 밝히사 …… 그의 힘의 위력으로 역사하심을 따라 믿는 우리에게 베푸신 능력의 지극히 크심이 어떠한 것을 너희로 알게 하시기를 구하노라 그의 능력이 그리스도 안에서 역사하사 죽은 자들 가운데서 다시 살리시고 하늘에서 자기의 오른편에 앉히사 모든 통치와 권세와 능력과 주권과 이 세상뿐 아니라 오는 세상에 일컫는 모든 이름 위에 뛰어나게 하시고."엡 1:18-21

예수님의 부활로 하나님 나라가 시작되었다. 그런데 하나님이 우리 "마음의 눈을 밝히사" 우리에게 베푸신 것이 얼마나 경이로운 지를 알게 하시려면, 우리는 먼저 하나님 나라가 무엇인지 이해해야 한다.

† 예언된 하나님 나라

구약 성경에서는 하나님을 만물을 다스리시는 왕으로 묘사한다. 시 93:1; 103:19 천하 만민이 하나님의 통치 아래 있으니 어떤 의미에서 그분의 나라 안에 있다고도 말할 수 있다. 그러나 구약의 선지자들은 역사의 종말에 세워질 미래의 신국神國을 말했다. 이사야가 예언했듯이 장차 다윗의 한 후손이 일어나 남달리 하나님의 영으로 충만할 것이다. 그의 통치로 가난하고 압제받는 자들에게 정의가 실현될 뿐 아니라 모든 나라와 인종 간에 화합도 이루어진다. 사 11:1-5, 10-11 거기 나오는 환상을 보면 그의 통치 아래서 더 놀라운 일도 벌어진다.

그때에 이리가 어린양과 함께 살며 표범이 어린 염소와 함께 누우며 송아지와 어린 사자와 살진 짐승이 함께 있어 어린아이에게 끌리며 암소와 곰이 함께 먹으며 그것들의 새끼가 함께 엎드리며 사자가 소처럼 풀을 먹을 것이며 젖 먹는 아이가 독사의 구멍에서 장난하며 젖

땐 어린아이가 독사의 굴에 손을 넣을 것이라 내 거룩한 산 모든 곳에서 해 됨도 없고 상함도 없을 것이니 이는 물이 바다를 덮음같이 여호와를 아는 지식이 세상에 충만할 것임이니라.^{사 11:6-9}

문체와 표현은 시적이지만 메시지는 더없이 분명하다. 이 나라에서는 정치적 평화와 사회 발전이 이루어질 뿐 아니라 자연까지 치유된다. 자연의 폭력과 서로 피 흘리는 싸움이 없으므로 노화^{사 65:20}와 질병과 죽음도 사라진다. 이런 비슷한 예언도 있다. "사망을 영원히 멸하실 것이라 주 여호와께서 모든 얼굴에서 눈물을 씻기시며."^{25:8} 에덴동산이 회복되는 것이다.

하나님이 창조하신 세상은 본래 그분의 통치 아래 완벽한 조화를 이루었다. 모든 것이 창조세계의 다른 모든 부분과 짱짱하게 맞물려 있었다. 육체와 영혼 사이나 감정과 양심 사이에 부조화가 없었고, 개인 간이나 남녀 사이에 충돌도 없었다. 몸 자체 내에도 전혀 부조화가 없어 질병과 노화와 죽음 때문에 육신이 해체되지 않았다. 나아가 인류와 동물계와 환경 사이에도 완벽한 조화가 이루어져 있었다. 어떤 종류의 깨어진 관계도 존재하지 않았다.

그런데 죄가 하나님과 인류의 연합을 깨뜨렸고, 그 결과로 다른 모든 관계까지 망가져 창조세계가 헐겁게 풀어졌다. 죄의 본질은 하나님의 왕권에 반항하는 것이다. 이제 세상 만물과 삶의 모든 영역이 허무한 데 굴복하여 썩어져 간다.^{창 3:17-19; 롬 8:20-21} 상대가 하나님이든 타인이든 자아든 자연이든 우리의 관계는 다 무너졌다. 전쟁과 범죄, 인종차별과 빈곤, 분노와 절망, 기근과 역병, 노화와 죽음은 다 이 거대한 해체의 결과다. 하나님은 우리를 지으실 때 그분을 영화롭게 하고 그분을 최고의 존재로 누리게 하셨으나, 우리가 그분을 떠나 다른 것을 더 사랑하면 붕괴를 면할 수 없다. 하나님을 왕으로 인정하지 않는 곳에는 어둠과 죽음이 찾아온다.

하지만 선지자들은 어느 날 주께서 친히 이 땅에 다시 오실 것과 그분이 "기묘자라, 모사라, 전능하신 하나님이라, 영존하시는 아버지라, 평강의 왕이라" 불리실 것을 역설한다.^{사 40:3-5; 9:6} 시편 72편에 묘사했듯이 이 참되신 왕의 임재는 모든 창조세계를 흥왕하게 한다. 하나님이 왕으로 다스리시면 결국 온 세상이 완전히 치유되고, 인류가 재통합을 이루고, 물리적 부패와 죽음이 사라진다.^{1-14절} 시편 72편에 기초한 아이작 와츠^{Isaac Watts}의 유명한 찬송가 〈햇빛을 받는 곳마다〉는 고전이 되었다.

주 예수 계신 곳마다
그 은혜 충만하도다.
곤하고 지친 사람들
주님의 사랑받도다.

주 예수 큰 권능으로

세상을 치유하시니
사망과 저주 걷히고
만민이 복을 받도다.

와츠의 가장 유명한 찬송가 〈기쁘다 구주 오셨네〉는 시편 96편을 풀어 쓴 것이다. 여기서는 저자의 취지를 살리기 위해 가사 원문을 직역했다-편집자 그가 인상적인 표현으로 선포했듯이, 주께서 죄로 인해 이 땅에 선고하신 모든 저주, "땅이 네게 가시덤불과 엉겅퀴를 낼 것이라 …… 너는 흙이니 흙으로 돌아갈 것이니라"창 3:18-19라는 말씀은 그리스도의 나라에서 완전히 반전된다.

죄와 슬픔 더 자라지 못하고
가시도 땅에 무성하지 못하네.
저주가 퍼져 나간 곳마다
주 오셔서 복이 흐르게 하시네.

이렇듯 하나님 나라란 "초자연 세력이 오심으로 세상이 새로워진다는 뜻이다."[2] 그 나라는 인간 삶의 모든 차원을 포함해 온 세상을 치유할 것이다. 질병과 부패와 빈곤과 결함과 고통은 장차 오실 왕의 보좌에서 흘러나오는 새 생명과 능력 앞에 감히 맞수가 되지 못한다.

구약 끝부분에 다니엘은 하나님 나라에 대한 다른 모든 예언에 더하여, 몸의 부활과 영생도 그 나라에 포함된다고 말했다.^{단 12:1-2} 따라서 예수님이 자신을 메시아로 선포하실 즈음에는, 그 메시아가 세상을 치유하고 모든 악과 고난을 없애고 모든 신자를 부활시켜 충만한 삶에 이르게 하리라는 기대감이 형성되어 있었다. 그 삶은 양적으로 끝없이 계속될 뿐 아니라 질적으로도 상상을 초월하여, 모든 것을 해체시키는 죄의 영향에서 해방된 삶이다.

그런데 예수님은 청중에게 말씀하시기를 하나님의 나라가 가까이 오기는 했지만^{막 1:14-15} 그들이 고대하던 방식으로는 아니라고 하셨다. 그들에게 이는 더할 나위 없이 충격적인 말씀이었다.

† "이미 그러나 아직"의 하나님 나라

예수님 당시에, 장차 임할 하나님 나라를 믿은 사람이라면 누구나 머릿속에 그 나라가 어떤 모습일지 확실히 정해져 있었다. "지금 우리는 죄와 악과 죽음의 시대에 살고 있다. 그러나 메시아 곧 참되신 왕이 오시면 그 시대는 완전히 지나가고 하나님 나라의 새 시대가 시작될 것이다."

그래서 모든 사람이 생각한 하나님 나라는 다음과 같았다.

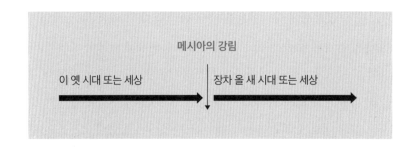

메시아의 강림

이 옛 시대 또는 세상   장차 올 새 시대 또는 세상

그런데 예수님은 이런 모든 기대를 혼란에 빠뜨리셨다. 물론 그분은 선지자들이 예언했던 메시아로 자처하셨고, 자신과 더불어 하나님 나라가 이미 도래했다고 가르치셨다.^{눅 4:14-20; 17:20-21} 그분은 자신이 새 언약과 성령을 들여오셨고^{요 6:45; 렘 31:33} 자신을 믿는 사람은 죄에서 구원받으며^{요 11:25-26} 전체 피조물을 하나님이 사망과 썩어짐의 종살이에서 해방시키시는 '탈출'도 자신을 통해 이루어지고, 또 자신이 성경에서 예언한 새 성전을 지으시는 중이라고 선포하셨다.^{2:19-21} 요컨대 예수님은 하나님의 통치하심이 자신의 초림을 통해 시작되었다고 아주 세세하게 밝히셨다.

그러나 예수님은 하나님 나라가 아직 완전히는 임하지 않았다는 점도 똑같이 분명히 밝히셨다. 그래서 제자들에게 그 나라가 임하게 해 달라고 하나님께 기도하라고 가르치셨고^{마 6:10} "창세로부터 너희를 위하여 예비된 나라"가 최후의 심판 날에야 주어질 것을 말씀하셨다.^{25:34} 예수님은 하나님 나라를 비유로 설명하시면서 그 나라가 아직 불완전하거나 혹은 숨겨져 있다는 점을 강조하신다. 아직 미래이기에 하나님 나라는 씨와도 같다. 이 씨는 다분히 인간의 눈에 보이지 않게 몰래 자라지만, 결국 다 자라면 가장 큰 나무가 된다. 13:31-32

이렇듯 예수님이 계시해 주신 장차 임할 하나님 나라는 그들이 고대하던 것과는 사뭇 달랐다. [3]

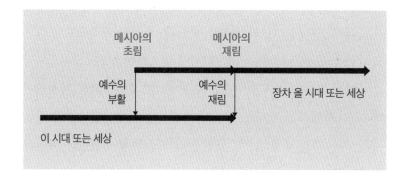

하나님 나라는 이미 이 땅에 임했지만 아직 전부는 아니다. 그 나라의 현재성을 과소평가해서는 안 되지만, 장차 올 미래의 많은 부분도 간과해서는 안 된다. 하나님 나라가 현존하되 온전히는 아니고 부분적인 만큼, 우리도 삶의 모든 영역에서 상당한 치유를 기대하되 완치를 바라서는 안 된다. [4]

여기에 중대한 의미가 함축되어 있다. '이미'의 하나님 나라를 지나치게 강조하고 '아직'을 배제하면, 우리는 모든 문제가 즉각적으로 해결되기를 기대하며, 그리되지 않으면 고난과 불행한 일 앞에서 낙심하고 만다. 반대로 '아직'의 하나님 나라에 집중하느라 '이미'

를 외면할 수도 있는데, 그러면 개인의 변화에 대해 너무 비관할 수 있다. 자신이 "더럽혀질까" 두려운 나머지 세상에 참여하지 않고 몸을 사릴 수도 있다. 그 밖의 많은 적용을 존 스토트^{John Stott}는 이렇게 제시했다.[5]

"**진리를 아는 지식.** 하나님은 이미 말씀하셨다. 이 시대를 사는 많은 사람들이 아무도 진리를 확실히 알 수 없다고 주장하지만, 우리 왕께서는 이미 그분의 말씀을 주셨다. 하지만 한편으로 우리는 그 말씀을 완전히 이해할 수는 없기에 겸손해야 한다. 그리스도인들 사이에 견해가 일치하지 않는 부분에서는 승리주의를 자제해야 한다. '아직'이라는 말에는 이견이 존재하는 비본질적 영역일수록 더 사랑과 겸손, 대화, 관용, 열린 마음으로 임해야 한다는 의미가 담겨 있다.

개인의 변화와 성장. 성령께서 이미 우리 안에 오셔서 우리의 타락한 본성과 이기심을 제하시는 중이다. 하나님 나라가 현존하기에 우리는 '신성한 성품에 참여하는 자'가 되었다. ^{벧후 1:4} '이미'라는 말에는 누구나 변화되어 모든 속박의 악습에서 벗어날 수 있다는 깊은 확신이 담겨 있다. 하지만 한편으로 타락한 본성은 우리 안에 남아서 그 나라가 완전히 도래할 때까지는 없어지지 않는다. 그러므로 우리는 즉각 해결되기를 바라지 말고, 또한 간편한 해답을 삼가야 한다. '아직'의 측면을 감안하여, 성장 중인 사람을 더 참아 주고 이해해야 한다. 다시 넘어지거나 실패한다 해서 상대를 얕잡아보거나 조급해서는 안 된다.

교회의 변화와 성장. 교회는 왕이신 그분의 공동체다. '이미'라는 말에는 하나님이 지역 교회를 통해 소생과 변화를 이루실 수 있다는 확신이 담겨 있으나, '아직'이라는 말에는 오류와 악이 교회에서 결코 완전히 근절되지는 않는다는 의미가 깔려 있다. 그러므로 우리는 불완전한 회중을 가혹하게 비판해서는 안 되며, 흠이 보인다 해서 성급하게 이 교회 저 교회 옮겨 다녀서도 안 된다.

사회의 변화. 그리스도는 이미 지금도 역사를 다스리고 계신다. 엡 1:22 이하 '일반 은혜'를 통해 세상에 가정 제도 및 악을 억제하는 정부 제도를 주셨고, 또 많은 사람에게 강직한 양심과 예술적 재능과 리더십과 과학을 주셔서 세상을 풍요롭게 하신다. 고난과 고통과 더불어 그동안 하나님은 의료 개선과 의학 발전, 점증하는 인권 옹호, 노예제도 폐지, 다양한 노동자 보호책 등을 주셨다. '이미'라는 말에는 그리스도인이 하나님의 능력으로 사회 여건과 공동체를 변화시킬 수 있다는 의미가 담겨 있다. 하지만 한편으로 아직 하나님 나라가 완전히 임하지는 않았다. 따라서 '난리와 난리 소문'과 이기심과 학대와 테러와 압제가 계속될 것이다. 그리스도인은 정치에 대한 환상을 품거나 유토피아 상태를 기대하지 않는다. '아직'이라는 개념은 그리스도인이 정치나 사회 정책에 의지해 이 땅에 완전한 의를 이루려 하지 않는다는 뜻이다.

대체로, 하나님 나라가 '아직' 임하지 않았다고만 믿는 사람은 개인과 교회와 사회의 변화에 대해 지극히 비관적이고 부정적이다. 반면에 하나님 나라가 '이미' 이 땅에 임했다고 믿는 사람은 소생과 변화와 변혁의 가능성을 너무 순진하게 낙관한다."

바울이 전하는 하나님 나라와 예수님의 가르침이 완전히 일치한다. 그가 거듭 말했듯이 그리스도는 죽은 자들 가운데서 "첫 열매" 시고 고전 15:20 "먼저 나신 이"시다. 골 1:18 구약에서 첫 열매는 하나님께 감사하며 바치던 추수의 맏물이었다. 하지만 이 용어에는 헌물의 의미만이 아니라 "나머지에 대한 보증", 증표, "전체 수확물을 보장함"이라는 의미도 있었다. 예수님의 부활이 우리의 장래 부활을 예고하는 정도가 아니라 확실히 보장한다는 뜻이다.[6]

예수님이 부활하셨으므로 우리에게는 장차 올 미래가 현존한다. 종말에 하나님이 능력으로 모든 고난과 악과 기형과 죽음을 마침내 멸하실 텐데, 바로 그 능력이 역사 속에 이미 침투해 들어와 있어 누구라도 지금 일부나마 실제로 누릴 수 있다.[7] 우리가 부활하신 그리스도와 믿음으로 연합할 때, 우주를 재창조할 만큼 강력한 그 미래의 능력이 우리 안에 들어온다.

† 하나님 나라에서 누리는 자유

이것은 실제로 어떤 의미일까? 부활하신 그리스도께서 현재의 삶을 위해 우리에게 주시는 것은 무엇일까? 이 책의 나머지는 그 질문에 대한 답변인데, 일단 자유의 개념에서부터 출발할 수 있다. 그리스도인이 한 나라에서 다른 나라로 옮겨진다는 것은^{골 1:13} 한때 우리를 지배하던 것들에서 해방된다는 뜻이다.

첫째로, 부활하신 그리스도는 왕으로서 우리를 죄책감과 수치심에 대한 두려움에서 해방시키신다. 예수님의 부활은 그분이 십자가에서 우리의 죗값을 다 치르셨음을 확증해 준다. 십자가만으로는 얻을 수 없는 자유를 부활이 우리에게 가져다준다.

도움이 될 만한 두 가지 예화가 있다. 당신이 만일 죄를 저질러 사회에 2년 징역형의 빚을 졌다면 교도소에 들어가 2년을 복역한다. 빚을 다 갚을 때를 어떻게 아는가? 그때가 되면 당신을 가두던 문이 열려 출소할 수 있기 때문이다. 성경에 보면 "죄의 삯" 곧 하나님의 율법을 어긴 데 대한 형벌은 "사망"이다.^{롬 6:23} 그런데 예수님이 우리 대신 그 형벌 곧 율법의 저주를 받아^{갈 3:13} 빚을 다 갚으셨다. 그분이 실제로 빚을 다 갚으셨음을 어떻게 아는가? 죽음의 문이 열려 그분이 밖으로 나오셨기 때문이다.

두 번째 예화는 영수증의 개념이다. 대형 백화점에서 어떤 제품을 구입했다 하자. 그런데 계산을 마치고 잠시 뒤 백화점을 나서려는데 보안 직원이 막아서면서 그 제품의 결제 여부를 묻는다면 어떻게 해야 할까? 영수증을 꺼내 보이며 "여기 값을 다 치렀다는 증거가 있습니다"라고 말하면 된다. 그러면 자유로이 나갈 수 있다. 예수님의 부활을 통해 하나님은 역사 전체와 당신의 삶 전체에 '완불'이라는 도장을 찍으셨다. 죗값을 이미 치렀음을 그분의 부활이 보증한다.

바울은 "그리스도께서 다시 살아나신 일이 없으면 …… 너희가 여전히 죄 가운데 있을 것이요"라고 말했다. 고전 15:17 그리스도께서 다시 살아나셨기에 우리가 "죄 가운데" 있지 않다는 뜻이다. 오히려 바울이 여러 편지에 수없이 더 말했듯이 당신은 그리스도 안에 있다. 당신의 죄는 해결되었고 아버지께서 '예수님을 사랑하심같이' 당신을 사랑하신다. 요 17:23 아버지는 당신을 보배로운 존재로 보신다. 이것을 의식하며 사는 정도만큼만 당신은 과거의 모든 수치심에서 해방된다. 남들이 하는 말에서 해방된다. 그렇지 않으면 당신의 정체감은 남들의 말이나 자신의 행위에 좌우되며, 그래서 기복을 탄다. 누군가의 냉대 때문에 밤중에 잠자리에서 뒤척이다가도 다음날 좋은 성과를 내면 기분이 우쭐해진다. 하지만 부활하신 그리스도를 믿으면 당신은 죄 가운데 있지 않다.

과거에 당신이 어떤 사람이었고 어떻게 살았는지는 중요하지 않다. 바울을 생각해 보라. 그의 과거는 어떠했던가? 그의 기억 속에는 스데반처럼 죽어 가던 행 7장 무죄한 사람들의 절규와 얼굴 표정이 남아 있었다. 당신의 과거에도 그런 것이 있는가? 설령 있다 해도 하나님의 은혜에는 상대가 안 된다. 그래서 바울은 예수님의 부활을 서술하다 말고 일순간 "내가 나 된 것은 [오직] 하나님의 은혜로 된 것"이라는 새로운 진리로 비약했던 것이다. 고전 15:10

예수님의 부활을 통해 하나님은 "이 지불로 충분하니 너는 이런 것들에 대해 다시는 값을 치를 필요가 없다. 절대로 없다"라고 말씀하셨다. 알겠는가? 당신은 영수증이 있는가? 예수님의 부활을 보며 이렇게 고백하는가? "하나님이 이 방법을 통해 제 쪽에서 죗값을 다시 치를 필요가 없음을 분명하게 말씀해 주셨습니다." 그리스도 예수 안에 있는 자에게는 결코 정죄함이 없다. 롬 8:1

저 마귀 삼킬 듯이
내 죄를 고발하나
이 많고 중한 죄를
주님 다 잊으셨네.[8]

둘째로, 예수님의 부활은 우리를 죄책감과 정죄에서 해방시킴으로써 죽음에 대한 두려움에서도 해방시킨다. 히 2:14-15 그분의 부활은 우리도 미래에 부활한다는 보증이자 증거다. 부활하신 그분에게서 장차 부활할 우리 몸을 미리 볼 수 있다. 바울이 고린도전서 15장 23-26절에 선포했듯이, 그리스도의 통치는 그분이 죽은 자 가운데서 다시 살아나실 때 이미 시작되었고, 앞으로도 계속되어 마침내 "모든 통치와 모든 권세와 능력을 멸하시고 …… 그가 모든 원수를 그 발 아래에 둘 때까지 반드시 왕 노릇 하시리니 맨 나중에 멸망받을 원수는 사망"이다. 죽음을 이기신 이 왕의 승리는 전적으로는 아니어도 부분적으로 이미 우리의 것이다.

여전히 우리는 물리적으로 죽어야 하지만, 그래도 죽음이 우리를 하나님과 그분의 사랑의 나라로부터 갈라놓지는 못한다. 오히려 이제 죽음은 우리가 경험하는 하나님 임재의 사랑과 기쁨을 무한히 증폭시킬 뿐이다.[9] 조지 허버트George Herbert는 죽음이 한때 "사형 집행자"였으나 이제 "산지기요 아득히 먼 별나라 너머로 영혼을 안내하는 시종"일 뿐이라고 읊었다.[10] 종말에 하나님 나라가 완성되면 사망은 완전히 멸망한다. 그때까지도 사망은 부활하신 그리스도를 믿는 이들에게는 이빨 빠진 야수 꼴이다. 그래서 더는 당신을 사랑에서 떼어 놓지 못한다. 반대로 죽음은 상상을 초월하는 큰 사랑으로 들어서는 관문일 뿐이다.

셋째로, 예수님의 죽음과 부활은 우리를 속박하는 다른 "권세들"에서 우리를 해방시킨다. 골로새서에 바울은 이렇게 썼다.

우리를 거스르고 불리하게 하는 법조문으로 쓴 증서를 지우시고 제하여 버리사 십자가에 못 박으시고 통치자들과 권세들을 무력화하여 드러내어 구경거리로 삼으시고.골 2:14-15

세상은 십자가에서 죽으시는 예수님에게서 연약함과 패배밖에 보지 못했다. 왕으로 자처하신 예수님의 사역은 이렇게 완전히 실패로 끝난 듯 보였다. 그러나 바울의 말대로 사실은 그분이 두 가지 측면의 승리를 이루셨다. 우선 십자가에서 그분은 "법조문으로 쓴 증서", 우리의 죄로 인해 하나님께 진 빚을 폐기하셨다. 우리와 하나님 사이를 막고 있던 그 벽이 이제 허물어졌다. 나아가 예수님은 "권세들을 무력화하여" 그들의 패배를 "드러내어 구경거리로" 삼으셨다. 대다수 주석가의 말대로 이는 그리스도의 부활과 승천을 가리키는 표현일 수밖에 없다.[11]

예수님의 부활은, 그분이 우리의 빚을 갚으심으로써 하나님의 정의를 충족시키셨음을 만천하에 명백히 드러냈다. 그 결과 우리 힘으로 구원을 쟁취해야 하는 막중한 부담에서 벗어난 삶이 가능해졌고, 새롭게 하시는 하나님이 그분을 주님과 구주로 인정하는 이들의 삶에 임재하실 수 있게 되었다.

이 "통치자들과 권세들"을 우주적 차원과 개인적 차원 양쪽 모두로 이해할 수 있다. 은혜로 구원하시는 하나님의 나라에 들어설 때까지는 우리 모두가 온갖 거짓 신의 나라들에 살면서, 거기서 자존감과 안전과 정체감과 의미를 얻으려고 한다. 인간은 무언가를 위해서 살도록 되어 있는데, 자신의 존재를 정당화하고자 무엇을 위해서 살든 바로 그것이 사실상 우리를 지배한다. 레베카 피펏Rebecca Pippert은 "무엇이든 우리를 지배하는 것이 실제로 우리의 신이다. …… 권력을 추구하는 사람은 권력에 지배당하고, 인정받으려는 사람은 자신이 비위 맞추려는 사람에게 지배당한다. 우리를 지배하는 것은 자신이 아니라 우리 삶의 그 주인이다"라고 썼다.[12]

문화적인 거짓 신도 있다. 사회는 군사력과 전쟁, 물질적 번영과 안락, 성#과 로맨스, 과학기술, 국가 권력 등을 공동 우상으로 삼는다. 그것이 문화적 차원에서 민족주의, 자본주의, 성 해방, 테크노크라시, 사회주의 같은 이데올로기로 변해 하나같이 우리 삶의 "통치자들과 권세들"이 될 수 있다. 거기서 행복과 의미와 안전을 얻으려 할수록 우리는 그것의 노예가 된다. 이런 권세들에서 우리를 원칙적으로 해방시킨 것은 십자가지만, 그 자유를 실천하는 데 필요한 능력을 우리 삶에 가져다주는 것은 예수님의 부활이다. 부활하신 그리스도께서 보내시는 성령이 예수님을 우리 마음의 실세가 되게 하시므로, 이전의 통치자들과 권세들은 우리를 쥐고 흔들던 위력을 잃는다.[13]

문화적 우상에서 벗어나는 이 해방은 골로새 교인들에게 주어진 것처럼 오늘날 우리에게도 똑같이 주어진다. 요컨대 예수님의 죽음과 부활은 우리를 다른 모든 나라의 통치로부터 해방시킨다. 회개하고 믿어막 1:15 거듭날 때요 3:3, 5 우리는 이 자유의 새 나라로 옮겨진다. 골 1:13

† 하나님 나라의 판결

수치심과 죄책감, 죽음 자체, 권세들에서 벗어날 수 있는 것은 예수님의 부활이 가져다준 한 가지 큰 선물이다.

평생 우리는 자신의 행실과 됨됨이를 평가받으며 살아왔다. 부모와 교사와 배우자와 친구가 우리에게 좋고 나쁜 점수를 매기고, 호불호의 딱지를 붙이고, 우리의 외모와 지능과 정치 성향과 성격을 두고 양호 혹은 불량이라는 판결을 쏟아 낸다. 우리는 긍정 평가를 좋아한다. 하지만 아무리 좋다는 평가를 많이 받아도 부정 평가로 입은 상처는 결코 그것으로 상쇄되지 않는다. 칭찬보다 비난을 훨씬 냉큼 믿고 훨씬 생생히 기억하는 것이 우리네 인간이다.

마지막 날에 하나님도 이 땅의 모든 사람을 각자의 행실대로 즉 "그 행한 대로" 심판하신다.^{롬 2:6} 그러나 그리스도인에게 보증되어 있듯이 '믿는 자는 영생을 얻었고 그날에 심판에 이르지 아니한다.'^{요 5:24} 그날에 우리에게 들려올 말씀은 하나님이 독생자 예수님을 사랑하심같이 우리를 사랑하신다는 것이다.^{17:23-24} 거기서 마침내 우리는 최종 긍정 판결을 받고, 그 판결이 우리 마음속 깊이 스며들어 그간의 모든 부정 판결을 뒤집는다. 모든 죄책감과 수치심이 영영 사라진다.

그런데 복음에 따르면 그리스도인은 그 치유의 말씀을 듣기 위해 종말까지 기다릴 필요가 없다. 예수님을 믿는 순간 우리는 믿음으로 의롭다 하심을 얻고 용서받고 받아들여진다.^{롬 3:21-24; 고후 5:21} 거듭날 때 실제로 하나님께 칭찬을 받는다.^{롬 2:29} 그것이 어떻게 가능할까? 바울은 "그러면 이제 우리가 그의 피로 말미암아 의롭다 하심을 받았으니 더욱 그로 말미암아 진노하심에서 구원을 받을 것이니"라고 썼다.^{롬 5:9} 보다시피 그는 최후의 심판 날에 들을 말씀을 지금 현재에 받는 칭의^{의롭다 하심}의 판결과 연결시킨다. 그 의미를 마이클 호튼^{Michael Horton}은 이렇게 요약했다.

> 신약에 따르면 …… 장차 올 시대가 현 시대 속으로 실제로 침투해 들어왔다. …… 예수님은 일반 부활의 시초로서 다시 살아나셨고, 그래서 …… 장차 닥칠 마지막 날의 판결이 현재 속으로 앞당겨졌다.[14]

우리가 행위와 무관하게 믿음으로 의롭다 하심을 받을 수 있는 이유는, 그리스도의 부활을 통해 미래의 그 순간과 연결되어 "그리스도 예수 안에 있는 자에게는 결코 정죄함이 없나니"^{8:1}라는 판결을 지금 듣기 때문이다. 미래의 이 큰 선물이 지금 우리 안에 들어와 우리를 수치심에서, 돈과 성^性과 권력을 우상으로 섬기도록 몰아가는 불안과 초조에서, 죽음과 심판 날에 대한 두려움에서 해방시킨다.

목사로서 나는 죽음을 앞둔 사람과 대화할 기회가 많았는데, 많은 사람들이 자신이 행한 일에 대한 죄책감과 수치심을 토로한다. 하지만 미처 행하지 않은 일로 후회하며 괴로워하는 사람을 그보다 훨씬 많이 보았다. 막판에야 깨닫고 보니 인생을 대부분 허송했고, 그래서 자신의 생은 부정 판결을 받아 마땅하다는 것이다. 신앙이 없는 사람도 신앙인 못지않게, 어쩌면 그 이상으로 이런 후회에 시달린다. 우리 부부도 70세가 넘고 내가 암 치료까지 받게 되니, 둘 다 마땅히 했어야 할 일을 하지 않은 죄로 마음이 무거워진다.

많은 사람들이 눈에 보이지 않는 이런 짐을 안고 살아간다. 젊었을 때는 "아무도 내게 어떻게 살라고 말할 권리도 없고 죄책감을 유발할 권리도 없다. 나만이 나를 판단한다!"라고 말할지 모른다. 하지만 그 논리대로 하더라도, 세월이 흐르고 나서 보면 우리는 자신의 기준대로 살지 못했다. 처음에는 잘 눈에 띄지 않던 짐이 나이가 들수록 점점 무거워진다. 신앙인의 경우 그것은 자신이 저지른 특정 죄에 느끼는 죄책감일 수 있고, 신앙이 없는 사람의 경우에는 자신의 초라한 됨됨이에 대한 막연한 수치심일 수 있다.

그러나 모든 그리스도인은 자신에 대한 판결이 이미 내려졌음을 안다. 왜냐하면 우리가 부활하여 살아 계신 그리스도와 믿음으로 연합하는 순간부터 판결은 이미 내려졌기 때문이다. 우리는 사랑받는 아들 예수님 안에서 받아들여졌다. 존 번연John Bunyan의 《천로역정The Pilgrim's Progress》에 나오는 유명한 일화에 보면, 순례자가 등에 커다란 짐을 지고 힘들게 걷고 있다. 그 짐은 내 힘으로 구원을 얻어 내야 한다는 무거운 부담이다. 특정 죄에 대한 죄책감에다가 자신의 삶이 마땅히 도달해야 할 도덕 기준에 절대로 도달하지 못할 것을 아는 데서 오는 수치심까지 어우러져 있다.

그래서 짐을 진 크리스천은 그 길을 달려 올라갔는데, 등의 짐 때문에 몹시 힘들었다. 그렇게 달려 마침내 가파른 언덕에 이르렀는데, 그 위에 십자가가 서 있고 십자가 아래쪽에는 무덤이 있었다. 내가 또 꿈에 보니 크리스천이 십자가 앞에 다다르자마자 어깨에 있던 짐이 풀려 등에서 툭 떨어지더니 구르기 시작했다. 짐은 계속 굴러 마침내 무덤 입구까지 와서는 무덤 속으로 들어가 더는 보이지 않았다.

그러자 몸도 마음도 가벼워진 크리스천은 기쁨에 겨워 흥얼거렸다. …… 십자가를 바라보기만 해도 짐이 풀어진다는 사실이 놀랍기만 했다. 그렇게 하염없이 바라보고 있노라니 어느새 두 눈에서 눈물이 흘러 뺨을 적셨다. ……

이어 크리스천은 기뻐서 세 번이나 펄쩍 뛰며 계속 노래를 불렀다.

    …… 복된 십자가여! 복된 무덤이여!
    나를 위해 거기서 수치를 당하신 복되신 분이여.[15]

번연의 작중 인물이 지고 있던 죄와 수치의 짐은 십자가 앞에서 풀어지고 빈 무덤에 삼켜졌다. 그가 해방된 것은 십자가와 무덤을 보았기 때문만이 아니라, 우리의 죄책과 수치를 대신 지고 친히 값을 치르신 그분을 알았기 때문이다. 즉 그분은 부활로 승리하여 우리를 용서하시고, 영원히 계속될 새로운 부활 생명에 들어서게 하신다.

† **왕의 임재**

예수님의 부활은 우리가 한낱 죽은 지도자의 가르침을 따르는 것이 아님을 뜻한다. 반대로 우리는 살아 계신 주님과 생생한 사랑의 교제를 나눈다. 왕이신 예수님이 우리에게 임재하신다. 차차 우리가 그분을 경험하는 방식들을 이야기하겠지만, 우선 이것부터 이해해야 한다. 즉 죽은 구주가 아니라 부활하여 살아 계신 구주만이 우리를 구원하실 수 있다는 것이다. 로마서 4장 25절에 보면 "예수는 우리가 범죄한 것 때문에 내줌이 되고 또한 우리를 의롭다 하시기 위하여 살아나셨느니라"라고 했다. 신학자 존 머리[John Murray]는 로마서 주석에 이렇게 설명했다.

첫째로, "우리를 의롭다 하시는 그리스도의 의를[롬 5:17-19] …… 그분과 따로 떼어서 단지 공로가 충분히 적립된 상태로 생각해서는 결코 안 된다."[16] 하나님 앞에서의 칭의를 말할 때면, 우리 그리스도인은 위험하게도 마치 공덕의 은행 계좌로 돈을 송금받는 것인 양 생각한다. 그러면 구원이 기계적이거나 타산적인 절차로 변한다.

반대로 머리는 "우리가 의롭게 됨은 그리스도와 연합을 통해서다"라고 말했다. 예수님 안에 있어야 정죄함이 없다.[8:1] 성령으로 말미암아 믿음으로 예수님과 연합할 때에만 비로소 우리는 하나님의 사랑받는 자녀로 받아들여진다. "그리스도는 살아 계신 주님으로서만 믿음의 대상이 되실 수 있다. …… 살아 계셔야만 하나님으로부터 나와서 우리에게 의로움이 되실 수 있다."[고전 1:30] 구원이란 능력이나 공로를 주입받는 것이 아니라 "의로우신 예수 그리스도"요일 2:1 그분을 얻는 것이다. 우리의 구원은 철저히 인격적이고 초자연적이다.

둘째로, 머리가 지적했듯이 이제 그리스도는 아버지 앞에서 우리의 대언자로서 우리를 변호하신다. 그 결과 용서를 비는 우리의 기도는 늘 받아들여지며,요일 1:8-9; 2:1-2; 히 7:25 모든 것이 합력하여 우리의 선을 이루고, 아무것도 우리를 그분의 사랑에서 끊을 수 없다. 부활하신 그리스도만이 우리를 위해 중보하실 수 있다. 롬 8:28-30, 33-39 요컨대 우리는 십자가로만 구원받는 것이 아니다. 오히려 "그리스도의 죽음과 부활은 떼려야 뗄 수 없게 얽혀 있다."17

"곧 우리가 원수 되었을 때에 그의 아들의 죽으심으로 말미암아 하나님과 화목하게 되었은즉 화목하게 된 자로서는 더욱 그의 살아나심으로 말미암아 구원을 받을 것이니라."5:10

† 과거와 미래의 왕

과거에 살았던 위대한 왕에 대한 전설은 인류 어느 민족에게나 넘쳐난다. 그들의 통치 아래 각 백성은 황금기를 누렸다. 이런 왕이 정의와 지혜와 긍휼과 은혜와 능력으로 다스릴 때면 세상만사가 공정했다. 로빈 후드의 전설은 참된 왕의 귀환 때까지 요새를 지킨다는 내용이다. 《반지의 제왕The Lord of the Rings》도 기본적으로 적통을 이어받은 왕이 권좌에 오름으로써 평화와 정의와 번영을 회복한다는 주제다. 아서왕의 무덤에는 "여기 과거와 미래의 왕 아서가 잠들다"라는 문구가 새겨져 있다. 카멜롯에 '한때나마 태평성대'를 이루었던 이 성군이 언젠가는 다시 돌아와 모든 일을 바로잡으리라는 예고인 셈이다.

이런 전설이 이상한 것은, 정작 역사 속 왕들의 실제 기록은 끔찍하기 때문이다. 그것은 폭정과 노예제도의 기록이다. 과거의 왕국은 거의 다 무너지고 민주 국가들이 들어섰는데, 이런 운동의 배후에 다분히 그리스도인들이 있었다. 하버드의 학자 에릭 넬슨Eric Nelson이 지적했듯이, 근대 초기의 유럽에 민주 국가들이 발흥한 것은 그리스도인들의 성경 해석 덕분이었다.[18]

그런데도 참된 왕에 대한 이런 전설은 여전히 시장성이 엄청나다. 그래서 해마다 그런 오래된 이야기나 내러티브에 기초한 블록버스터 영화가 쏟아져 나온다. 그뿐만 아니라 아직도 왕정이 존재하는 나라에서는 왕족이 우상화되고, 미국처럼 왕이 없는 나라에서는 운동선수와 억만장자와 슈퍼모델과 영화배우가 왕족 취급을 받는다. 물론 영웅과 명사를 만들어 내려는 이런 욕구가 숭배 대상에게나 숭배자에게나 독소로 작용할 때도 많이 있다. 그러나 C. S. 루이스Lewis가 말했듯이 누군가를 왕위에 앉혀 숭배하려는 욕구가 여전히 강한 이유는 "육적 본능처럼 영적 본능도 채워져야만 하기 때문이다. 먹을 게 없으면 영혼은 독이라도 삼키게 되어 있다."[19]

인간의 마음속 깊은 곳에는 누군가를 왕으로 삼으려는 갈망이 있다. 성경은 우리가 왕을 섬기고 흠모하도록 지음받았음을 알고 있으나 그것을 억누른다고 말한다. 성경에 따르면 한때 왕이 계셨으며, 그 왕의 아름다움과 사랑과 긍휼과 능력과 지혜는 찬란하게 빛나는 해와도 같았다. 그분을 섬길 수 없다면 우리는 다른 무언가를 삶의 중심으로 삼아 섬겨야만 한다. 영적 본능을 어떻게든 채워야 하기 때문이다. 이는 자유냐 속박이냐의 문제가 아니다. 그런 의미에서 세상에 자유로운 사람은 없고, 모두가 누군가나 무언가를 섬기고 있다. 오히려 문제는 이것이다. 당신은 참되신 왕을 섬기고 있는가? 그 왕은 당신을 용서하고 해방시켜 본연의 당신이 되게 하실 분인가? 아니면 당신은 결코 당신의 실패를 용서할 수도 없고 당신의 마음을 채워 주지도 못할 다른 무언가를 섬기겠는가?

여기 기쁜 소식이 있다. 장차 정말로 다시 오셔서 왕좌에 앉으실 왕이 계시다. 그때 모든 슬픔은 사라지고 마침내 우리는 그분을 대면하여 볼 것이다. 그런데 "이 적통의 왕은 이미 오셨다. 변장하고 오셨다고 말할 수 있으리라." 어둠의 세력에 맞서 "위대한 침투 작전에 동참하라고 지금 그분이 우리를 부르고 계신다."[20] 우리는 자유로울 뿐 아니라 과거와 미래의 왕을 섬기는 자유의 투사다.

3 。예수 부활, 잃어버린 하나님 임재를 회복하다

예수께서 이르시되 내 말이
네가 믿으면 하나님의 영광을 보리라
하지 아니하였느냐 하시니.
요한복음 11장 40절

† 하나님의 영광의 역사

예수님의 부활은 현재에 미래를 들여놓을 뿐 아니라 이 땅에 천국을 가져온다. 그리하여 인간을 하나님의 영광과 재결합시킨다. 이는 성경 전체에 흐르는 가장 중요한 주제 가운데 하나다. 이 주제를 추적하면 성경의 모든 책이 어떻게 하나의 일관된 이야기로 들어맞는지를 볼 수 있다.

성경이 시작되는 에덴동산은 하나님이 인류와 함께 사시려고 창조하신 곳이다. 그런데 죄 때문에 우리는 하나님의 임재에서 추방되었고 에덴동산 입구에는 불 칼이 놓였다.^{창 3:24} 여기서 죄의 형벌이 사망이라는 진리를 똑똑히 볼 수 있다. 하나님의 임재로 돌아가는 길을 정의가 막고 있다. 갚아야 할 빚이 생겼다. 칼을 통과하지 않고는 하나님의 임재로 돌아갈 수 없다.

애굽의 노예 생활에서 이스라엘 백성을 구해 내신 하나님은 그들을 시내산으로 인도하여, 거기서 그분을 만나게 하셨다. 하나님의 임재가 산 위에 강림하시자 번개와 우레와 불과 빽빽한 구름과 맹렬한 지진이 뒤따랐다. 하나님이 백성에게 말씀하시는 소리는 견디기 힘들 만큼 요란한 나팔 소리처럼 들렸다. 그들은 산에 접근하지 말라는 경고를 받았는데, 그렇지 않으면 하나님의 임재가 그들을 "칠까" 곧 죽일까 함이었다.^{출 19:16-24} 중재를 거치지 않은 날것 그대로의 하나님의 임재는 도저히 감당하기 힘든 것이어서, 백성은 "우리가 죽을까 하나이다"라며 하나님이 직접 말씀하시지 않기를 간구했다.^{20:19} '하나님이 계신 흑암으로 가까이 가려는' 사람은 모세뿐이 었다.^{21절}

모세는 하나님의 임재를 덜 원한 것이 아니라 오히려 더 원했 다. 그래서 아주 담대하게 구했다. "원하건대 주의 영광을 내게 보 이소서."^{33:18} 그러나 하나님은 "네가 내 얼굴을 보지 못하리니 나를 보고 살 자가 없음이니라"라고 답하셨다.^{20절} 에덴동산으로, 즉 하나 님과 함께하는 삶으로 돌아가는 길은 열리지 않았고, 그룹들의 칼이 여전히 버티고 있었다. 인간은 죄가 있어 하나님의 임재를 감당할 수 없다. 그것은 뜨거운 해의 표면이 그러하듯 우리의 죽음을 부른다.

그럼에도 불구하고 모세는 하나님의 "임재^{직역하면 얼굴}"가 어떻 게든 이스라엘 백성의 여정에 동행하시기를 계속 구했다. 그래서 광야에서 하나님은 이동식 성전을 지으셨는데, 바로 백성이 가까이 나아와 그분을 만날 수 있는 성막^{장막}이었다.^{25:22}

성막이라는 방식을 통해 하나님은 잃었던 것을 되찾기 시작하 셨다. 에덴동산의 많은 특징이 성막에는 물론이요 이후에 지어진 성전의 설계에도 등장한다.¹ 에덴동산과 성막은 둘 다 입구가 동쪽 으로 나 있었다.^{창 3:24; 출 38:13-18} 하나님의 직접 임재를 상징하는 천 사 무리가 에덴동산 입구를 지켰고^{창 3:24} 성전 입구에도 새겨졌다.^{왕상 6:23-28} 성전 건물의 벽과 기둥과 가구와 휘장 등 모든 부위에 가득 채워진 종려나무와 사자와 석류와 동물과 꽃^{왕상 7:13-26, 36; 대하 3:5-7}은 에덴동산을 생생히 연상시키기에 충분했다. 성막은 하나님의 지상

거주가 회복되는 출발점이었다. 신 12:5

성막 중에서도 실제로 하나님이 계시던 방은 지성소였다. 그곳은 세상에서 유일하게 하나님의 "이름이 거하는" 곳이요, 그분의 쉐키나 영광이 구름으로 머물던 곳이었다. 유일하게 하늘과 땅이 맞닿은 곳이었다. 그러나 지성소는 그룹들을 수놓은 두꺼운 휘장출 26:31으로 나머지 성막과 분리되어 있었다. 백성은 그 안에 들어갈 수 없었다. 대제사장만이 일 년에 한 번 지성소에 들어가되, 그때도 향불로 연기를 가득 피워야만 자칫 속죄소를 쳐다보고 죽는 일을 면할 수 있었다. 레 16:1-34 지성소에는 나무 상자에 금을 입힌 언약궤가 있었고, 그 안에 십계명을 적은 돌판이 들어 있었다. 언약궤 윗면에는 깎아 만든 두 천사가 있고, 그 사이에 "시은좌mercy seat; 속죄소"라는 순금 판이 있었다. 거기서 "욤 키푸르" 곧 속죄일에 대제사장이 피를 제물로 드려 백성의 죄를 사했다. 하나님은 시은좌 위에서만 말씀하셨다. 출 25:10-22

은유가 이보다 명확할 수는 없다. 십계명은 순종을 요구했는데, 그 순종과 거룩함에 능히 부합할 수 있는 사람은 아무도 없었다. 하나님과 교제하며 그분의 말씀을 들을 수 있는 길은 속죄밖에 없었다. 에덴동산으로 들어가는 길을 정의의 칼이 막았듯이, 대제사장도 피의 제물로 "칼을 통과하여" 상징적으로 속죄하고 죗값을 치러야 했다. 그래야 잠시나마 하나님의 임재 안에 들어갈 수 있었다. 성막 예배가 끝나면 하나님은 백성에게 그분의 샬롬 즉 평화의 복을 주셨다. 민 6:24-27 그럼에도 불구하고 하나님의 거룩하신 영광은 성막의 휘장 뒤에 남아 있어 죄인은 아무도 거기에 들어갈 수 없었다. 성막을 통해 하나님이 더 가까이 오셨으나 그분의 영광을 보고도 살아남을 사람은 여전히 아무도 없었다.

다윗왕이 영구적 성막인 성전을 건축하려 하자 하나님은 선지자를 보내 이르시기를, 그분과 그분의 백성이 마침내 영원히 함께 살 영원한 "집"을 다윗의 한 후손이 지을 것이라고 하셨다. 삼하 5:6-10; 7:1-16 다윗의 아들 솔로몬이 첫 성전을 짓기는 했으나, 이 성전은 파괴되었으므로 선지자들이 말한 다윗의 후손은 그가 아니었다. 왕상 11:11-13; 왕하 25:8-11 포로 시대에 에스겔도 새로운 다윗이 새로운 성전을 지을 것을 예언했는데겔 37:24-28 그 성전은 주님의 영광으로 가득 차고 또 아주 커져서 천하만국이 거기에 들어올 것이었다.

그러나 선지자들의 환상은 포로들이 바벨론에서 돌아와 건축한 성전으로도 실현되지 않았다. 새 성전의 기초가 놓일 때 노인 세대는 통곡했는데, 이는 그 위용이 솔로몬의 성전을 능가하기는커녕 거기에 훨씬 못 미쳤기 때문이다. 스 3:12 즉 이때 지은 새 성전 또한 예언된 성전이 아니었다. 학 2:1-8 예언 속의 성전이 세워지려면 새로운 "다윗"이신 메시아가 오셔야만 했다.

이런 예언의 주제는 그대로 신약으로 이어진다. 요한복음에 선포된 대로 예수 그리스도는 육신이 되어 우리 가운데 장막을 치셨고, 그리하여 우리는 그분의 영광을 보았다. 요 1:14 마찬가지로 히브리서에도 예수님 자신이 곧 "하나님의 영광의 광채시요 그 본체의 형상"이라고 나와 있다. ^{히 1:3} 예수님은 하나님의 영광을 지니셨거나 가져오시는 정도가 아니다. 그분이 곧 하나님의 영광이다. 그분을 보면 하나님의 능력과 아름다움을 알 수 있다. 예수님이 성전에서 환전상들을 내쫓으셨을 때 사람들이 그분께 무슨 권세로 이런 일을 하느냐고 물었다. 그러자 그분은 이렇게 답하셨다.

> 너희가 이 성전을 헐라 내가 사흘 동안에 일으키리라 유대인들이 이르되 이 성전은 사십육 년 동안에 지었거늘 네가 삼 일 동안에 일으키겠느냐 하더라 그러나 예수는 성전 된 자기 육체를 가리켜 말씀하신 것이라 죽은 자 가운데서 살아나신 후에야 제자들이 이 말씀하신 것을 기억하고. ^{요 2:19-22}

당연히 예수님의 제자들조차도 그분의 말씀을 알아듣지 못했다. 그분의 말씀은 자신이 죽은 자 가운데서 부활하여 사람이 하나님을 만날 수 있는 새로운 성전이 되시겠다는 뜻이었다. 이전의 성막과 성전이 처음부터 쭉 자신을 가리켜 보였다고 선포하신 셈이다.

부활할 자신의 육체가 참된 성전이라는 예수님의 말씀은 다음과 같은 의미다. "세상의 모든 성전에서는 제사장들이 너희와 하나님 사이의 간극을 이으려고 제사를 드리고 의식을 거행한다. 그러나 내가 곧 제물이니 이로써 모든 제사는 종식되고, 내가 곧 제사장이니 이제 너희에게는 제사장들이 필요 없다. 내가 칼을 통과하여^창 지상에 천국을 가져왔다. 나는 간극을 이어 하나님의 영광에 이르게 하는 다리 정도가 아니라 내가 곧 하나님의 영광이기 때문이다." 물론 이런 식으로 말한 사람은 역사상 아무도 없다. 타 종교 창시자들은 많은 성전을 지었으나 예수님은 모든 성전을 종식시키는 성전 자체시다.

마태복음 27장 51절에 보면 예수님이 운명하시던 순간 성전에 있던 휘장이 위에서 아래로 찢어져 둘이 되었다. 마치 두 손으로 위에서 힘껏 찢은 것처럼 말이다. 예수님은 죽으실 때 옛 성전을 허무셨고 부활하실 때 새 성전을 지으셨다. 과거에는 하나님의 임재가 휘장 뒤에 거하여 범접할 수 없었으나 이제는 누구나 그 쉐키나 영광을 직접 보고 누릴 수 있다. 성령으로 말미암아 우리가 부활하신 그리스도와 믿음으로 연합하면 그렇게 된다.

이것이 교회에 의미하는 바는 자못 경이롭다. 우선 이는 그리스도인이 주로 일정한 신념과 규정에 동의하는 착한 사람이 아니라는 뜻이다. 기독교는 마음의 철저한 거듭남이요 삶의 방향 전환이다. 우리는 믿을 때 거듭나는데,^{요 3:3} 그 이유는 한때 하나님의 임재에 접촉하면 산이 흔들리고 사람이 겁에 질리고 생물이 죽었으나 이제 똑같은 임재가 우리 안에 사시기 때문이다. 또한 이는 예수님을 믿는 우리가 이제 하나님의 성령이 내주하시는 성전이라는 뜻이다.^{고전 6:19; 고후 6:16} 그리스도인이 되면 기도를 통해 하나님의 임재에 다가갈 수 있다는 뜻이다. 모세는 하나님의 빛나는 영광과 얼굴을 보려던 뜻을 이루지 못했으나^{출 33:18} 우리는 이를 특권으로 누린다. ^{요 1:14; 고후 4:6}

나아가 이는 그리스도인이 그리스도의 동역자로서 그분의 일에 동참하여, 치유와 새 힘을 주는 하나님 나라의 능력을 온 세상에 퍼뜨린다는 뜻이다. 예수님이 성전이시기에 우리도 최후의 성전이며 이미 그 성전을 이루는 "산 돌"이다. ^{벧전 2:4-10} 예수님이 대제사장이시기에 우리도 "제사장"으로서 하나님께 가까이 나아가기도 하고 ^{히 4:14-16} 다른 사람을 그분께 인도할 수도 있다. ^{13장} 예수님이 천국의 문이시기에^{요 1:51; 14:6} 우리도 천국과 이어져 있다. ^{빌 3:20} 예수님이 성전처럼 기름부음을 받으셨기에^{눅 4:18} 우리도 기름부음을 받았다. ^{요일 2:20} 성전의 모든 계보와 주제는 예수님으로 모아진다. 바로 그분이 제물, 제사장, 제단, 등불, 떡, 정결하게 하는 피, 쉐키나 영광이시다. 하나님의 모든 약속은 예수님 안에서 "예"가 되기 때문이다. ^{고후 1:20}

예수님이 이 땅에 다시 오실 때 하나님의 새 도성은 지성소처럼 완전한 정육면체다. ^{대하 3:8; 계 21:16} 종말에는 온 세상이 거대한 지성소가 될 것이라는 은유다. 온 땅이 다시 에덴동산이 된다. 왜 그럴까? 마침내 우리가 다시 그분을 영원히 대면하여 보기 때문이다.

성 안에서 내가 성전을 보지 못하였으니 이는 주 하나님 곧 전능하신 이와 및 어린양이 그 성전이심이라 그 성은 해나 달의 비침이 쓸데 없으니 이는 하나님의 영광이 비치고 어린양이 그 등불이 되심이라. 계 21:22-23

† 한 사람에게 하나님의 영광이 충만할 때

부활하신 그리스도께서 하늘과 땅을 다시 맞붙이셨다는 이 경이로운 실재에 함축된 의미는 무엇인가?

모세가 하나님의 임재를 처음 경험한 시점은 불붙은 떨기나무 속에서 주님을 만났을 때다. 출 3장 떨기나무에 불이 붙었는데도 타지 않은 이유는 단지 물리적 불로 보이던 것이 사실은 하나님의 영광이었기 때문이다. 시내산에서 모세는 하나님의 영광과 불이 강림하는 것을 또 보았다. 그래서 가까이 가서 똑바로 들여다보고 싶었다. "네가 내 얼굴을 보지 못하리니"라고 하신 하나님의 말씀을 보아 모세가 원하던 것이 무엇인지 알 수 있다. 33:20 그는 단지 눈부신 광채를 보려 한 것이 아니다. 히브리어로 "그 사람의 얼굴을 보다"라는 관용구는 상대와 친밀하게 교제한다는 뜻이다.

에덴동산에서 하나님은 우리와 함께 '거니셨는데' 이 또한 우정과 사랑을 나타내는 표현이다. 창 3:8 물고기를 물속에서 살도록 창조하셨듯이 인간은 하나님과 교제하도록 창조하셨다. 하나님의 자애로운 임재만이 우리를 궁극적으로 채워 줄 수 있다. 그런데 인류가 하나님을 등진 뒤로 우리는 지음받은 목적인 바로 그것을 잃었다. 우리는 사랑과 아름다움을 갈망하도록 지음받았고 지금도 그것을 갈망한다. 그러나 하나님을 떠나서는 초라한 대용품밖에 얻을 수 없고, 거기에는 우리 마음이 누릴 안식이 없다. 아우구스티누스Augustinus가 하나님께 드린 유명한 기도의 요지를 모세도 웬만큼 이해했다. "주님 안에서 쉼을 얻기까지 우리의 심령은 쉼을 모릅니다."[2]

여기서 최고의 모순이 생겨난다. 인간에게 닥칠 수 있는 최악의 재난은 '주의 얼굴과 그의 힘의 영광을 떠나는 것'이다.살후 1:9 이제는 우리가 지음받은 목적인 바로 그것이 우리의 죽음을 부른다.

C. S. 루이스는 공상과학 소설《페렐란드라Perelandra》에 이 개념을 담아내려 했다. 작품 속 화자가 만난 화성의 "외계인"은 절대선絶對善과 같은 존재다. 그런데 화자는 이 만남이 죽도록 두렵게 느껴져서 낙담한다. 문득 깨닫고 보니 여태 선한 사람이라 자화자찬했던 자신이 사실은 "생각만큼 '선'을 좋아하지" 않았던 것이다.

아주 끔찍한 경험이다. 두려움의 대상이 악이라면 선으로 구원받을 수 있다는 희망이 남는다. 그런데 애써 선에 도달했더니 그 선이 무섭기도 하다면 어떻게 되는가? 음식인데 알고 보니 먹을 수 없고, 집인데 거기에서 살 수 없고, 나를 위로한다는 사람이 오히려 불편하게 한다면 어떻게 되는가? 그러면 구원이 불가능하다. 마지막 패까지 다

썼으니 말이다. …… 나는 그것이 떠났으면 싶었다. 그것과 나 사이에 가능한 모든 거리와 간극과 휘장과 막과 장벽을 두고 싶었다.[3]

죄 때문에 우리는 정작 우리에게 가장 필요한 하나님의 임재와 영광을 가장 두려워하고 피하게 되었다. 성경에 따르면 이것이 인간의 실상이다.

구약의 이런 역사에 비추어 볼 때, 신약의 기자들이 그리스도인의 경험을 묘사하는 표현은 그야말로 경탄을 자아낸다. 바울은 고린도후서에 이렇게 말했다.

> 주는 영이시니 주의 영이 계신 곳에는 자유가 있느니라 우리가 다 …… 거울을 보는 것같이 주의 영광을 보매 그와 같은 형상으로 변화하여 영광에서 영광에 이르니 곧 주의 영으로 말미암음이니라 …… 하나님께서 예수 그리스도의 얼굴에 있는 하나님의 영광을 아는 빛을 우리 마음에 비추셨느니라. 고후 3:17-18; 4:6

물론 하나님 나라가 완성될 때까지는 주님을 육안으로 볼 수 없지만 요일 3:1-3 그래도 우리는 복음에 나타난 그분의 영광을 일부나마 믿음으로 보고 이를 통해 변화될 수 있다. 고후 4:6 부활하신 그리스도께서 주신 성령으로 말미암아 기도와 말씀 묵상을 통해 예수님의 아름다움과 영광을 우리 마음에 충분히 느낄 수 있고, 그래서 그분의 선하심과 사랑과 지혜와 기쁨과 평안이 우리 안에 재생산된다.

모세가 불붙은 떨기나무 속에서 보았던 영광스러운 하나님의 임재의 불이 종말에 세상을 새롭게 할 터인데, 그 불이 이미 우리 안에 들어와 있다. 오순절 날 각 제자의 머리 위에 임했던 불이 그것을 상징한다.^{행 2:3} 그리스도인 각자는 이제 불붙은 작은 떨기나무요 새로운 피조물로서, 믿음으로 그리스도의 영광을 보면서 그분의 형상으로 변화되어 간다.

† 공동체에 하나님의 영광이 충만할 때

성경은 그리스도인 개개인을 성령으로 충만한 성전으로 볼 뿐 아니라^{고전 6:19} 전체 교회도 하나님의 성전으로 본다. "너희도 산 돌 같이 신령한 집[성전]으로 세워지고."^{벧전 2:5} 원문에 현재진행형이 쓰여, 산 돌인 그리스도인 개개인이 그리스도의 임재를 중심으로 하나의 공동체로 함께 지어져 가는 중임을 보여 준다. 이 공동체 한가운데에 "내세의 능력"이 있는데, 이 문구는 천국이 지상에 임했을 뿐 아니라 미래가 현재 속으로 들어왔다는 뜻이다.^{히 6:5} 하나님의 영광이 이 땅에 임하여 낳는 결과는 철저히 변화된 개개인만이 아니라 교회라는 전혀 새로운 종류의 인간 공동체다. 바울은 "그러나 우리의 시민권은 하늘에 있는지라"^{빌 3:20}라고 썼다.

"시민권"이라고 번역한 원어 "폴리테우마"는 "연방"이나 "식민지"로 번역하는 것이 더 좋다. 즉 시민의 행동을 지배할 애국심과 법률을 겸비한 정치 조직체라는 뜻이다. 직역하자면 그리스도인의 정치사회에서 처신하는 방식는 "하늘천국"의 삶에 기초해야 한다는 말이다. 빌립보는 로마의 식민지였다. 행 16:12 해당 도시의 모든 주민을 로마 시민으로 간주한다는 뜻이었다. 법률과 의무만 아니라 법적 특권까지도 마치 그들이 로마에 사는 것과 똑같이 그들에게 적용되었다.[4]

이는 교회가 단지 용서받은 개인들의 집합이 아니라 대안 사회라는 뜻이다. 교회는 "거룩한(따로 구별된) 나라"벧전 2:9이자 반문화 counter-culture요, 새로운 사회다. 교회를 통해 세상은, 성령께서 죄가 심리적, 사회적, 물리적으로 끼치는 모든 악영향을 치유하기 시작하실 때 가정생활과 기업 행위와 인종 간의 관계와 삶 전반이 어떻게 달라지는지를 볼 수 있다. 이런 의미에서 교회는 세상의 방식이 아니라 하나님의 기준과 지시와 법을 따라야 한다. 교회는 새로운 인류가 마땅히 어떠해야 하는지를 세상에 보여 준다.

† 천국의 연방

"천국의 연방commonwealth"은 이 땅에서 어떤 모습일까? 그것은 늘 공사 중이라서 불완전하지만, 이 "질그릇" 속에서나마 "보배"의 영광이 조금은 드러난다. 고후 4:7

제러미 트릿Jeremy Treat 목사는 케냐 나이로비에 있는 극빈 지역

키베라를 방문했다. 복개되지 않은 하수구를 따라 그 지역으로 걸어가는데, 흐르는 하수로를 따라 나뭇조각과 마른 흙으로 지은 집이 늘어서 있었다. 많은 아이가 벌거벗은 채로 하수구 바로 옆에 있는 진흙탕에서 놀고 있었다. 가이드가 어느 열두 살 소녀를 가리키며 매춘부라고 말해 주었다. 트릿이 망연자실해 있는데 저만치 목적지에서 처음으로 무슨 소리가 들렸다. 소리가 더 커지자 사람들의 목소리라는 것을 알 수 있었다. 마침내 그가 판잣집 같은 건물에 들어서니 안에서 교회 예배를 드리고 있었다. 70명쯤 되는 사람들이 "스와힐리어로 목청껏 하나님을 찬송하며" 팔을 들고 예배했다. "눈물과 웃음과 기도와 찬송의 도가니였다." 그토록 악조건에서 사는 사람들에게 도대체 무엇이 이런 소망과 기쁨을 줄 수 있을까? 트릿은 이렇게 썼다. "그 가난한 빈민가에 하나님 나라가 임해 있었다. …… 아직 …… 하나님의 장래의 약속이 다 이루어지지는 않았지만, 여태 내가 보았던 가장 참혹한 고생과 상처의 한복판에 분명히 그 나라가 있었다."[5]

그가 보니 변화의 능력은 개인과 공동체에 공히 나타났다. "하나님의 통치하심이 침투하여 실제 인간들의 삶을 변화시키고 있었다. 이 사람들은 빈털터리인데도 자신이 그리스도 안에서 모든 것을 소유했음을 알았다." 그들이 얻은 것은 그저 편안한 심리 상태가 아니었다. "하나님의 사랑이 그들에게 부어졌고 그들을 통해 밖으로 흘러나갔다." 그들은 결코 그 지역을 무력하고 비참한 상태로 그냥 두지 않았다. "지역 내에 사는 다른 사람들을 사랑하고 섬기는 그들의 수많은 사연을 나는 하루 종일 들었다." 트릿의 말은 이렇게 끝난다. "그 작은 판잣집에서 내가 본 것은 훗날 창조세계 전체를 새롭게 할 그 동일한 능력의 작은 예고편이었다."[6]

1940년대 말에 프랜시스 쉐퍼Francis Schaeffer와 이디스 쉐퍼Edith Schaeffer 부부는 기독교 선교사로 유럽에 파송되었다. 미국식 근본주의 신앙을 알리고 확장시키기 위해서였다.[7] 유럽에서 프랜시스는 신앙의 위기를 맞았다. 그가 소속되어 있던 교회 진영의 보수적인 신앙 옹호자들 사이에 사랑이 없었던 데도 일부 원인이 있었다. 회의의 시절을 거친 그는 정통 기독교 교리에 다시 헌신했는데, 이번에는 하나님 나라의 강력한 징후가 될 공동체를 설립하기 위해서였다. 기독교의 하나님이 실재임을 보여 줄 공동체 말이다. 1955년에 이 부부는 스위스 알프스의 작은 마을 외곽에서 라브리L'Abri; 프랑스어로 '안식처, 피난처'라는 뜻라는 사역을 출범시켰다. 단순히 로잔대학교에 다니던 맏딸이 주말에 학생들을 집에 데려와 함께 먹고 걷고 대화하면서 시작된 일이었다.

쉐퍼 부부는 당시 미국에 아직 만연하지 않았던 낯선 상황에 부딪쳤다. 유럽 지역 학생들이 갈수록 신앙을 떠났다. 이는 교회만 아니라 보편 진리에 대한 모든 신념을 잃어서 생긴 결과였다. 아직 그런 표현이 등장하기도 전에 학생들은 "포스트모더니즘이라는 변화의 여파"로 몸살을 앓았다. 이에 따라 새로운 종류의 문제가 대두

되었다. "어떻게 의미를 찾을 것인가?" "도덕적 가치와 정의와 안정된 정체감의 기반은 무엇인가?" "여전히 느껴지는 수치심을 어떻게 해결할 것인가?" 쉐퍼 부부의 사역은, 이런 젊고 소외된 회의론자 "세대를 돕기 위한 다방면에 걸친 장기적 노력"이었다.[8]

우선 그들은 젊은이들을 그냥 집에 손님으로 맞이해 최대한 따뜻하고 융숭하게 대접했다. 출신 배경을 따지지 않고 그저 젊은이들의 관심사에 집중했다. 두 사람의 신학이나 의제를 내세우지 않고 젊은이들의 목소리에 귀를 기울였다. 다만 인간의 다양한 딜레마에 대한 최고의 자원이 기독교에 있다는 확신은 끊임없이 표현했다. 쉐퍼 부부는 정해진 의제와 커리큘럼으로 시작한 것이 아니라 대화의 주도권을 학생들의 관심사에 맡겼다. 학생들이 몰입하던 직업 분야와 예술과 문화에 그들도 참여하면서 기독교적 가르침을 베풀었고, 그런 가르침을 "솔직한 질문에 대한 솔직한 답변"이라 칭했다.

이후 20년간 수백을 넘어 수천 명의 젊은이가 라브리를 거쳐 갔고 산장도 여러 채로 늘었다. 도무지 아닐 것 같던 수많은 청년이 그 기간에 기독교로 회심했다. 자신을 신앙으로 이끌어 준 요인을 물어보면 그들은 그 공동체의 독특성을 꼽았다.

그 공동체는 진리와 사랑이 균형을 이루고 있었다. 그들에 따르면 사실상 다른 모든 공동체에서는 둘 중 하나가 다른 쪽을 압도하는 듯했다. 모두를 포용하는 모임은 관점이 상대주의적인 반면, 정통을 지향하는 모임은 '잘못된 사람들'을 배타적으로 대했다. 그런데 라브리는 어느 쪽 범주에도 들지 않았다. 거기서 보여 준 영적 실재는 이 공동체의 근간인 기독교의 메시지가 정말 진리가 아니고서는 설명이 불가했다.

집안의 기독교 신앙을 지금껏 거부해 온 아들 프랭크 쉐퍼Frank Schaeffer도 이 사실만은 힘주어 증언한다. 일례로 쉐퍼 부부는 기독교의 전통적 성 윤리를 가르쳤지만, 라브리에 찾아오는 미혼모들을 사랑으로 맞이했다.

> 우리의 "미혼모들"이 에이글의 병원으로 아기를 분만하러 갈 때면 때로 나의 어머니나 다른 봉사자가 동행했다. 죄는 죄였지만, 우리도 다 하나님의 영광에 턱없이 못 미치는 죄인인지라 혼전 임신에 오명이 붙지는 않았다. 오명이 붙지 않기는 …… 정신 질환에도 마찬가지였다.[9]

수십 년 동안 손님을 대접하느라 쉐퍼 부부는 재정적으로나 정서적으로나 큰 대가를 치렀다. 모든 손님과 봉사자도 이를 알았다. 프랜시스는 "우리가 받았던 결혼 선물은 라브리 생활 3년 만에 모두 결딴났다. 시트는 찢어졌고 양탄자는 떨어진 담뱃불에 구멍이 났다. …… 우리 집에 마약이 들어왔고 방마다 사람들이 토하지 않은 곳이 없었다"라고 썼다.[10] 이런 희생의 위력이 얼마나 대단했던지 다시 아들 프랭크의 증언으로 들어 보자.

내가 보기에도 부모님의 긍휼은 한결같았다. …… 다른 사람들이 낸 세금으로 운영하려고 지원을 호소하신 일도 없었고, 그렇다고 그들과 멀찍이 거리를 둔 게 아니라 직접 집을 개방했다. 그 결과 우리 집 식탁에는 온갖 인간 군상이 다 모여들었다. 지적 능력도 다양해서 정신 질환자부터 옥스퍼드 대학생에 이르기까지 중간의 모든 단계를 망라했다. 어머니와 아버지는 조목조목 하나님을 논증했지만 …… 어떤 말보다도 더 설득력 있었던 것은 두 분이 기꺼이 희생한 재물과 사생활과 시간이었다. 신변에 위협을 느낄 때도 있었고, 이용당해도 괜찮다는 생각은 늘 기본이었다.[11]

"천국의 연방"이 얼마나 다른지 보라. 하나는 아름다운 알프스의 산장에서 유럽의 많은 젊고 똑똑한 지성인의 삶을 변화시켰고, 또 하나는 하수 오물이 널린 진흙탕 한복판의 판잣집에서 아프리카의 극빈층에게 다가갔다. 양쪽이 얼마나 판이하면서도 똑같은가. 세상의 지혜로라면 유럽에 대학을 설립하고 나이로비에 복지 기관을 세울 것이다. 하지만 둘 다 상품을 분배할 뿐이지 인간의 삶을 속속들이 변화시키는 새로운 혁신 공동체는 아니다. 반면에 그 산장과 판잣집은 둘 다 그리스도의 임재로 변화된 '실험 공장'이요 왕의 공동체였다. 우리의 영광과 능력이 아니라 그분의 영광과 사랑을 중심으로 재편된 아름다운 인간 사회를 보여 주었다. 훗날 창조세계 전체를 새롭게 할 바로 그 "내세의 능력"을 양쪽 모두에서 조금이나마 엿볼 수 있다.

† 세상이 하나님의 영광으로 충만할 때

시편 기자가 72편에서 말하는 왕은 '해와 달이 있을 동안에 땅끝까지' 다스린다. 5, 8절 이 왕은 '가난한 자와 궁핍한 자를 불쌍히 여기며 그들의 생명을 압박과 강포에서 구원할 것'이다. 13-14절 그때가 되면 모두들 이렇게 말할 것이다. "여호와 하나님(을) ······ 찬송하며 ······ 온 땅에 그의 영광이 충만할지어다."18-19절 메시아가 왕이 되시면 과부와 고아와 이민자와 빈민이 마침내 공정한 대우를 받고 압제 세력에게서 해방되며, 이로써 하나님의 영광이 나타난다. 반대로 세상 문화에서는 사람들이 '자기 이름을 내기에' 바쁘다. 창 11:4 그들은 하나님의 영광이 아니라 자신의 영광을 위해 살아간다. 그 결과는 싸움과 착취다. 그러나 하나님의 영광이 온 땅에 충만해지면 완전한 평화와 조화와 정의가 이루어진다.

성경에서 하나님의 영광은 의와 정의와 밀접한 관련이 있고, 또 장차 세상을 새롭게 할 하나님의 천국 영광이 예수님의 부활을 통해 이미 우리에게 주어졌다. 그렇다면 이것이 지금 우리가 세상에서 하는 일에 의미하는 바는 무엇일까?

게하더스 보스Geerhardus Vos는《하나님 나라와 교회The Kingdom of God and the Church》에 그리스도의 부활 이후로 "하나님 나라의 권능이

…… 역사"한다면서도, 그러나 교회 안에서만 역사하는 것은 아니라고 썼다. 온 세상을 새롭게 하는 것이 목적인 만큼 그 나라는 "인간의 삶 전체에 …… 침투하도록 되어 있다"는 것이다.[12] 그의 말은 교회가 모종의 신정神政으로 세상을 장악한다는 뜻이 아니라, 그리스도인들이 하나님의 영광과 이웃 사랑을 일의 최고 목표로 삼으면 "과학 …… 예술 …… 정부 …… 무역과 산업" 분야에 더 공정하고 의로운 관계들이 형성된다는 뜻이다. 그러면 사람들이 자신의 영광을 위해 사느라 서로를 짓밟고 출세하는 일이 없어질 것이다. 오히려 사람들은 상호의존과 사랑을 통해 활짝 피어날 것이다. 그리스도인들이 자신의 영광이 아니라 "철저히 하나님의 영광이라는 원리의 지배하에" 일할 때, "그때 우리는 하나님 나라가 나타났다고 진정으로 말할 수 있다."[13]

보스가 재차 경고했듯이, 이것이 승리주의의 노력으로 이어져 인간의 문화에서 어떻게든 모든 불순물을 제하려 해서는 안 된다. 그는 예수님의 여러 비유를 가리키면서 이렇게 말했다. "우리 주님이 분명히 밝히셨듯이 …… 세상이 끝날 때까지는 선과 악을 완전히 분리할 수 없다. 현시대에는 하나님 나라도 [외부 세계의] 한계와 부족함에 …… 동참해야 하며" 그럼에도 우리는 악과 불의에 맞서 진정한 발전을 이룰 수 있다.[14] 여태 그래 왔듯이 그리스도인은 앞으로도 세상의 '빛과 소금'이 되어, 유한하지만 실질적인 능력으로 사회 각 분야에 하나님 나라를 나타낼 것이다.

예수님의 죽음과 부활이 '오직' 개인의 죄 사함만 보장하고 사후에 천국에 갈 길만 열어 준다 해도 여전히 놀라운 진리일 것이다. 하지만 그보다 엄청나게 깊은 의미가 있다. 마이클 호튼은 자신이 근본주의 기독교 진영에서 자랐는데, 거기에는 하나님 나라라는 개념 자체가 없었고, 예수님이 부활하신 목적을 온 세상의 쇄신이라고 보지도 않았다고 했다. 그는 이렇게 썼다. "내가 자라날 때만 해도 구원이란 '죽어서 천국에 가는' 문제에 불과했다. 물론 우리도 몸의 부활과 영생을 믿었지만 약간 혼란스러웠다. 우리를 구원하는 것은 예수님의 죽음인가 아니면 부활인가?"

십자가에만 초점을 맞추면 기독교가 개인에게 용서와 평안을 가져다주는 것으로만 보일 수 있다. 다행히 호튼은 예수님의 부활의 의미를 깨닫고 이렇게 말했다.

> 배우고 나니 후련했다. 그리스도는 새로운 창조세계의 시작첫 열매이셨고, 〔믿음으로〕 그분과 연합하면 …… 그분께 벌어진 모든 일이 내게도 이미 벌어졌고 지금 벌어지는 중이며 장차 벌어질 것이다. 또 나의 구원은 한 백성과 장소의 구속救贖 안에 싸여 있는데, 그 백성은 하나님의 이스라엘이고 장소는 의가 거하는 새로워진 창조세계다. '전부 불타 없어질 것이다'라고 생각하느냐, 아니면 '모든 피조물이 굴레에서 해방되어 하나님의 자녀들의 자유에 동참하기를 갈망한다'롬 8:21라고 생각하느냐에 따라 일상생활이 크게 달라진다.[15]

† 하나님의 사닥다리이신 예수

예수께서 나다나엘이 자기에게 오는 것을 보시고 그를 가리켜 이르시되 보라 이는 참으로 이스라엘 사람이라 그 속에 간사한 것이 없도다 나다나엘이 이르되 어떻게 나를 아시나이까 예수께서 대답하여 이르시되 빌립이 너를 부르기 전에 네가 무화과나무 아래에 있을 때에 보았노라 나다나엘이 대답하되 랍비여 당신은 하나님의 아들이시요 당신은 이스라엘의 임금이로소이다 예수께서 대답하여 이르시되 내가 너를 무화과나무 아래에서 보았다 하므로 믿느냐 이보다 더 큰 일을 보리라 또 이르시되 진실로 진실로 너희에게 이르노니 하늘이 열리고 하나님의 사자들이 인자 위에 오르락내리락하는 것을 보리라 하시니라. 요 1:47-51

창세기에 등장하는 야곱은 늙고 눈먼 아버지 이삭을 속여 맏아들의 몫인 형 에서의 복을 가로챈다. 이 계략을 안 에서가 그를 죽이려 하자 야곱은 광야로 도주한다. 집도 없고 친구도 없이 절망에 빠진 그는 돌을 베고 누워 자다가 꿈을 꾸었다. 꿈속에 커다란 사닥다리가 땅에서 하늘에까지 닿아 있고 그 위에 천사들이 있었다. 성경에서 천사는 하나님의 직접적이고 영광스러운 임재를 상징한다. 앞서 보았듯이 죄인은 하나님의 영광과 임재 안에 들어갈 수 없다. 그래서 이사야는 높이 들리신 거룩하신 하나님을 뵈었을 때 "나는 이

제 끝났다"라고 했다. 사 6:1-5[16]

　야곱은 거짓말쟁이에 사기꾼이었고 아직 자신의 모든 잘못을 회개하기도 전이었다. 그런데 하늘과 땅을 잇는 사닥다리가 그에게 나타났다. 하나님은 왜 야곱의 삶에 친히 임재하실까? 어떻게 그것이 가능할까? 그런 야곱에게 어떻게 천국이 열릴 수 있을까?

　그 답이 밝혀지기까지 오랜 세월이 흘렀다. 예수님의 제자인 빌립은 친구 나다나엘에게 가서 자신이 메시아 곧 "나사렛 예수"를 만났다고 말했다. 요 1:45 그러자 나다나엘은 "나사렛이라니!"라고 비웃으면서 어떻게 나사렛 같은 촌구석에서 큰 인물이 날 수 있겠느냐고 반문했다.

　그래도 그는 빌립을 따라가 예수님을 보았다. 그를 만나신 예수님은 "내가 너를 무화과나무 아래에서 보았다"라고 말씀하셨다. 50절 거기서 무슨 일이 있었는지 우리는 모르지만 나다나엘은 알았고, 그래서 그는 예수님이 그 사실을 아신다는 데 충격을 받았다. 마술사처럼 예수님께도 초자연적 능력이 있나 보다고 생각한 그는 "당신은 이스라엘의 임금이로소이다"라고 말했다.

　그러자 예수님은 이런 식으로 답하셨다. "그게 대단해 보이느냐? 내가 진실로 너에게 엄숙히 말하는데 너는 이보다 큰일을 볼 것이다. 하늘이 열리고 내 위로 오르락내리락하는 하나님의 천사들을 볼 것이다."

　역사상 이보다 놀랄 만한 주장은 없었을 것이다. 고대부터 내려오는 많은 전설에 "세상의 축"이 나온다. 하늘과 땅을 잇는 기둥 같은 것인데, 순례자가 애쓰고 힘쓰면 그곳을 통과해 천상에 이를 수 있다고들 했다. 만일 예수님이 "내가 너에게 천국으로 난 문을 보여 줄 수 있다. 하늘과 땅을 잇는 길을 보여 줄 수 있다"라고 하셨다면, 다른 주요 종교 창시자들처럼 자신이 예언자라고 주장하신 셈이 된다. 그러나 그분의 말씀은 그게 아니라 "내가 곧 세상의 축이다. 하늘과 땅이 내 위에서 만난다. 바로 나의 삶과 죽음과 부활을 통해 영광의 영께서 세상과 네 삶 속에 오실 것이다"라는 것이었다.

C. S. 루이스는 "우리의 위대하신 대장께서 세상의 삭막한 담장에 틈을 내셨다"라고 썼다.[17] 그분은 우리와 하나님을 갈라놓는 난공불락의 장벽에 구멍을 뚫으셨다. 그래서 이제 우리 모두에게도 무한한 희망이 있다. 우리도 다 야곱이고, 아무래도 삶이 망하게 되었으며, 베개라고는 돌밖에 없지만 말이다. 그런 우리도 삶에서 하나님의 영광과 능력을 누릴 수 있다.

4 。복음의 역사, 늘 인간의 직관에 반하게 움직였다

그러나 하나님께서 세상의 미련한 것들을 택하사 지혜 있는 자들을 부끄럽게 하려 하시고 세상의 약한 것들을 택하사 강한 것들을 부끄럽게 하려 하시며 하나님께서 세상의 천한 것들과 멸시받는 것들과 없는 것들을 택하사 있는 것들을 폐하려 하시나니 이는 아무 육체도 하나님 앞에서 자랑하지 못하게 하려 하심이라 너희는 하나님으로부터 나서 그리스도 예수 안에 있고 예수는 하나님으로부터 나와서 우리에게 지혜와 의로움과 거룩함과 구원함이 되셨으니 기록된 바 자랑하는 자는 주 안에서 자랑하라 함과 같게 하려 함이라.

고린도전서 1장 27-31절

† 전통으로 치부되는 기독교 신앙의 현주소

죽은 자 가운데서 다시 살아나심으로써 예수님은 미래의 하나님 나라를 현재 속에 들여놓으시고 지상에 천국을 가져오셨다. 우리는 예수님을 믿고 회개하여 성령으로 말미암아 새로 태어남으로써요 3:3, 5 지금 그 나라에 들어간다. 그러면 이 세상 나라에서 "그의 사랑의 아들의 나라"로 말 그대로 '옮겨진다.'골 1:13

이는 단지 새로운 신념과 윤리 실천을 받아들이는 것 그 이상이다. 나라가 바뀌면 충성 대상도 바뀌고, 사랑도 새로 자라고, 따라야 할 삶의 지침과 가치관도 달라진다. 그래서 마음과 가정과 관계와 공동체와 문화 전반이 치유되고 재창조된다. 하나님의 영광 쪽으로 우리의 방향이 바뀌기 때문이고, 그분의 말씀과 성령을 통해 우리가 왕이신 예수님의 권위 아래에 놓이기 때문이다.시 72편; 골 1:16-20; 엡 1:9-10

여기까지는 그동안 살펴본 내용을 요약한 것이다. 그러나 아직 구체적으로 들여다보지 못한 부분이 있다. 하나님 나라의 독특한 메시지와 가치관은 이 세상 나라와 어떻게 대비되며, 어떻게 서서히 그러나 확실하게 우리 삶을 재창조하는가?

예수님 시대에는 하나님 나라의 메시지가 세상의 어떤 범주에도 들어맞지 않았다. 그런데 우리 시대에는 기독교 신앙이 급진적이고 불온한 무엇이 아니라 전통으로 치부된다. 이는 사실과는 전혀 거리가 멀다. 제대로만 이해하면 하나님 나라의 메시지는 우리

문화를 지배하는 신념들을 뒤엎을 수밖에 없다. 이런 오해를 낳는 주된 이유는 성경을 '어떻게 우리가 도덕적 삶을 통해 스스로를 구원할 수 있는가'에 대한 일련의 이야기로 보기 때문이다. 성경을 그 실체대로 보지 않아서 생기는 문제인 것이다. 성경은 예수 그리스도께서 대반전을 통해 세상을 어떻게 구원하시는가에 대한 일관성 있는 단일한 이야기다. 지금부터 두 장에 걸쳐 그 이야기를 추적하고자 한다.

† 거꾸로 된 나라

세상은 메시아가 단번에 올 줄로 알았다. 그러나 예수님이 공표하신 메시아는 두 번 오신다. 여기에 전혀 예상하지 못한 요소가 개입된다. 두 번 오시는 메시아가 처음에는 강하지 않고 약하게 오신다는 것이다. 그래서 두 단계로 이루어지는 그 나라는 세상의 관점에서 보면 '거꾸로 된 나라'다. 이 왕이 오시는 방식부터가 세상의 가치관을 뒤엎는다. 그분은 강자로 오셔서 위세를 떨치시는 것이 아니라 약자로 오셔서 섬기다가 우리를 위한 대속물로 죽으신다.

여기에 세 가지 중대한 의미가 함축되어 있다. 첫째로, 이는 우리가 그 나라에 들어가는 방식도 똑같이 거꾸로 되어 있다는 뜻이다. 타 종교와 달리 우리는 혼신을 다해 삶에 덕을 쌓아 구원을 얻어 내는 것이 아니라, 연약한 모습으로 회개하여 구원을 받아들인다. 둘째로, 이는 우리가 그 나라에서 살고 자라고 섬기는 방식도 권력을 취하는 것이 아니라 예수님을 따라 권력을 내려놓고 용서하고 희생하고 섬기는 것이라는 뜻이다. 끝으로, 온 세상을 보는 우리의 눈이 달라진다. 우리는 유능하고 자신만만하고 성공한 사람을 떠받들지 않는다. 부자와 식자와 능력자에게 비굴하게 비위를 맞추지도 않는다.^{약 2:1-7} 오히려 우리는 소외된 사람을 일으켜 세운다.

이런 반전 구조는 우리가 살고 있는 지배 문화에 도전할 뿐 아니라 우리 삶을 기초부터 다 뜯어고친다. 우선 그 첫 번째 방법으로, 이것은 우리에게 성경 전체가 어떻게 서로 들어맞는지를 이해하는 실마리 역할을 한다.

그동안 학자들은 성경의 모든 부분을 관통하고 동시에 '하나님이 인류를 대해 오신 역사'의 모든 단계에 공통으로 나타나는 많은 주제들을 밝히고 연구해 왔다. 단골 개념으로 나라와 언약, 예배와 성전, 안식과 안식일, 포로 생활과 귀환 등이 있다. 그런데 이 모두를 하나로 꿰는 것이 바로 대반전이라는 주제다. 성경학자 G. K. 빌^{Beale}은 이를 가리켜 하나님이 "인간의 지혜를 역설적으로 뒤엎으신다"라고 표현했다.[1] 여태 진행되던 이야기가 극적인 역설을 통해 반전되면서 우리의 예상과는 반대 방향으로 나간다. 그래서 빌은 하나님이 인간을 다르고도 비슷한 두 가지 역설적 방식으로 대하신다고 말했다.

첫째는 응보의 반전이다. 죄짓고 살면서 바라던 성공은 결국 저주로 변한다. 죄는 자유와 보상을 가져다주는 것 같지만 결과는 속박과 재앙이다. 죄에는 부메랑 효과가 있어서 배신하는 사람은 배신당하고, 속이는 사람은 도로 속고, 칼로 살아가는 사람은 칼에 죽는다. 둘째는 구속의 반전이다. 하나님은 세상을 구원하시기 위해 강하고 지혜로운 사람들 대신 약하고 어리석은 사람들을 택하신다. 나아가 그분은 연약함에도 불구하고가 아니라 연약함을 통해 구원하신다. "충실한 사람은 저주받는 듯 보여도 사실은 믿음으로 인내하면서 복을 받는 중이다."[2]

그래서 성경이 전하는 놀라운 메시지는 "모든 사람이 결국 이 두 가지 틀의 …… 생활 방식 중 하나에 붙들려 있다"라는 것이다.[3] 미모, 권력, 안락, 성공, 인정처럼 복으로 보이는 이 세상의 좋은 것들도 하나님 없이 받으면 저주로 변한다. 그것이 당신을 몰아가다가 삼켜 버린다. 그래서 하나님을 거부하는 사람에게 그분이 해 주실 수 있는 가장 공정한 일은 그들이 원하는 대로 내버려 두는 것이다. 롬 1:21-25 그러나 연약함, 결핍, 상실, 거부같이 저주로 보이는 이 세상의 힘든 것들도 하나님을 믿는 믿음으로 받으면 복으로 변한다. 고후 4:16-17; 12:10 모든 사람은 이 둘 중 하나의 틀 안에서 살아간다. 우리 각자는 이 길 아니면 저 길로 가고 있다.

높은 사람은 낮아지고 낮은 사람은 높아지는 것이 하나님의 경륜이다. 그래서 한나는 "용사의 활은 꺾이고 넘어진 자는 힘으로 띠를 띠도다"삼상 2:4라고 노래했다. 올라가 권력을 취하려는 사람은 어느새 내려가고 있을 뿐이고, 겸손히 내려가는 사람은 어느새 높아져 있다. 눅 14:7-10 "무릇 자기를 높이는 자는 낮아지고 자기를 낮추는 자는 높아지리라." 11절

이것을 이렇게 요약할 수 있다. 이 세상에는 좋은 것들과 힘든 것들과 '하나님의 사랑, 영광, 거룩하심, 아름다움'과 같은 최고의 것들이 있다. 그런데 성경은 최고의 것들에 이르는 길이 좋은 것들 대신 대개 힘든 것들을 통해 나 있다고 가르친다. 빌립보서 2장 5-11절에 나오는 예수님이 좋은 예다. 이보다 더 세상 인생관에 어긋나는 메시지, 이보다 더 세상 가치관을 뒤엎는 메시지는 없다.

이 대반전은 세상의 사고 범주를 교란시킬 뿐 아니라 실생활에 내려 주는 가장 실제적인 지침이다. 창조주와 구원자께서 세상의 구조 속에 이런 반전의 이치를 깊이 심어 두셨다. 이것을 볼 줄 모르면 당신도 욥의 친구들처럼 한동안 교만해진다. 그들은 삶이 기구하면 무조건 죄를 저질러서라고 확신했다. 그러나 이 얄팍한 독선은 오래가지 못한다. 어차피 삶의 고난은 필연인데, 막상 당신에게 고난이 닥치면 그런 단순논리식 세계관으로는 제풀에 꺾여 절망이나 냉소에 빠질 테니 말이다. 그러나 하나님이 죽은 자를 살리시고 십자가 후에 부활을 이루시는 하나님, 나중 된 자를 먼저 되게 하시고 먼저 된 자를 나중 되게 하시는 대반전의 하나님이심을 알면, 당신은 담대히 용기를 낼 수 있다. 그 사실을 기억하면 무엇에든 맞설 수 있다.

이번 장 나머지에는 성경의 이 중요한 주제를 구약에서 쭉 추적한 뒤, 다음 장에서 대반전의 궁극적 화신이자 성취이신 예수님을 살펴볼 것이다.

† 서열에서 밀린 아들들

창세기에 기록된 시대의 여러 문화에는 두 가지 "철칙"이 있었다.[4] 먼저 여자의 가치를 미모와 다산으로 판단했다. 자녀를 몇이나 낳아 소속 부족에 일손과 병력을 얼마나 기여하느냐가 중요했다. 또 하나는 집안의 부동산과 재물을 거의 다 맏아들에게 주던 장자권의 법칙이었다.

그런데 창세기의 책장마다 하나님은 세상의 이런 가치관을 뒤집으신다. 세대마다 하나님이 쓰신 사람은 문화적 권력과 지위를 물려받은 맏아들이 아니라 그의 동생이었다. 가인 대신 아벨, 이스마엘 대신 이삭, 에서 대신 야곱, 르우벤 대신 요셉과 유다, 므낫세 대신 에브라임이었다. 창세기 이후에도 하나님은 아론 대신 모세, 형들 대신 다윗을 선택하신다.

이 모든 인물이 동생이었다는 것 자체도 놀랍지만 그들은 또한 흠 많은 인간이었다. 성경 본문은 이 사실을 전혀 숨기지 않는다. 야곱은 에서를 편애한 아버지에게 상처받아 엉큼한 모략꾼이 되었다. 모세는 언어 장애가 있었다. 사사기로 넘어가면 하나님이 기드온과 입다와 삼손 같은 구원자를 택하셨는데, 그들의 삶은 미련한 결정과 악한 행동으로 엉망이었다. 세대마다 이렇게 연약하고 부족한 사람들이 거듭 뽑힌 것은 결코 우연이 아니다. 하나님은 지극히 가망 없는 사람들의 삶까지도 변화시키시는 그분의 능력을 이런 식으로 더 잘 보여 주셨다.

† 아웃사이더 여성들

예나 지금이나 이 세상의 또 다른 영구적 특징은 미모를 갖추고 다산하는 여자가 은총과 권력과 특권을 받는다는 것이다. 물론 가장 힘센 남자들에게서도 눈길을 받는다. 이런 관습은 어찌나 집요한지, 더 평등화된 우리 사회에서도 여자를 평가하는 가치 기준은 여전히 육체와 미모다. 이런 기준을 강요하는 자들에게 정당히 항거하는 여성들도 막상 자신에게는 항거하기가 힘들다. 그만큼 이것은 인간의 삶과 문화에 깊숙이 각인되어 있다.

그러나 이 부분에서도 하나님은 세상의 탁자를 뒤엎으신다. 예수님이 성전에서 그리하시기 오래전부터 말이다. 구약에 보면 하나님은 젊은 하갈 대신 노쇠한 사라, 미모의 라헬 대신 볼품없는 레아, 불임 여성인 삼손의 어머니와 한나 등을 통해 일하신다.

하나님은 또 다말과 라합과 룻과 밧세바를 통해서도 일하셨다. 이들은 모두 당대의 사회 기준으로 보면 아웃사이더였다. 다말은

시아버지를 속여 그와 잠자리를 가졌고, 라합은 매춘부였다. 룻은 멸시당하던 민족의 이교도였고, 밧세바는 유부녀인데 강요당하여 다윗왕과 간음했다. 이들 역시 문화 지배층의 눈으로 보기에는 도덕적, 인종적, 사회적 소외층이었다. 그런데 모두 예수님의 조상이 되어 그분의 족보에 등재되었다.^{마 1:1-7} 그들을 통해 세상에 구원이 임했다. 하나님은 세상이 주변부로 밀어낸 사람들을 데려다가 무대 중앙에 세우신다.

† 모두에게 얕보인 민족

요한계시록 7장에 보면 결국 하나님은 "각 나라와 족속과 백성과 방언에서" 큰 무리를 구원하신다.^{9절} 여기에 각 사회계층도 덧붙일 수 있다. 하나님은 어떤 인종이나 계층에도 편견이 없으시며, 믿음을 받아들여 그분께 쓰임받는 사람 중에는 부자도 많다. 아브라함과 욥과 아리마대 요셉이 단적인 예다. 그래도 하나님은 특별히 역점을 두어 세상의 권력 계층 바깥에 있는 사람과 집단을 높이고 쓰신다.

다음은 신명기 7장에서 하나님이 이스라엘에게 하신 말씀이다.

네 하나님 여호와께서 지상 만민 중에서 너를 자기 기업의 백성으로 택하셨나니 여호와께서 너희를 기뻐하시고 너희를 택하심은 너희가 다른 민족보다 수효가 많기 때문이 아니니라 너희는 오히려 모든 민족 중에 가장 적으니라 여호와께서 다만 너희를 사랑하심으로 말미암아, 또는 너희의 조상들에게 하신 맹세를 지키려 하심으로 말미암아 자기의 권능의 손으로 너희를 인도하여 내시되 너희를 그 종 되었던 집에서 애굽 왕 바로의 손에서 속량하셨나니.신 7:6-8

하나님은 모든 것을 아시므로 애굽이집트과 앗수르아시리아와 바벨론바빌로니아과 바사페르시아와 그리스와 로마가 차례로 군사적, 경제적, 문화적 권좌에 올라 세상을 지배할 것도 당연히 아셨다. 그중 어느 민족인들 하나님이 세상에 구원을 보내실 통로로 쓰시기에 이스라엘보다 못하겠는가? 왜 그분은 그들에게 자신을 계시하지 않으시고 하필 이 약소국에게 자신을 계시하셨는가? 이 놀라운 본문에서 하나님이 이스라엘 민족에게 말씀하셨듯이, 그분은 그들의 무력함에도 불구하고가 아니라 무력하기 때문에 그들을 택하셨다.

하나님은 처음에만 이 작고 힘없는 노예 민족을 택하여 세상을 구원하려 하신 것이 아니라 이후에도 번번이 그들을 연약한 가운데서 강하게 하셨다. 입다와 기드온과 삼손 같은 사사들의 삶을 보라. 무력한 처지에서 주님을 의지해야만 할 때면 백성은 그들에게 기댔다. 선지자 하박국이 하나님께 타락과 불의에 빠진 이스라엘 사회를 새롭게 해 달라고 기도하자 그분은 새 힘을 주시기 위해 오히려 이스라엘을 더 약해지게 하시겠다고 답하셨다. 합 1:1-11

과연 처참한 일이 이스라엘에 닥쳤다. 바벨론이 예루살렘을 약탈하고 많은 사람을 죽였다. 남아 있는 유대인의 문화적 정체성을 말살하고자 일부를 바벨론에 포로로 끌고 가기도 했다. 그렇게 하면 채 두 세대도 안 돼 이스라엘이 그들 고유의 종교적, 민족적 정체성을 잃고 바벨론 사람이 될 줄로 생각한 것이다. 이제 이스라엘은 완전히 소멸될 위기에 처했다. 포로들은 운명에 체념한 듯 "우리가 이방 땅에서 어찌 여호와의 노래를 부를까"라고 반문했다. 시 137:4

하지만 그들은 바로 그 일을 배웠다. 포로 생활 중에 이스라엘 백성은 마침내 자신들의 악과 그동안 지은 죄를 직시했고 단 9:4-14 장차 하나님의 구원 계획에 요긴하게 쓰일 어떤 실천을 몸에 익혔다. 바로 이방 땅에서 주님의 노래를 부르는 법을 배운 것이다. 그들은 고도의 다원주의 사회에서 종교적 소수 집단으로서 회당 예배를 통해 신앙을 지키며 성장해 나갔다. 이로써 이스라엘은 더 강한 나라들과 민족 집단들이 소멸되는 와중에도 장기적으로 오랜 세월 동안 확실히 살아남았다. 그뿐만 아니라 많은 사람이 지적해 왔듯이 회당은 기독교 교회의 주요 모델 중 하나가 되었다.

보다시피 올라가려면 내려가야 하고 강해지려면 약해져야 한다. 하나님은 뜻하신 바가 있어 우리의 고난과 연약함과 무력함 속에서 우리와 동행하신다.

† 아무도 등장인물이 되고 싶어 하지 않는 이야기

우리가 바라는 인생 이야기는 힘을 얻고 더 얻어 성공의 고속도로를 달리며 오래오래 행복하게 사는 것이다. 그런데 성경 전체에 일관되게 나타나는 내러티브의 틀은 전혀 다르다. 하나님이 역사와 우리 삶에서 어떻게 일하시는지를 보여 주는 것은 바로 죽음을 통한 삶 또는 연약함을 통한 승리다.

나병에 걸린 아람 장군 나아만의 이야기를 보자. 왕하 5:1-19 아람 왕과 이스라엘 왕과 나아만은 하나님의 구원과 복이 어떻게 임하는지를 전혀 몰랐던 반면 노예와 종들에게서는 지혜가 돋보인다. 요나 이야기에서도 주님의 선지자는 하나님을 피해 달아나 선원들을 위기에 빠뜨리는데, 소위 세속적이라는 이 이교도들은 지혜와 긍휼과 도의심이 요나보다 뛰어났다. 욘 1:1-17 요나는 큰 물고기 속에서 정말 거의 죽음과 부활을 경험한 후에야 하나님의 부르심에 응할 수 있었다.

요셉은 애굽과 자기 집안을 구원했으나 그전에 일종의 죽음을 거쳐야만 했다. 노예 생활과 투옥과 절망이라는 '죽음'이었다. 창 27-50장 삼손은 체력이 장사였으나 정서적으로는 아주 미성숙했다. 자신의 미련함과 교만 때문에 시력을 잃고 옥에 갇힌 뒤에야 마침내 신앙이 성숙해졌다. 이 연약함의 경험을 통해서만 그는 결국 참으로 강해져서, 가장 큰 승리를 거두며 민족의 적을 무찔렀다. 삿 13-16장

룻은 고대의 대다수 여성이 그랬듯이 사회적 약자였다. 모압

사람인데도 시어머니 나오미를 사랑해서 이스라엘까지 따라온 그녀는 과부이자 멸시당하는 민족의 일원으로서 사회적으로 무방비 상태였다. 자신이 취약해서 학대당할 수 있음을 알면서도 나오미를 도우려고 따라왔던 것이다. 룻 2:8-10 그런데 이 자발적 '죽음'을 통해 룻은 나오미를 보호했을 뿐 아니라 하나님께 선택되어 다윗왕과 예수님의 조상이 되었다.

다윗과 골리앗의 기사는 구약에서 이런 반전의 내러티브가 어떻게 전개되는지를 보여 주는 가장 유명한 이야기일 것이다. 블레셋 군대의 수장인 골리앗은 이스라엘 쪽에 일대일 결투를 신청했다. 이런 경우 결투에 진 사람의 나라는 이긴 사람의 나라에 정복당한 것으로 간주되어 속국이 되었다. 하지만 다윗은 최고의 용사는커녕 군인도 아니었다. 사실 너무 어려서 출전 자격도 없었다. 그런데 그가 이겼다. 왜소함과 연약함에도 불구하고가 아니라 그것 때문에 이겼다. 거인은 그의 작은 체구 앞에 방심한 나머지 작지만 치명적인 다윗의 물맷돌에 허점을 보이고 말았다. "하나님은 …… 어린 다윗을 연약한 가운데서 강하게 하여 힘센 거인을 물리치게 하셨다."[5]

요점에 쐐기를 박으시고자 하나님은 외모로 '왕이 될 재목'을 가려내려던 선지자 사무엘에게 이렇게 말씀하셨다. "내가 보는 것은 사람과 같지 아니하니 사람은 외모를 보거니와 나 여호와는 중심을 보느니라."삼상 16:7

이런 틀은 분명하고 또한 널리 퍼져 있다. 히브리서 기자는 이스라엘 역사의 인물 열전을 돌아보면서 모든 이야기를 이렇게 요약했다.

> 내가 무슨 말을 더 하리요 기드온, 바락, 삼손, 입다, 다윗 및 사무엘과 선지자들의 일을 말하려면 내게 시간이 부족하리로다 그들은 믿음으로 나라들을 이기기도 하며 의를 행하기도 하며 약속을 받기도 하며 사자들의 입을 막기도 하며 불의 세력을 멸하기도 하며 칼날을 피하기도 하며 연약한 가운데서 강하게 되기도 하며 …… 여자들은 자기의 죽은 자들을 부활로 받아들이기도 하며 또 어떤 이들은 더 좋은 부활을 얻고자 하여 심한 고문을 받되 구차히 풀려나기를 원하지 아니하였으며.히 11:32-35

"연약한 가운데서 강하게 되기도 하며." 이는 누구를 두고 한 말일까? 사실상 성경에 등장하는 모든 주요 인물이다. 기드온은 자기 아버지 집에서 가장 작은 자였고, 그의 집은 소속 지파에서 가장 약했다.삿 6:15 입다는 매춘부의 아들이라고 버림받았다.11:1-33 사르밧의 가난한 과부왕상 17:17-24와 수넴의 부유한 여인왕하 4:17-37은 그들의 죽은 아들을 다시 살려 주심을 경험하고 절망에서 헤어났다. 번번이 하나님은 약자를 택하여 구원하시되, 단지 그들의 연약함에도 불구하고가 아니라 연약함을 통해 구원하신다.

성경 기자들은 내러티브를 기술할 때만 이런 구성을 따른 것이 아니라 직설적으로 그렇게 말한 적도 많다. 이사야는 하나님이 세상 질서를 뒤집어 가난한 자를 높이고 힘센 자를 낮추기를 좋아하신다고 말했다.[사 29:19-21] 시편 8편 2절에는 이런 말씀이 나온다.

주의 대적으로 말미암아 어린아이들과 젖먹이들의 입으로 권능을 세우심이여 이는 원수들과 보복자들을 잠잠하게 하려 하심이니이다.

하나님은 우리를 구원하여 해방시키실 때 "어린아이들과 젖먹이들" 즉 강자가 아니라 약자를 통해 원수를 물리치신다. 이 시에서 다윗이 역사 속에 전개되는 대반전을 인식한 시점은 아직 대반전의 절정인 성자 하나님의 궁극적 죽음과 부활을 밝히 보기 전이었다. 수욕과 십자가를 통해 예수님은 '권능을 세우시고' 우리의 철천지원수인 사망을 단번에 해치우신다.[히 2:9, 14; 고전 15:26]

† 사람들이 듣고 싶어 하지 않는 복음

자신이 메시아를 낳을 거라는 말을 천사에게 들은 마리아는 나중에 이렇게 노래했다. "권세 있는 자를 그 위에서 내리치셨으며 비천한 자를 높이셨고 주리는 자를 좋은 것으로 배불리셨으며 부자는 빈손으로 보내셨도다."[눅 1:52-53] 이는 하나님이 예외 없이 모든 왕을 끌어내리시고 모든 가난한 자를 높이신다는 말이 아니다. 다만 마리아는 히브리 성경 전체를 돌아보다가 자신도 이 이야기 안에 들어오게 되었음을 성령의 감화로 깨달았다. 마찬가지로 야고보도 구약을 쭉 돌아보며 이렇게 결론지었다. "하나님이 세상에서 가난한 자를 택하사 믿음에 부요하게 하시고 또 자기를 사랑하는 자들에게 약속하신 나라를 상속으로 받게 하지 아니하셨느냐."약 2:5

결국 하나님은 모든 계층의 사람을 구원하신다. 하지만 특권과 권력을 누리는 자에게는 은혜의 복음 메시지가 가슴에 와닿지 않는 법이다. 살다가 조금이라도 성공하면 무조건 자신의 공으로 돌리는 것이 우리의 본능이다. 우리는 자신이 그만한 지위에 오른 것은 오로지 힘써 일하고 스스로 덕을 쌓았기 때문이라고 생각한다. 내게 있는 것은 다 내가 얻어 냈다는 것이다. 유능하고 자신만만하고 성공한 사람에게 자연스럽게 가닿는 종교라면 그런 자아상을 떠받들 것이다. 그러면서 세상 사람들은 다음과 같은 메시지를 받아들인다. "정신 차리고 분발하라! 바르고 착하게 인간의 도리를 다하라. 복 받을 만하게 행동해야 하나님이 복을 주신다."

반면에 다음 메시지는 인간에게 수긍되기는커녕 오히려 자아상의 중심을 위협한다. "너는 구제불능의 죄인이다. 지은 죄도 많거니와 그나마 그간 행한 착한 일도 다분히 이기적인 동기에서였다. 종교까지 포함해 네 모든 수고는 하나님을 통제하려는 시도였다. 네 선행을 보아서라도 그분이 복을 주실 수밖에 없을 거라는 생각에서였다. 네게 있는 모든 것이 하나님의 선물이므로 마땅히 그분을 사랑하고 전적으로 그분을 위해 살아야 하건만, 네 실상은 그렇지 못하다. 회개하면 구원받을 수 있지만 순전히 그분의 과분한 은혜로만 가능하다."

바로 이것이 신약의 복음이며, 그 기반은 하나님의 성품과 인간의 본성에 대한 구약 전반의 가르침에 있다. 권력과 재산 등 구색을 다 갖춘 사람일수록 이런 신앙의 메시지에 더 반감이 들어 그것을 한번 돌아보지도 않는다.

나는 30년 넘게 뉴욕에 살고 있다. 이곳은 지구상에서 유능하고 자신만만하고 성공한 사람들이 가장 많이 밀집한 지역 가운데 하나다. 그래서 우리 가족이 살아온 맨해튼 중심부는 당연히 기독교 신앙이 약세다. 그러나 노동자 계층과 빈민이 사는 다른 여러 자치구에는 기독교가 왕성하다. 전혀 놀랄 일이 아니다. 언젠가 나는 신앙인이 아닌 어느 사회과학자가 뉴욕에 대해 이렇게 말하는 것을 들었다. "세속 엘리트층은 자기네가 빈민 편이라고 말하지만, 얄궂게도 빈민은 신앙의 편, 특히 영적으로 다시 태어나는 기독교 신앙의 편이다."

시종일관 번번이 하나님은 세상의 '내로라하는 부류'가 외면하는 사람들 가운데서 역사하신다. 이 얼마나 공평하고 정의로우며 또한 이 땅의 가치관을 뒤엎는가.

5 。반전의 절정,
그분이 우리와
자리를 맞바꾸시다

곧 그리스도 예수의 마음이니 그는 근본 하나님의 본체시나 하
나님과 동등됨을 취할 것으로 여기지 아니하시고 오히려 자기
를 비워 종의 형체를 가지사 사람들과 같이 되었고 사람의 모
양으로 나타나사 자기를 낮추시고 죽기까지 복종하셨으니 곧
십자가에 죽으심이라 이러므로 하나님이 그를 지극히 높여 모
든 이름 위에 뛰어난 이름을 주사 하늘에 있는 자들과 땅에 있는
자들과 땅 아래에 있는 자들로 모든 무릎을 예수의 이름에 꿇게
하시고 모든 입으로 예수 그리스도를 주라 시인하여 하나님 아
버지께 영광을 돌리게 하셨느니라.
빌립보서 2장 5-11절

지금까지 우리는 구약에 두루 나타난 반전의 틀을 살펴보았다. 세대마다 하나님은 아무도 원하지 않는 여자와 남자와 가정과 민족을 통해 일하셨다. 그분은 외면당하는 약자를 선택하셨을 뿐 아니라 번번이 그들의 실패와 연약함과 고난을 통해 그들을 구원하셨다. 하나님은 약체를 응원하시는 낭만주의자신가? 물론 그분은 사랑의 하나님이시다. 그러나 이것은 고작 감상주의의 문제가 아니다.

구약에 나오는 그런 기사는 그저 흥미로운 이야기가 아니라 하나님이 예수 그리스도를 통해 이루실 최종 구원의 예고편이자 이정표였다. 예수님이 보여 주신 것은 또 하나의 뜻밖의 반전 정도가 아니라 궁극적 대반전이다. 빌립보서 2장에 이 대반전을 아주 잘 설명해 놓았다. 예수님이 십자가에서 죽으셨다는 8절 말씀에 이어 9절은 "이러므로 하나님이 그를 지극히 높여"로 시작된다.

하나님이 예수님을 다시 살리신 것은 그분의 죽음에도 불구하고가 아니라 죽음 때문이었다. 그분이 배척과 정죄와 고문과 처형을 당하셨기에 하나님이 그분을 다시 살리시고 높이셨다. 부활이라는 신원伸寃은 십자가라는 정죄의 결과이자 반전이다. 성금요일의 어둠 속에 부활절의 먼동이 텄다. 하나님은 그런 식으로 일하신다. 이것이 신약에 시종일관 증언되는 역사의 대반전이다.

† **마가복음: "섬김을 받으려 함이 아니라 도리어 섬기려 하고"**

마가복음이 아주 좋은 예다. 마가는 서두에 장차 주님께서 자기 백성에게 친히 오시리라 했던 이사야 40장의 유명한 예언을 인용한다. 그러면서 놀랍게도 예수님이 오심으로써 이사야의 말이 성취되었다고 선언한다.^{막 1:1-4} 전능하신 우주의 주인께서 예수 그리스도로 이 땅에 오셨다. 마가복음 전반부에서 독자는 예수님이 머잖아 세력을 떨쳐 모든 압제를 멸하시리라는 기대감에 젖는다. 자꾸 그분이 초자연적 능력으로 아픈 사람을 치유하시고 폭풍을 잔잔하게 하시고 무리를 먹이시기 때문이다. 심지어 귀신도 그분 앞에서 속수무책으로 부르짖는다.^{24절} 마치 우리를 압제하는 모든 악을 메시아 예수께서 금방이라도 섬멸하실 것만 같다.

그러나 후반부에서 모든 것이 뒤집어진다. 메시아는 적들에게 박해받으시고 친구들에게서는 물론 심지어 십자가에서 아버지에게마저 버림받으신다.^{15:34} 이 모든 와중에 그분은 청중에게 말씀하시기를, 자신이 왕으로 오셨으나 섬김을 받으려 함이 아니라 도리어 섬기려 함이라고 하셨다.^{10:45}

하지만 예수님이 우리가 생각하는 구원자처럼 행동하지 않으신다는 징후는 마가복음 전반부에도 나온다. 듀크대학교의 신약학자 리처드 헤이스^{Richard B. Hays}가 지적했듯이, 악에 맞서신 예수님의 싸움은 "아무도 예상하지 못한 신기한 방식으로 벌어져 십자가에서 절정을 이루었다."[1] 헤이스는 마가복음에 나타난 예수님의 사역이 세 가지 면에서 아주 이상하고 놀랍다고 지적했다.

첫째로, 그는 "[마가복음의] 하나님이 …… 세상에 침투하시자 도치가 이루어졌다. 그분이 인사이더와 아웃사이더의 위치를 뒤바꾸어 놓으신 것이다"라고 썼다. 3장에 보면 백성의 지도층은 그분을 배척하는데 일반 백성은 큰 무리로 예수를 만지고자 몰려온다.[9-10절] 앞장서야 할 사람은 뒤로 물러나 있고, 뒤따라야 할 사람은 선두에 나서 있다.

권세와 특권의 자리에 있던 사람들은 예수님과 그분의 메시지를 배척한다. 심지어 그분의 제자들도 매번 그분의 가르침을 이해하기에 더뎠다. 반면에 다른 사람들 즉 1세기 유대 문화의 사회 구조에서 지위가 낮거나 천대받던 부류는 복음을 즐거이 받아들인다. 그만큼 그들에게 절실히 필요했기 때문이다. 나환자, 귀신 들린 사람, 혈루증을 앓던 여자,[막 5:25-34] 수로보니게 여인,[7:24-30] 어린아이들,[10:13-16] 시각장애인 바디매오,[46-52절] 베다니에서 예수님께 향유를 부어 장례를 예비한 무명의 여인,[14:3-9] 십자가 밑의 이방인 백부장.[15:39] 바로 이들을 마가는 예수님께 충실하게 반응한 사례로 제시한다. "먼저 된 자로서 나중 되고 나중 된 자로서 먼저 될 자가 많으니라."[10:31] 우리 중에 성경에 익숙한 사람들도 이 도치의 충격을 과소평가해서는 안 된다.[2]

둘째로, "마가복음은 권력의 본질과 고난의 가치를 재정의한다." 예수님은 권력자 대신 무력한 자를 택하시지만, 일반 혁명가처럼 단지 양쪽의 자리만 맞바꾸시는 것이 아니다. 복음은 권력 자체를 재정의한다. 헤이스는 "권력을 행사하여 남을 지배하고 죽이고 압제하는 부류는 악인으로만 아니라 그들의 통제권 밖에 있는 다른 세력의 졸개로 그려진다"라고 썼다. 헤롯과 빌라도가 대표적인 예다. 막 6:14-29; 15:1-15

예수님은 권력을 내려놓고 취약한 인간이 되어 지독한 오심에 희생되셨다. 그러나 이 외관상의 무력함을 그분은 오히려 권력으로 쓰셨다. 남을 지배하는 권력이 아니라 남을 섬기는 권력이었다. 사랑으로 권력을 희생하면 사랑의 권력이 행사되어 변화를 이루어 낸다. 바로 이것이 하나님의 진정한 권력이다. "인자가 온 것은 섬김을 받으려 함이 아니라 도리어 섬기려 하고 자기 목숨을 많은 사람의 대속물로 주려 함이니라."10:45 죄와 사망을 멸할 수 있는 다른 방법은 없었다. 헤이스의 말처럼 그분이 권력을 내려놓고 당하신 고난은 "하나님의 뜻이 이루어지는 신비로운 과정의 의미심장한 필수 요소"가 되었다.[3]

끝으로, 헤이스는 "도덕적 삶을 보는 마가의 관점은 매우 역설적이다"라고 썼다.[4] G. K. 빌처럼 헤이스도 역설을 본래 이쪽으로 가는 듯하다가 결국 반대쪽으로 꺾이는 진술 내지 사건으로 보았다. 역설이 매번 우리를 놀라게 하는 이유는 기대를 무산시키기 때문이다.[5] 세간의 통념과 반대로, 하나님은 불순종하는 자를 벌하고 순종하는 자에게 복을 부으시는 그저 우주의 "모범생"이 아니시다. 헤이스가 말했듯이, 하나님이 으레 직관에 반하는 예기치 못한 방식으로 역사하심을 아는 사람은 지나친 자신감이 줄어들고 겸손과 열린 마음 쪽으로 나아가게 된다.[6]

† 누가복음: "먼저 된 자로서 나중 될 자도 있으니라"

누가는 누가복음과 사도행전을 썼는데, 양쪽 다 반전이 중심 줄거리를 이끈다. 소외층을 향한 예수님의 사랑은 아마 어느 복음서보다도 누가복음에 잘 나타나 있다. "나중 된 자로서 먼저 될 자도 있고 먼저 된 자로서 나중 될 자도 있느니라."^{눅 13:30}

유대인은 사마리아인을 열등 인종이자 적으로 보았으나 예수님은 사마리아인의 영적 수준을 유대인과 똑같거나 더 높게 보셨다.^{10:25-37; 17:16} 당시에 아주 만연해 있던 인종차별적 종족주의가 그분께는 없었는데, 이는 주변에 충격을 안겼다. 하나님이 이방인도 유대인만큼이나 사랑하신다는 예수님의 말씀 때문에 폭동이 일어났을 정도다.^{4:25-30}

세리도 멸시받는 대상이었다. 대개 세리는 로마 정부의 하청을 받아 대중의 세금을 징수하던 유대인 남자였는데, 제국의 권력을 등에 업고 거액의 돈을 뜯어내 대부분 자신이 착복했다. 그래서 당연히 부역자^{附逆者} 취급을 받았다. 나치가 점령한 프랑스에서 관직에 올라 사익을 챙기던 프랑스인과 비슷했다. 그런데 누가복음에서 세리를 여섯 번 언급하는데 모두 긍정적 의미다. 세리들은 세례 요한과 예수님이 말씀을 전하시는 사역 현장을 열심히 찾아다녔다.눅 3:12; 5:27-30; 7:29; 15:1 세리장 삭개오는 그리스도를 믿었다. 예수님의 비유에서 하나님의 은혜를 깨달아 '의롭다 하심을 받고 그의 집으로 내려간 사람'도 종교 지도자가 아니라 무명의 세리였다. "무릇 자기를 높이는 자는 낮아지고 자기를 낮추는 자는 높아지리라."18:14

제자들은 예수님의 시간을 아이들에게 빼앗기는 것이 아깝다고 강변했지만, 그분은 아이들에게 특별한 관심을 보이셨다.15-17절 그분은 나환자들에게도 다가가셨다. 그들은 병든 몸으로 사회의 변방에서 빈곤하게 살다가 죽어 갔다. 그런데도 그분은 사회의 금단을 깨고 손을 내밀어 그들을 만져 주심으로써 그들의 대인 접촉 욕구를 채워 주셨다. 5:12-16; 17:11-19

누가는 여성을 존중하시는 예수님도 기록에 남겼다. 다른 복음서에 나오지 않는 열세 명의 여자가 누가복음에만 등장한다. 나인성의 과부 이야기도 있고7:11-17 재정으로 예수님을 후원한 여자들도 있다.8:1-3 머리털로 그분의 발을 닦은 "죄를 지은 한 여자"도 그분은 받아 주셨다. 7:36-50 누가가 기록한 예수님의 탄생과 부활 내러티브에서도 여자들의 역할이 돋보인다.

끝으로 누가는 예수님이 가난한 사람들에게 얼마나 깊이 신경을 쓰셨는지를 보여 준다. 그분은 자신의 복음 메시지가 "가난한 자"

를 위한 기쁜 소식임을 몇 번이나 말씀하셨다. 4:18; 7:22 제자들에게도
권고하시기를 조금도 아낌없이 빈민을 구제할 뿐 아니라11:41; 12:33
그들을 가족처럼 집에 초대하라고 하셨다. 14:13 또 그분은 가난한 과
부의 희생적인 헌금동전 두 닢이 하나님께는 부자의 자선 사업보다 더
귀하다고 선언하셨다. 21:2-37

† "인자도 들려야 하리니"

하나님은 왜 자꾸만 덜 강한 부류를 택해 그들의 무력함과 고
난을 통해 구원을 이루실까? 이런 이야기가 감동적인 이유는 외면
당하던 여자나 업신여김을 당하던 남자의 역전승을 누구나 보기 좋
아하기 때문이다. 예수님이 빈민과 소외층과 나환자와 세리를 사랑
하신 이야기가 고무적인 까닭은 우리 현대인이 정의를 중시하기 때
문이다.

그러나 이런 성경 기사가 단지 우리에게 감화를 끼치기 위해
존재한다고 생각한다면 큰 오산이다. 사실 그것은 우리를 그리스도
께로 회심시키기 위해 기록되었다. 고전 10:1-4, 11 이 모든 작은 반전은
우리에게 궁극적 대반전인 성자 하나님의 죽음과 부활을 가리켜 보
인다.

예수께서 자신의 도성에 왕으로 당당히 입성하시자 그분을 따
르던 무리는 그분이 왕좌로 높이 들리실 것을 예상했다. 요 12:12-19 그

러나 승리의 입성 직후에 그분은 자신이 땅에서 들리기는 하시는데 죽기 위해서라고 말씀하셨다. 요 12:32-33 왕좌 대신 십자가 위에 들리신다는 것이다. 요한복음 3장 14-15절에도 그분은 자신이 들려서 죽으실 것을 말씀하셨다.

모세가 광야에서 뱀을 든 것같이 인자도 들려야 하리니 이는 그를 믿는 자마다 영생을 얻게 하려 하심이니라.

예수님이 언급하신 사건은 이스라엘 백성이 약속의 땅에 도착하기 전에 광야에서 방황할 때 벌어진 일로, 민수기 21장에 기록되어 있다. 그 백성이 하나님을 저버렸으므로 주님은 진영에 독사를 보내 그들을 물게 하셨고, 물린 사람들이 죽어 가고 있었다. 그들은 회개하며 모세를 통해 주님의 치유하심을 구했다.

하나님은 그들의 기도를 들으셨다. 그리고 모세에게 놋으로 뱀의 형상을 만들어 장대에 높이 매달아 진영 한가운데에 두라고 지시하셨다. 뱀에 물린 사람은 그 형상을 쳐다보기만 하면 목숨을 건졌다. 이 치료책의 역설은 애초에 그들을 병들게 했던 바로 그것을 쳐다보아야 낫는다는 것이었다. 이 사건 전체에 암시되어 있듯이 하나님은 죽음의 저주를 그냥 제하시는 것이 아니라 신기하게도 죽음의 저주를 통해 복을 이루신다.

그래서 예수님은 뱀이 장대에 들린 것같이 자신도 십자가에 들려야 한다고 말씀하신 것이다. 그런 의미에서 바울은 고린도후서 5장 21절에 그분을 하나님이 '죄로 삼으셨다'고 했고, 갈라디아서 3장 13절에는 그리스도께서 "우리를 위하여 저주를 받은 바 되사" 우리를 속량하셨다고 썼다. 죄에 대해 내리는 응분의 저주와 형벌, 즉 "죄의 삯"은 사망이다. 롬 6:23 죄가 우리를 멸망시키므로 예수님은 십자가에서 바로 그것 즉 죄가 되셨다. 죄인 취급을 당하시며 우리 대신 저주받고 죽으셨다. 이제 우리는 믿음으로 십자가 위의 그분을 보아야만, 우리를 죽이는 죄가 되셔서 우리의 죽음을 대신 당하신 그분을 보아야만 용서와 치유를 받을 수 있다. 십자가에서 하나님은 죄로 인한 죽음의 저주를 바꾸어 우리의 복이 되게 하셨다.

† 복음의 핵심

이렇듯 대반전은 복음 자체를 이해하는 데 도움이 된다. 케임브리지의 학자 사이먼 개더콜Simon Gathercole이 사도 바울의 복음 제시를 개괄한 글에 언급했듯이, 전통적으로 많은 사람이 복음을 오로지 십자가로만 보고 "예수님이 우리 죄를 위해 죽으셨다"라고만 제시한다. 이 복음 제시에서 그분의 부활은 곁다리로 덧붙여지는 기적일 뿐이다.[8]

이런 과오를 피하고자 더 근래에 이렇게 말하는 사람들이 생겨났다. 복음이란 단순히 "예수님은 주님이시다"라는 것이다. 하지만 이 또한 전통적 과오 못지않게 단순논리가 될 수 있다. 예수님의 가르침에 순종하기만 하는 것이 곧 복음이라는 인상을 주기 때문이다. 물론 그리스도인은 그분의 가르침에 순종한다. 하지만 그런 논리대로라면 예수님의 구원이 우리의 도덕적 노력과 무관하게 순전히 은혜로만 주어진다는 사실은 유야무야된다.[9]

개더콜은 바울이 복음을 제시한 많은 경우를 살펴본 끝에, 반복해서 등장하는 세 가지 개념을 찾아냈다. 첫째로, 예수님이 누구신가에 대한 기쁜 소식이다.^{롬 1:3-4} 그분은 하나님의 영원한 아들이신데 자신을 낮추어 인간 메시아가 되셨다. 둘째로, 예수님이 무엇을 하셨는가에 대한 기쁜 소식이다. 그분은 십자가에서 죽으시고 다시 살아나셨다.^{고전 15:3-4} 끝으로, 그분이 무엇을 가져오시는가에 대한 기쁜 소식이다. 죽은 자 가운데서 부활하신 그분은 새로운 창조세계와 성령의 권능을 가져오셨다.^{골 2:13-15; 엡 2:4-7} 그래서 개더콜은 복음을, "죽음과 부활"을 통해 "메시아 예수께서 …… 죄를 속하시고 새로운 창조세계를 가져오시는 것"이라고 요약했다.[10]

개더콜의 연구 결과에서 보듯이 대반전의 개념은 복음의 중심을 이룬다. 예수님의 성육신과 죽음과 부활이 기쁜 소식인 까닭은 그분이 우리와 자리를 바꾸심으로써 놀라운 사랑을 보여 주셨기 때문이다. 그분이 하늘에서 땅으로 오셨기에 우리는 땅에서 하늘로 갈 수 있다. 부요하신 그분이 가난해지셨기에 우리는 그분의 가난을 통해 부요해질 수 있다.^{고후 8:9} 그분이 죄가 되셨기에 우리는 죄가 되신 그분을 통해 그분 안에서 하나님의 의가 될 수 있다.^{5:21} 그분께 저주가 임했기에 우리에게 복이 미친다.^{갈 3:13-14} 이것이 복음이다.

† 미련함과 연약함

예수님의 죽음과 부활은 구원을 가져올 뿐 아니라 세상이 자랑하는 지혜를 논파한다.

사고 실험을 하나 해 보자. 재계와 정계의 여러 자문위원을 소집하라. 저마다 최고의 학교를 나와 최고의 회사와 정치 운동에 조언하여 고객들에게 최고의 성공을 안겨 준 사람들이다. 그들을 모아 놓고 이렇게 물어보라. "내게 목표가 있습니다. 장기적 목표는 사상 최고로 영향력 있고 유명한 인물이 되는 것입니다. 지금부터 수백 년이 지나서 여러 문명이 온통 내 가르침을 토대로 세워져 있었으면 좋겠고, 내가 수억 명에 달하는 사람들의 삶의 중심이 되었으면 좋겠습니다. 어떻게 하면 목표를 이룰 수 있겠습니까?"

세상 최고의 자문단이 이 말을 진지하게 대한다면 그들은 과연 뭐라고 답할까? 혹시 이런 내용일까? "비천하게 태어나십시오. 정계나 재계나 학계의 실세와는 절대 인맥을 맺지 마십시오. 책을 쓰기는커녕 삼십 대 초반에 비운의 죽임을 당하십시오."

물론 이렇게 조언할 리가 없다. 그런데 예수님은 그대로 하셨고, 이로써 세상이 말하는 지혜를 무색하게 하신다.

그분이 만일 성공에 대한 세상의 조언을 따르셨다면 얼마나 처참하게 실패하셨을지 생각해 보라. 그분이 철학자로 와서 지적으로 위대한 사상 체계를 선보이셨다면 어떻게 되었을까? 그러면 그분은 지식층에게만 도움이 되었을 것이다. 그분이 친히 살아 있는 본보기가 되어 도덕 교육 운동을 강력하게 이끄셨다면 어떻게 되었을까? 그러면 그분을 본받을 만큼 강하고 능하고 훌륭한 사람들에게만 혜택이 돌아갔을 것이다.

그러나 역사와 세계 각국을 두루 보면, 지금까지 모든 계층과 다양한 형편의 사람들이 예수님의 복음에서 평안과 힘을 얻었다. 가난한 사람들이 집집마다 모여 플라톤이나 아리스토텔레스를 논하지는 않지만, 함께 예수님의 메시지를 묵상하고 공부하고 토의하면서 삶이 변화된다. 예수님은 오셔서 "나는 강하고 똑똑하다. 너희도 분발하면 나처럼 될 수 있다"라고 하지 않으셨다. 오히려 그분은 당신과 자리를 맞바꾸셨다. 오셔서 당신이 살았어야 할 삶을 사시다가 당신 대신 죽으셨다. 당신이 다시 용서받고 하나님과 화목하게 되고 재창조될 수 있도록 말이다.

그래서 복음의 메시지는 모든 사람에게 유익하며, 사람을 변화시키는 복음의 능력은 지금도 온 지구상으로 퍼져 나가고 있다. 복음은 도덕적이고 강하고 똑똑한 사람들만을 위한 것이 아니다. 당신이 어떤 사람이고 어떻게 살아왔는지는 중요하지 않다.

그래서 바울은 이렇게 썼다.

지혜 있는 자가 어디 있느냐 선비가 어디 있느냐 이 세대에 변론가가 어디 있느냐 하나님께서 이 세상의 지혜를 미련하게 하신 것이 아니냐 하나님의 지혜에 있어서는 이 세상이 자기 지혜로 하나님을 알지 못하므로 하나님께서 전도의 미련한 것으로 믿는 자들을 구원하시기를 기뻐하셨도다 유대인은 표적을 구하고 헬라인은 지혜를 찾으나 우리는 십자가에 못 박힌 그리스도를 전하니 유대인에게는 거리끼는 것이요 이방인에게는 미련한 것이로되 오직 부르심을 받은 자들에게는 유대인이나 헬라인이나 그리스도는 하나님의 능력이요 하나님의 지혜니라 하나님의 어리석음이 사람보다 지혜롭고 하나님의 약하심이 사람보다 강하니라. 고전 1:20-25

예수님이 십자가에서 죽으신 것은 세상이 보기에는 완전히 실패였다. 어떤 사람들은 이렇게 묻는다. "위대한 철학자와 스승이 되지 않고서 어떻게 그분이 세상에 도움을 주실 수 있겠는가? 그분은 학파를 세우셨어야 한다!" 이렇게 묻는 사람들도 있다. "위대한 장군과 지도자가 되지 않고서 어떻게 그분이 세상에 도움을 주실 수 있겠는가? 그분은 제국을 건설하셨어야 한다!"

십자가에 달리신 메시아는 헬라인에게는 미련함이요 유대인에게는 연약함이었다. 그러나 역사가 틀림없이 증명해 주듯이 1세기의 그 회의론자들은 틀렸다. 그분의 대반전이야말로 진짜 지혜이자 진짜 능력이다. 역설적으로 대반전은 세상 기준의 위대함이 곧 연약함이며, 그 결과는 끝없는 전쟁과 대립임을 보여 준다. 또 세상 기준의 지혜, 다시 말해 하나님 없는 이성은 아무런 유익이 없다. "하나님의 어리석음이 사람보다 지혜롭고 하나님의 약하심이 사람보다 강하니라."

많은 이들에게 영향력을 미치는 타 종교의 창시자들은 추종자들에 둘러싸여 평화롭게 죽었고, 죽을 때 자신의 운동이 성장하고 있음을 알았다. 반면에 예수님은 모두의 배신과 외면 속에 치욕스럽게 죽으셨고 아버지에게마저 버림받으셨다.

주요 타 종교에서 가르치는 구원은 선행, 공덕, 의식 준수, 인식의 변화 등을 통해 인간이 신에게로 올라가는 방식이다. 반면에 기독교의 구원은 하나님이 우리에게로 내려오심으로써 이루어진다. 이 점에서 기독교는 다른 모든 철학이나 종교와는 근본적으로 다르다.

† 네 십자가를 지고 네 영광을 버리라

우리의 십자가를 지고 그분을 따르라는 예수님의 명령은^{마 16:24} 우리도 그분의 대반전을 통해 구원받고 변화되려면 각자의 반전을 통과해야 한다는 뜻이다. 그분이 권력의 구사가 아닌 자발적 상실을 통해 우리의 구원을 이루셨듯이, 우리도 이 구원을 받아들이려면 혼신을 다해 완전한 덕의 경지에 도달할 것이 아니라 극도의 연약함과 무력함과 결핍을 인정해야 한다. 그분의 약함과 수욕이 진정한 힘과 영광에 이르는 유일한 길이듯이, 우리도 회개하고 죄책과 죄를 인정하는 것만이 최고의 확신과 영예 즉 그리스도 안에서 만유의 주께서 우리를 기뻐하시고 받아 주신다는 지식에 이르는 유일한 길이다. 어떤 선물은 연약함을 인정하지 않고는 받을 수 없다.

청력이 점점 나빠지는데 극구 이를 부인하는 한 노인이 있다고 하자. 그는 남들이 웅얼웅얼 말한다고 늘 불평이다. 결국 부인이 그를 데려가 청력 검사를 받게 한다. 보청기가 필요하다고 확실히 판명 났는데도 그는 비용을 보고 깜짝 놀라 "우리 형편에는 어렵겠소"라고 말한다. 그러나 부인은 "제일 좋은 것으로 사세요. 내가 주는 선물입니다"라고 되받는다. 그거야 고맙지만, 이 선물을 받으려면 연약함을 인정해야 함을 그는 안다. "아주 고맙구려. 정말 나는 남들의 말소리조차 듣지 못하는 늙은이라오!"라고 말하는 셈이다. 이처럼 어떤 선물은 자신의 결핍을 인정하지 않고는 받을 길이 없다.[11]

복음이라는 최고의 선물 앞에서도 이와 같이 철저히 자신의 결핍을 인정해야 한다. 당신의 삶의 통제권을 기꺼이 내려놓는 이런 겸손은 하나님의 도움이 없이는 불가능하다. 다행히 나는 예수님이 이루어 주신 아름다운 일을 바라보는 사람들에게는 그 도움이 임하는 것을 으레 보았다. 최고의 영광은 남을 위해 자신의 영광을 버리는 것이다. 남을 구원하고자 자신의 아름다움을 버리는 사람보다 더 아름다운 것은 없다.

그는 …… 고운 모양도 없고 풍채도 없은즉

우리가 보기에 흠모할 만한 아름다운 것이 없도다

그는 멸시를 받아 사람들에게 버림받았으며

간고를 많이 겪었으며 질고를 아는 자라

마치 사람들이 그에게서 얼굴을 가리는 것같이

멸시를 당하였고 우리도 그를 귀히 여기지 아니하였도다

그는 실로 우리의 질고를 지고

우리의 슬픔을 당하였거늘

우리는 생각하기를 그는 징벌을 받아

하나님께 맞으며 고난을 당한다 하였노라

그가 찔림은 우리의 허물 때문이요

그가 상함은 우리의 죄악 때문이라

그가 징계를 받으므로 우리는 평화를 누리고

그가 채찍에 맞으므로 우리는 나음을 받았도다.사 53:2-5

장 칼뱅Jean Calvin은 예수님의 대반전의 아름다운 역설을 이렇게 표현했다.

그분은 자신이 팔리심으로써 우리를 도로 사셨고, 체포되어 우리를 해방시키셨고, 정죄당하여 우리를 사면하셨고, 저주받아 우리를 복되게 하셨고, 속죄제물이 되어 우리를 의롭게 하셨고, 상하여 우리를 성하게 하셨고, 죽어서 우리를 살리셨다. 그래서 그분을 통해 격분이 순해지고, 진노가 가라앉고, 어둠이 환해지고, 두려움이 진정되고, 멸시가 멸시되고, 빚이 탕감되고, 수고가 가벼워지고, 슬픔이 낙으로 변하고, 불운이 행운으로 바뀌고, 역경이 쉬워지고, 무질서에 질서가 잡히고, 분열이 화합되고, 굴욕이 고상해지고, 반역이 평정되고, 위협이 주눅 들고, 매복이 발각되고, 공격이 역공당하고, 병력이 퇴각당하고, 전투가 격퇴되고, 전쟁이 무찔러지고, 복수가 응징되고, 고문이 고통당하고, 저주가 저주받고, 나락이 나락에 떨어지고, 지옥이 얼어붙고, 사망이 사망하고, 필멸이 불멸로 변한다. 요컨대 자비와 선이 모든 고통과 불행을 삼켰다.[12]

—
Part

3

HOPE IN TIMES OF FEAR

✦

예수의 부활이

나의 부활이
되다

6 ◦ 내 틀과 범주로는
   그분을 알아보지
   못한다

예수 그리스도의 부활은 실제로 있었던 일이지만, 이 역사적 사실은 다른 모든 경우와는 다르다. 율리우스 카이사르가 BC 49년에 루비콘강을 건넌 일을 믿으나 믿지 않으나 내 삶은 달라지지 않는다. 그러나 예수님의 부활의 역사성을 믿으면 당신이 송두리째 달라질 수 있다. 다만 지적인 동의만으로는 안 된다. 부활하신 주님을 인격적으로 만나 믿음으로 그분과 연합해야만 우리는 변화된다. 그래야만 "그의 부르심의 소망"의 위력을 참으로 경험할 수 있다. 엡 1:18

부활하신 예수님을 만난 사람 가운데 다섯 명에 대한 사례 연구를 신약에서 볼 수 있다. 그중 넷은 요한복음의 마지막 두 장에 나오고, 마지막으로 사울의 회심은 사도행전 9장에 나온다. 이것을 다 합하면 부활하신 그리스도를 인격적으로 만나는 일이 어떤 것인지 알 수 있다.

† 구원, 전적으로 은혜의 선물

마리아는 무덤 밖에 서서 울고 있더니 …… 뒤로 돌이켜 예수께서 서 계신 것을 보았으나 예수이신 줄은 알지 못하더라 예수께서 이르시되 여자여 어찌하여 울며 누구를 찾느냐 하시니 마리아는 그가 동산지기인 줄 알고 이르되 주여 당신이 옮겼거든 어디 두었는지 내게 이르소서 그리하면 내가 가져가리이다 예수께서 마리아야 하시거늘 마리아가 돌이켜 히브리말로 랍오니 하니 (이는 선생님이라는 말이라) 예수께서 이르시되 나를 붙들지 말라 내가 아직 아버지께로 올라가지 아니하였노라 너는 내 형제들에게 가서 이르되 내가 내 아버지 곧 너희 아버지, 내 하나님 곧 너희 하나님께로 올라간다 하라 하시니 막달라 마리아가 가서 제자들에게 내가 주를 보았다 하고 또 주께서 자기에게 이렇게 말씀하셨다 이르니라. ^{요 20:11, 14-18}¹

부활하신 예수님이 다가오셨을 때 마리아는 그분을 보고도 '예수이신 줄은 알지 못했다.'^{14절} 앞서 보았듯이 엠마오로 가던 길에서 제자들도 처음에는 그분을 알아보지 못했다. 부활하신 그리스도의 몸은 이전의 그 몸이었으나 이제 완전히 변화되어 완성된 상태였다. 그래서 그분을 알던 사람들도 죽은 자 가운데서 다시 살아나신 그분을 보고는 즉시 알아볼 수 없었다.

그러나 마리아가 그분을 알아보지 못한 데는 그 밖에 다른 요인도 있었을 것이다. 그녀는 모든 일을 자신의 머릿속에 돌아가는 내러티브에 맞추어 해석했다. "사람들이 내 주님을 옮겨다가 어디 두었는지 내가 알지 못함이니이다."^{13절} 이 내러티브 때문에 그녀는 천사들만 아니라 예수님까지도 알아보지 못했다. 예수님과 그분의 구원은 그녀의 기대치에 어긋났다. 모든 것이 그 기대치에 의해 여과되고 걸러지다 보니 바로 눈앞의 그분을 보는 것조차 불가능했다. 그분을 똑똑히 보면서도 보이지 않았던 것이다.

이 점에서 마리아는 온 인류를 대변한다. 사도행전 13장 27절에 "예루살렘에 사는 자들과 그들 관리들이 예수〔를〕…… 알지 못하므로 예수를 정죄하여 선지자들의 말을 응하게 하였도다"라는 말씀이 있다. 그렇다고 예루살렘 주민들이 유난히 더 영적으로 눈이 멀었다고 단정해서는 안 된다. 마치 예수님이 로마나 다른 곳에 가셨더라면 그곳 사람들은 그분을 하나님의 아들이자 구주로 알아보았을 것처럼 말이다. 그게 아니라 이것은 온 인류가 안고 있는 공통의 문제다.

로마서 3장 11절에 바울이 "하나님을 찾는 자도 없고"라고 한 말은 아무도 초월신이나 일반 영성을 찾지 않는다는 뜻이 아니라 참하나님을 찾는 인간이 하나도 없다는 뜻이다. 우리도 영성을 추구하기는 하지만, 인간의 마음이 늘 원하는 신은 우리의 욕구에 맞고 우리가 통제할 수 있으며 우리의 자기평가와 내러티브에 토를 달지 않는 신이다. 그 순간 마리아가 생각하던 예수님이 누구였든 간에, 앞에 서 계신 그분은 거기에 들어맞지 않았다. 성경에 기록한 하나님은, 신이라면 의당 어떠어떠해야 한다는 인간의 범주와 개념에 결코 들어맞지 않는다.

하나님이 만일 우리 쪽에서 먼저 나서기를 기다리신다면, 우리는 희망이 없을 것이다. 그분이 누구이고 어디에 계시는지를 우리 스스로 알아내도록 그분이 멀찍이 서서 초조하게 발만 구르며 기다리신다면, 우리는 망할 것이다. 그분이 우리 이름을 불러 주시지 않는 한 우리는 그분께로 갈 수 없다.

그분이 마리아에게 해 주신 일도 바로 그것인데, 우선 질문으로 시작하신다. "어찌하여 울며 누구를 찾느냐." 그분은 복종을 요구하는 군대 상관처럼 다가오지 않으시고 상대의 마음을 헤아리고 깨달음을 주시려는 상담자처럼 접근하신다. 마리아는 "누구를 찾느냐"라는 물음에 담긴 이중적 의미를 남은 평생 생각했을지도 모른다. 마치 예수님이 "마리아야, 너는 나를 사랑한다만 네가 생각하는 나는 아직도 너무 작구나"라고 말씀하신 것과도 같다.

결국 예수님은 그녀의 심금을 울리신다. 순서에 주의하라. 그녀가 "선생님"을 먼저 부른 뒤에 그분이 "마리아야"라고 부르신 것이 아니라 그분이 먼저 "마리아야"라고 부르시자 그녀도 놀라면서 "선생님"을 불렀다. 기독교의 구원은 결코 우리의 성과물이 아니다. 하나님이 기다리시는 동안 우리 쪽에서 각고의 노력 끝에 얻어 내는 상이 아니다. 구원은 언제나 은혜의 선물이다.

주 크신 은혜 사모함은
주밖에 내게 없음이요
나 이제 주를 사랑함은
먼저 날 사랑하심이라.[2]

알고 보면 기독교 신앙은 친밀한 인격적 교제이기도 하다. 마리아가 "랍오니선생님"라고 외치자마자 예수님은 "나를 붙들지 말라"라고 하셨다. 언뜻 보면 뜻밖의 말씀이다. 어떤 사람들은 이것을 "나는 지극히 거룩하니 나를 만지지 말라"라는 뜻으로 해석해 왔다. 하나님이 떨기나무 속에서 모세에게 더 가까이 오지 말라고 명하시던 그때처럼 말이다.출 3:5 하지만 그러면 예수님이 왜 같은 장 뒷부분에서 도마에게는 자신을 만지게 하셨으며요 20:27 다른 여자들이 자신의 발을 붙잡을 때는 왜 그냥 두셨는지를마 28:9 설명할 수가 없다.

"붙들다"로 번역된 단어가 꼬집다시피 아주 꽉 매달린다는 의미임을 알면 답이 더 분명해진다. 예수님을 알아본 순간 마리아는 분명 온 마음과 온몸의 힘을 다해 그분을 끌어안았을 것이다. 그럴 만도 하다. 누가복음 8장 2절에 보면 예수님은 마리아를 "일곱 귀신"에게서 해방시켜 주셨다. 영적, 정서적 고통에서 건져 주신 것이다. 그분이 죽으셨을 때 그분을 영영 잃은 줄로 알았던 그녀는 그분이 살아 계심을 알고 대경실색했다. 그러니 당연히 있는 힘껏 그분을 포옹했을 것이다. 그러자 예수님이 말씀하신다.

나를 붙들지 말라 내가 아직 아버지께로 올라가지 아니하였노라 너는 내 형제들에게 가서 이르되 내가 내 아버지 곧 너희 아버지, 내 하나님 곧 너희 하나님께로 올라간다 하라 하시니 막달라 마리아가 가서 제자들에게 내가 주를 보았다 하고 또 주께서 자기에게 이렇게 말

씀하셨다 이르니라.요 20:17-18

그분이 마리아에게 하신 말씀을 이렇게 풀어 쓸 수 있다.[3] "마리아야, 네가 왜 이렇게 기를 쓰고 내게 매달리는지 잘 안다. 우리의 관계를 잃고 슬퍼하던 차였으니 이제 나를 꽉 잡아서 다시는 나와 떨어지지 않으려는 마음이겠지. 하지만 네가 모르는 것이 있다. 내가 아버지께로 올라가서 그분의 우편에 앉아 성령을 보내면, 세상에서 나를 믿는 사람은 누구나 나와 인격적으로 친밀해질 수 있다. 성령을 통해 내가 네게 와서 사랑으로 교제하며 네 안에 임재할 수 있다. 그러니 내가 아버지께로 가게 두라. 그러면 너는그리고 원하는 사람은 누구나 상상을 초월하는 방식으로 나와 교제를 나누게 된다."

부활하신 주님과의 친밀한 교제는 그분의 부활을 믿는 신자에게 주어지는 선물이다. 하나님에 대해 아는 것과 하나님을 아는 것은 천지차이다. 하나님을 인격적으로 아는 것이 곧 영생이다.요 17:3 이것은 추상적 개념이 아니다. 예배와 말씀과 기도를 통해 실제로 주님과 더불어 주고받고 말하고 듣는 관계다. 이런 교제는 그분이 죽은 스승이 아니라 부활하여 살아 계신 구주시기에 가능하다.

이 친밀한 교제와 관련해 아주 실제적인 질문이 나올 수 있다. 기도할 때 정말 그분과 소통한다는 느낌이 드는가? 기도 중에 그분의 임재가 느껴지는가? 기도하다 보면 항상이나 대개는 아니지만 그래도 종종 그분의 지혜와 자비와 선하심에 대한 생각이 커지고 명료해져 위로와 기쁨이 되는가? 기도하면 때로 짐이 가벼워지는가? 그리스도인은 이 모두를 누릴 수 있다. 부활하신 주님을 아는 비길 데 없는 복을 받았기 때문이다.

예수님이 마리아에게 하신 말씀은 약간 역설적이다. 그분이 떠나셔야만 그녀에게 지금까지보다 더 가까워지실 수 있다니 말이다. 요한복음 14-16장에 이 내용을 자세히 설명했다. 거기에 말씀하셨듯이 그분은 제자들을 떠나가 성령을 보내실 것인데 사실은 그분이 성령으로 오시는 것이다. 요 14:17-18, 28 성령께서 그들에게 예수님의 "영광을 나타내" 주시므로16:14 그들은 그분이 지상에 계실 때에는 불가능했던 방식으로 그분의 아름다움과 위대하심을 볼 수 있다.

바울의 말처럼 우리가 믿음과 성령의 능력으로 복음에 나타난 예수님을 바라보면, 그분의 영광이 우리 마음에 광채를 비추어 우리를 변화시킨다. 고후 3:17-4:6 예수님은 "내가 아버지의 오른편으로 올라가 성령을 보내면 성령께서 너희에게 나를 실감하게 하시고 내 영광을 보여 주실 것이다"라고 말씀하신 셈이다.

이 말씀은 오늘을 사는 우리에게 더할 나위 없는 힘이 된다. 어찌 보면 우리도 현장에 있었더라면, 첫 제자들처럼 그분의 육성을 듣고 그분의 손을 만졌더라면 훨씬 더 좋았겠다고 생각될 수도 있다. 하지만 예수님이 말씀하시듯이, 지금 우리가 보는 예수님의 영광과 우리가 누리는 그분과의 친밀한 교제는 그분이 이 땅에 계실 때 제자들이 알던 것보다 낫고, 예수님이 실제로 우리를 품에 안고 입을 맞추어 주셨을 경우보다 크다.

마리아는 비록 예수님을 알아보지 못했으나, 그분과 사랑의 교제를 나누려는 열정으로 보아 하나님의 은혜를 알았다. 지난날 마리아의 삶은 파멸에 떨어졌다. 그래서 예수님이 자신을 구해 주셨을 때 그녀는 틀림없이 심중에 이런 생각이 들거나 어쩌면 말로 터져 나왔을 것이다. "나를? 실성하여 거의 벌거벗은 채로 울부짖으며 이 거리를 헤매던 내가 아닌가. 나는 하나님의 자녀가 될 수 없다." 그러나 예수님이 보여 주셨듯이, 물론 그녀도 오직 은혜로 하나님의 자녀가 될 수 있었다. 그래서 그녀는 새사람이 되었다.

당신에게 은혜가 필요함을 깨닫는 정도만큼만 믿음이 당신의 삶에 사랑으로 분출된다. 갈라디아서 5장 6절에 "그리스도 예수 안에서는 할례나 무할례나 효력이 없으되 사랑으로써 역사하는 믿음뿐이니라"라고 했다.

† 부활하신 주님, 직접 보지 않고도 믿을 수 있을까?

요한복음 20장에 기록된 부활의 현장에 있었던 사람이 또 있다. 본문에 "예수께서 사랑하시던 그 다른 제자"2절라고 표현되어 있는데, 전승에 따르면 이 인물은 열두 사도 가운데 하나이자 요한복음을 쓴 요한 자신이다. [4]

베드로와 그 다른 제자가 나가서 무덤으로 갈새 둘이 같이 달음질하더니 그 다른 제자가 베드로보다 더 빨리 달려가서 먼저 무덤에 이르러 구부려 세마포 놓인 것을 보았으나 들어가지는 아니하였더니 시몬 베드로는 따라와서 무덤에 들어가 보니 세마포가 놓였고 또 머리를 쌌던 수건은 세마포와 함께 놓이지 않고 딴 곳에 쌌던 대로 놓여 있더라 그때에야 무덤에 먼저 갔던 그 다른 제자도 들어가 보고 믿더라.요 20:3-8

마리아와 달리 요한과 베드로는 무덤 안으로 들어가 우선 둘러본다. 수의를 유심히 보면서 추리력이 고도로 발동한다. 역본에는 이것이 별로 분명히 드러나지 않는다. 1절에 막달라 사람 마리아가 무덤 입구에 있던 돌이 옮겨진 것을 보았다고 할 때는 헬라어에서 "보다"라는 뜻의 가장 대표적인 단어인 "블레페이"가 쓰였다. 그러나 베드로와 요한이 무덤의 내용물을 보았다고 할 때 쓰인 헬라어 단어 "테오레오"는 "추론하다, 이론을 세우다, 숙고하다"라는 뜻이다. 다시 말해서 그들은 그냥 흘끗 본 게 아니라 수의 상태가 어땠는지 추론을 시작했다. 눈앞의 광경을 설명해 줄 여러 가설을 곰곰 생각한 것이다. 이는 과학자가 잠정적 가설을 찾아 어떤 현상을 설명하려 할 때 거치는 추리 과정과 똑같다.

그들이 본 것은 무엇인가? 우선 수의가 놓인 것을 보았는데, 여기에 쓰인 헬라어 단어는 가지런히 정리되어 있다는 뜻이다. 수의는 갈기갈기 찢겨 있거나 엉켜서 쌓여 있지 않았다. 그들이 또 보니 머리를 쌌던 수건은 내버려져 있거나 수의와 한 뭉치로 쌓여 있지 않고 딴 곳에 잘 개켜 있었다. 이 광경이 왜 그들의 추리와 추론을 불러일으켰을까? 당시에는 시신을 염할 때 평복을 입히지 않고 긴 천으로 칭칭 감아서 쌌다. 지금 본다면 미라처럼 보일 수도 있다. 그 래서 나사로가 소생했을 때 예수님은 "풀어놓아 다니게 하라"요 11:44 라고 말씀하셨다. 누군가의 도움이 없이 본인이 직접 수의를 벗을 수는 없었던 것이다.

그래서 요한과 베드로가 본 광경은 사리에 맞지 않았다. 적들 이 시신을 훔쳐 갔다면, 금방 부패할 시신에서 왜 굳이 수의를 벗기 겠는가?39절 친구들이 시신을 훔쳐 갔다면, 왜 불경하게 옷을 벗겨 알몸으로 모셔 가겠는가? 예수님이 그냥 기절했다 깨어나신 것이라 면, 왜 수의가 갈기갈기 찢겨 있지 않은가? 더욱이 치명상을 입고 빈 사 상태에 빠진 사람이 어떻게 수의를 찢어 낼 수 있겠으며, 설령 그 랬다 해도 왜 가지런히 두었겠는가?

사건을 기술한 모든 자연적 설명은 그들의 머릿속에서 천천히, 그러나 확실히 제해졌다. 아서 코난 도일Arthur Conan Doyle이 자신의 작중 인물인 셜록 홈즈를 통해 말했듯이 "불가능한 답을 제거하고 나면, 남은 답의 개연성이 아무리 떨어진다 해도 그것이 진실일 수 밖에 없다."5

본문에 보면 개연성이 적은 그 결론에 요한이 베드로나 마리아보다 먼저 도달했다. 바로 예수님이 죽은 자 가운데서 다시 살아나셨다는 결론이다. 본문에 요한이 "보고 믿더라"20:8라고 했는데, 요한복음에서 믿는다는 단어는 단지 지적인 동의가 아니라 마음으로 믿어 구원에 이르는 신앙이다.

요컨대 믿음은 지적인 추론과 동의 그 이상이다. 증거를 살펴 답을 모색하는 것 이상이다. 하지만 그 이하도 아니다. 믿음에는 지성도 포함된다. 그렇지 않고서야 어떻게 전인적 행위가 되겠는가? 사색가인 요한은 예수님의 부활을 믿은 최초의 사람이 되었다. 그는 증거에 마음을 열고 합리적으로 답을 모색했으나 문제를 지적인 차원에 묶어 두지 않았다. 예수님이 부활하셨다고 결론만 내린 것이 아니라 기꺼이 거기에 자신의 인생을 걸었다.

어떤 유명한 줄타기 곡예사가 수완과 재주를 발휘하여 아주 높은 공중에 놓인 줄 위를 군중 앞에서 몇 번이고 왕복했다는 이야기가 전해진다.6 그는 중간까지 걸어가서 점심을 먹었고, 다시 자전거를 타고 건너갔다가 외바퀴 손수레를 밀고 돌아왔다. 청중은 감동과 충격에 빠졌다. 그가 군중에게 자신이 손수레에 90킬로그램의 무게를 싣고 무사히 줄을 건널 수 있겠느냐고 묻자 아무도 의심하는 사람이 없었다. 믿는다고 일제히 외쳤다. 하지만 막상 그가 손수레에 탈 자원자를 찾자 아무도 나서지 않았다. 증거는 아주 탄탄해서 그들도 그 곡예사에 관한 객관적 사실은 믿었다. 그러나 자신의 목숨을 그에게 맡길 마음은 없었다.

요한은 추론을 통해 예수님이 죽은 자 가운데서 다시 살아나셨다는 합리적 신념에 도달했을 뿐 아니라 아예 그 손수레에 올라탔다. 여기서 주목할 것은 요한이 부활하신 예수님을 실제로 보지 않고도 진정한 믿음 즉 구원의 믿음에 이르렀다는 점이다. 대다수 다른 제자는 굳이 그분을 육안으로 보아야 했다. 그러나 곧 살펴보겠지만 예수님은 그런 체험이 없이도 누구나 믿음을 받아들여 변화될 수 있다고 힘주어 말씀하셨다. 요한이 우리의 좋은 본보기다. 그는 그리스도의 부활하신 몸을 육안으로 보지 않고도 추론을 거쳐 믿었다. 우리도 그럴 수 있다.

† '가장 깊은 의심'에서 '가장 고귀한 신앙고백'으로

열두 제자 중의 하나로서 디두모라 불리는 도마는 예수께서 오셨을 때에 함께 있지 아니한지라 다른 제자들이 그에게 이르되 우리가 주를 보았노라 하니 도마가 이르되 내가 그의 손의 못 자국을 보며 내 손가락을 그 못 자국에 넣으며 내 손을 그 옆구리에 넣어 보지 않고는 믿지 아니하겠노라 하니라 여드레를 지나서 제자들이 다시 집 안에 있을 때에 도마도 함께 있고 문들이 닫혔는데 예수께서 오사 가운데 서서 이르시되 너희에게 평강이 있을지어다 하시고 도마에게 이르시되 네 손가락을 이리 내밀어 내 손을 보고 네 손을 내밀어 내 옆구리에 넣어 보라 그리하여 믿음 없는 자가 되지 말고 믿는 자가 되라 도마가 대답하여 이르되 나의 주님이시요 나의 하나님이시니이다 예수께서 이르시되 너는 나를 본 고로 믿느냐 보지 못하고 믿는 자들은 복되도다 하시니라. 요 20:24-29

복음서에 도마와 관련한 이야기는 많이 나오지 않는다. 요한복음 11장 16절에서 그는 운명론적인 체념의 자세로나마 예수님께 충정을 보인다. "우리도 주와 함께 [베다니로] 죽으러 가자." 요한복음 14장 5절에서는 그가 예수님의 말씀을 전혀 이해하지 못하는 모습으로 나온다. 그분이 아버지 집에 가서 제자들의 거처를 예비하겠다고 말씀하신 직후의 일이다. 이런 짤막한 일화로 미루어 볼 때 도마는 "충직하지만 상상력은 떨어져 자신에게 [절대적] 확신이 들 때에만 행동하는 사람"이었던 것 같다.[7] 예수님이 죽으신 후 그가 다른 제자들과 함께 있지 않았던 것도 놀랄 일은 아니다. 요 20:24 한 주석가의 추측에 따르면 "예수님의 죽음이 너무도 엄두가 나지 않는 사건이라 그는 혼자서 소화할 시간이 필요했다. 그래서 첫 부활절 저녁 그분이 제자들에게 오셨을 때 도마는 그 자리에 없었다."[8] 다른 제자들이 예수님을 보았다는데도 그는 심드렁했다.

도마는 친구들의 증언을 받아들이기는커녕 믿음에 조건을 걸었다. 못 박히신 예수님의 손에 자신의 손가락을 넣어 보고 창에 찔린 그분의 옆구리에 자신의 손을 넣어 보지 않고는 도무지 믿지 않겠다는 것이었다. 그토록 상한 몸으로는 아무도 살아남을 수 없음을 그는 알았다. 그래서 그런 상처를 입고도 살아 있는 몸을 실제로 보고 만질 수 있다면, 눈앞의 사람이 사기꾼이나 유령이 아니라 그리스도 그분이라고 믿어질 것 같았다.

도마는 고대의 가장 유명한 회의론자인 만큼 오늘날의 세속 회의론자들의 대표 격으로 보아도 거의 무방하다. 논리 못지않게 도마처럼 기질 때문에 예수님의 부활을 의심하는 사람도 많다. 아마 도마가 MBTI마이어브릭스 유형지표 같은 성격 검사를 받는다면 "감각형 sensing"으로 나올 것이다. 감각형 기질은 물리적 실체, 사실, 확실한 증거에 더 집중한다. 도마의 '후예'는 오늘날에도 무수히 많다. 그런가 하면 다른 많은 현대인은 철학적 반론으로 부활 교리에 맞선다. "죽은 사람이 살아날 리가 만무하다"라는 것이다.

1장에 보았듯이 도마를 비롯한 당대의 모든 유대인도 표현만 약간 다를 뿐 비슷한 반론을 제기했을 법하다. "역사의 중간에 일개 개인이 죽었다가 살아날 수는 없다"라고 말이다. 도마가 현대의 회의론자들을 잘 대변할 수 있는 점이 하나 더 있다. 분명히 그는 예수님을 존경하고 사랑하는 그분의 제자였다. 하지만 바로 그 이유 때문에 괜히 기대감에 부풀기가 두려웠다. "그분은 살아 계시다!"라는 다른 제자들의 말에 도마는 "희망 고문이라면 너무 고통스러워서 사양이다"라고 답한 셈이다.

이런 모든 이유와 동기가 오늘의 현대인에게 믿음의 장벽으로 작용한다. 당신의 세계관이 부활은 있을 수 없다고 말하고, 당신의 기질이 회의적이거나 아예 냉소적인 편이며, 당신의 마음이 실망을 두려워할 수 있다.

그런데 본문에 보면 이 모두에도 불구하고 도마는 제자들 가운데 가장 깊은 의심에서 복음서를 통틀어 가장 고귀한 신앙고백으로 옮겨 갔다. 마침내 "나의 주님이시요 나의 하나님이시니이다"라고 외친 것이다. 요 20:28 상대가 누구든 유대인 남자가 '사람'에게 이렇게 말한다는 것은 경악할 일이었다. 이 사건은 요한복음의 절정으로 간주된다. 최고의 회의론자가 최고의 신자로 변했으니 말이다. 그 일은 다음과 같이 단계적으로 이루어졌다.

첫째로, 도마는 사도들의 증언이 필요했다. 그런 의미에서 그도 오늘날의 우리와 똑같은 처지에 있었다. 그는 예수님을 본 목격자들의 보고를 들었다. 그의 경우는 당시의 생존 인물들에게 들은 반면, 당신과 내 경우는 신약에 기록한 목격담을 보고 있다. 복음서 기사 자체를 읽는 것 외에, 현대인이 이 단계를 거치는 한 가지 좋은 방법은 톰 라이트의 《하나님의 아들의 부활》과 리처드 보컴Richard Bauckham의 《예수와 그 목격자들Jesus and the Eyewitnesses》[9]을 참고하는 것이다. 보컴이 입증했듯이 복음서는 허구의 구전이 아니라 목격자의 증언이다.

이렇듯 도마에게도 오늘날 우리와 똑같이 목격담이라는 증거가 있었다. 하지만 둘째로, 그는 예수님이 단지 죽은 자 가운데서 다시 살아나신 것이 아니라 바로 그를 위해 부활하셨음을 깨달아야 했다.

다음번에 제자들 가운데 나타나신 예수님은 곧장 이 회의론자를 향해 손을 뻗으시며 "네 손가락을 이리 내밀어 내 손을 보고 네 손을 내밀어 내 옆구리에 넣어 보라"고 말씀하셨다. 그러자 도마는 즉시 "나의 주님이시요 나의 하나님이시니이다"라고 반응했다. 이토록 단호한 신앙이 어디서 나왔을까? 예수님이 제의하신 대로 도마가 실제로 그분의 상처에 손을 넣었다는 암시는 본문에 없다. 그렇다면 그의 의심을 무너뜨린 것은 무엇일까? 레온 모리스Leon Morris는 이렇게 썼다.

다른 무엇보다도 예수님의 말씀이 그에게 확신을 주었을 수 있다. 그분의 말씀으로 보아 그분이 도마의 요구 사항을 훤히 알고 계셨기 때문이다. 그분이 보이지 않게 〔지금껏 도마와 쭉 함께 계시지〕 않고서야 어떻게 그 사실을 아실 수 있겠는가?[10]

모리스의 논리는 이렇다. 예수님은 도마가 이런 것들을 원한다는 것을 어떻게 아셨는가? 제자 중 하나가 그분이 어디 계신지를 알고 달려가 "도마가 뭐라고 말했는지 제가 알려 드리지요!"라고 말했을까? 물론 아니다. 예수님은 보이지 않게 도마의 바로 곁에 늘 동행하셨기에 모든 것을 아셨다. 그분은 친구들의 말을 믿지 않겠다던 도마의 말을 들으셨다. 그의 마음속에 있는 냉소와 두려움도 보셨다. 그런데도 그에게 오셔서 요구 사항을 들어주셨다.

예수님은 도마에게 이렇게 말씀하신 셈이다. "네 모든 의심과 두려움과 못 지킨 약속과 결함을 내가 안다. 네 속이 바닥까지 다 보이지만 나는 여전히 너를 사랑하며 여전히 이렇게 네 편이다."

도마는 예수님의 은혜 앞에 겸허해졌고, 그러자 갑자기 상처가 새로운 의미를 띠었다. 원래는 상처를 예수님의 능력의 증거로 보려 했는데 이제 상처가 실체 그대로, 즉 예수님의 사랑의 증거로 보였다. 바로 그를 위해 베푸신 희생적 사랑이었다. 예수님의 말씀은 이런 것이나 같았다. "이 상처는 단순히 내가 살아 있다는 증거가 아니라 내가 너를 위해 죽어 네 죗값을 다 치렀고 너를 지배하던 사망권세를 이겼다는 증거다."

예수님의 부활은 그 자체만으로도 어마어마한 기적이며 증거도 막강하다. 그러나 이 부활이 가장 불가항력으로 다가올 때는 우리가 그것을 초자연적 능력의 발휘로만 보지 않고 구원 이야기의 절정이자 우리의 두 철천지원수인 죄와 사망의 최종 궤멸로 볼 때다. 도마에게 벌어진 일이 바로 그것이다.

† 도마는 특별 대우를 받았는가?

끝으로 예수님은 "너는 나를 본 고로 믿느냐 보지 못하고 믿는 자들은 복되도다"요 20:29라고 하셨다. 사실상 이런 말씀이다. 즉 육안으로 굳이 그분을 보지 않아도 우리는 삶을 변화시키는 부활 신앙에 이를 수 있다. 앞서 보았듯이 요한의 경우도 그랬다. 그런데 왜 예수님은 도마에게 자신을 보여 주셨을까? 왜 그는 특별 대우를 받았을까?

도마가 사도임을 기억해야 한다. 첫 사도들은 최초의 교사와 전도자로 보냄을 받았다. 사도의 표 가운데 하나는 예수님께 직접 훈련받았고 부활하신 그분을 목격했다는 것이다. 그래서 도마에게는 특별 대우가 필요했고, 그에게 사도의 자격이 있음을 예수님이 이렇게 보증하신 것이다.

그분의 말씀대로 우리는 도마처럼 직접 목격하지 않고도 믿을 수 있다. 하지만 도마가 깨달은 것을 우리도 똑같이 깨달아야 한다. 예수님이 우리 삶에 인내로 역사하여 우리를 그분께로 이끌어 주심을 알아야 한다.

C. S. 루이스의 동화 《말과 소년The Horse and His Boy》에 보면 주인공 샤스타가 외국 땅을 벗어나 나니아 나라로 가려 한다. 그런데 여정 중에 매사가 꼬이는 것만 같다. 자꾸 사나운 사자들이 나타나 이래저래 그를 위협한다. 한번은 그가 안개 속에 파묻혔는데 그 속에서 그를 인도하는 어떤 존재가 느껴진다. 어떤 음성이 그에게 말을 건다. 샤스타는 지나온 여정을 그에게 들려주며 이렇게 말한다. "운이 나빠서 그 많은 사자를 만나지 않았을까요?"

"사자는 하나뿐이었다." 그 음성의 말이다.

"그게 무슨 말씀이세요?" ……

"내가 그 사자였다." 샤스타의 입이 떡 벌어지자 …… 그 음성의 말이 이어진다. "너를 아라비스에게 합류하게 만든 사자가 나였다. 죽은 자의 집들을 지나갈 때 너를 위로해 준 사자도 나였다. 네가 잠들어 있는 동안 자칼들을 몰아낸 사자도 나였다. 마지막 구간에서 말들에게 두려움의 새 힘을 주어 너를 제때에 룬왕에게 도착하게 한 사자도 나였다. 너는 기억하지 못하겠지만 어린 네가 누운 채로 죽음을 맞이할 뻔했던 그 나룻배를 뭍으로 떠민 사자도 나였다. 덕분에 배가 닿은 해안에서 어떤 사람이 한밤중에 깨어 있다가 너를 구할 수 있었지.[11]

이 이야기에는 무신론자였다가 신앙에 이른 루이스 자신의 여정이 투영되어 있다. 신앙에 가까워질수록 깨닫게 되듯이, 당신이 믿을 하나님은 결코 수동적이시지 않다. 예수님은 부활하여 살아 계시며 적극적으로 당신을 찾으신다. 도마처럼 당신도 그분이 시종 당신의 바로 곁에 동행하고 계셨음을 알면 놀랄 것이다.

7 。내 연약함이
   곧 하나님과의
   연결 고리다

† 그분에게서 달아나거나, 그분을 향해 달려가거나

베드로는 부활하신 예수님을 여러 번 만났다. 예수님이 제자들에게 나타나셨을 때 한 번은 도마가 없었고 한 번은 도마가 있었다. 그도 함께 있었다. 요 20:19-29 예수님이 베드로에게만 따로 나타나신 적도 있다. 눅 24:34; 고전 15:5 그 밖에도 만남이 더 있었을 수 있다. "그가 …… 그들에게 확실한 많은 증거로 친히 살아 계심을 나타내사 사십 일 동안 그들에게 보이시며 하나님 나라의 일을 말씀하시니라."행 1:3 그러나 베드로와 부활하신 그리스도의 감동적인 대화는 요한복음 21장에 나온다.

갈릴리 호수에서 베드로, 도마, 나다나엘, 야고보, 요한, 이름이 밝혀지지 않은 다른 둘 이렇게 제자 일곱 명이2절 밤새도록 그물을 던졌는데 물고기를 하나도 잡지 못했다. 아직 그들이 물 위에 있을 때에 예수님이 호숫가에 나타나셨다.

날이 새어 갈 때에 예수께서 바닷가에 서셨으나 제자들이 예수이신 줄 알지 못하는지라 예수께서 이르시되 얘들아 너희에게 고기가 있느냐 대답하되 없나이다 이르시되 그물을 배 오른편에 던지라 그리하면 잡으리라 하시니 이에 던졌더니 물고기가 많아 그물을 들 수 없더라 예수께서 사랑하시는 그 제자가 베드로에게 이르되 주님이시라 하니 시몬 베드로가 벗고 있다가 주님이라 하는 말을 듣고 겉옷을 두른 후에 바다로 뛰어내리더라 다른 제자들은 육지에서 거리가 불과

한 오십 칸쯤 되므로 작은 배를 타고 물고기 든 그물을 끌고 와서 육지에 올라 보니 숯불이 있는데 그 위에 생선이 놓였고 떡도 있더라.^요 21:4-9

누가복음 5장에 제자들이 물고기를 잡던 다른 일화가 나오는데, 이번 경우와 비슷하면서도 한편 달랐다. 두 경우 다 제자들이 배에서 밤새도록 고기잡이를 했으나 한 마리도 잡지 못했다. 두 경우 다 예수님이 그들에게 그물을 한 번 더 내리라고 명하시자 기적처럼 만선을 이루었다. 그러나 누가복음에서는 베드로가 "주여 나를 떠나소서 나는 죄인이로소이다"라고 반응했는데^{8절} 이번 본문에서는 정반대로 반응한다. 최대한 빨리 예수님 곁으로 다가가려고 물속으로 뛰어내려 호숫가까지 애써 물살을 가르며 나아갔다.

예수 그리스도의 주장을 정말 제대로 들으면 중립적 반응을 보이기란 결코 불가능하다. 그분은 자신이 우주의 주 하나님이신데 이 땅에 오셔서 우리에게 자신을 내어 주심으로써 우리로 하여금 그분을 위해 살게 하신다고 주장하셨다. 이는 전폭적 충성을 요구하는 말씀이다. 당신은 분노와 두려움 가운데 외치며 달아나든지, 아니면 기쁨과 사랑으로 그분께 달려가 발아래 엎드려 "저는 주님의 것입니다"라고 아뢰든지 둘 중 하나일 수밖에 없다.

어중간한 반응은 다 그분의 주장에 어울리지 않는다. 그분을 피하거나 그분께 달려가지 않는 한 사실 당신은 그분이 누구신지 제대로 모르는 것이다. 베드로는 둘 다 해 보았다. 이때의 그는 부활하신 예수님께 몇 번 가르침을 받은 덕분에 은혜의 복음을 충분히 깨달았고, 그래서 그분의 거룩한 임재를 전혀 두려워할 게 없음을 알았다. 하지만 베드로와 그의 구주 사이에는 아직 해결해야 할 일이 많이 남아 있었다.

† 베드로의 실상을 보여 주시는 예수님

제자들과 함께 식사하신 후에 예수님은 베드로를 데리고 호숫가를 걸으셨다.

예수께서 시몬 베드로에게 이르시되 요한의 아들 시몬아 네가 이 사람들보다 나를 더 사랑하느냐 하시니 이르되 주님 그러하나이다 내가 주님을 사랑하는 줄 주님께서 아시나이다 이르시되 내 어린양을 먹이라 하시고 또 두 번째 이르시되 요한의 아들 시몬아 네가 나를 사랑하느냐 하시니 이르되 주님 그러하나이다 내가 주님을 사랑하는 줄 주님께서 아시나이다 이르시되 내 양을 치라 하시고 세 번째 이르시되 요한의 아들 시몬아 네가 나를 사랑하느냐 하시니. 요 21:15-17

예수님이 하고 계신 일을 이해하려면 베드로가 겪은 무참한 실패를 기억해야 한다. 이전에 베드로는 모두 예수님을 버릴지라도 자신만은 결코 버리지 않고 감옥이나 죽음까지도 불사하겠다고 호언장담했다. 요 13:37; 마 26:33-35 그런데 예수님이 체포되고 다른 제자들이 달아난 후에 그는 세 차례나 그분의 제자냐는 공개 질문을 받았다. 눅 22:54-62; 막 14:66-71 주님과 한편임을 밝힐 기회가 세 번 주어진 셈인데, 그때마다 그는 부인했다. 한 번이라면 순간적 실수나 일시적 연약함으로 여겨질 수도 있겠으나 세 번이라면 변명의 여지가 없다.

심지어 세 번째 예수님을 부인할 때는 저주까지 퍼부었다. 막 14:71 베드로는 겁에 질려 있었다. 함께 체포될까 봐 두려워 자신은 그리스도의 제자가 아니라고 입증하고 싶었다. 그런데 구경꾼들에게 자신이 예수님을 따르는 자가 아님을 입증하는 가장 좋은 방법은 그분을 저주하는 것이었다.[1] 그 수치와 명예의 문화에서는 충절이 전부였으므로, 진정한 제자치고 자신의 스승에게 감히 그런 일을 할 사람은 없었다. 그런데 베드로는 자기 목숨을 건지려고 그렇게 했다. 닭이 울자 그제야 그는 섬뜩한 진실을 깨닫는다. 자신은 그리스도의 진짜 제자가 아니라는 것이었다.

당신이 모든 것을 빚지고 있는 대상을 떠올려 보라. 그런데 그 사람이 죽을 위기에 처하자 당신이 제 한 몸을 지키려고 그를 버린다고 상상해 보라. 그러고도 어떻게 자신을 용서할 수 있겠는가? 베드로는 돌이킬 길이 있을까? 길이 있다. 그것을 예수님이 그와 우리에게 보여 주신다.

우선 예수님은 베드로에게 그 자신의 족적을 고통스럽게 되짚게 하신다. 그분은 그를 불 앞으로 이끄셨는데^{요 21:9} 그가 그리스도를 세 번 부인한 곳도 불 주변이었다.^{눅 22:54-62} 또 예수님은 베드로에게 그분을 사랑하느냐고 세 번 물으셨다. 그가 그분을 부인한 횟수도 똑같이 세 번이었다. 복음서를 읽고 예수님의 성품을 본 사람은 누구나 분명히 알겠지만, 이는 굴욕감을 주기 위해서가 아니었다. 예수님은 베드로가 그 자신의 실상을 보고 알기를 원하셨다. "네가 [아직도 말하기를] 이 사람들보다 나를 더 사랑하느냐"라는 물음에 그것이 분명히 드러나 있다.^{요 21:15} 예수님이 되돌아가시는 지점은 단지 베드로의 행동이 아니라 그 실패를 부른 마음의 근본적 결함이다. 그분은 칼을 휘두르시는 것이 아니라 외과의사처럼 칼로 문제의 원인을 도려내신다.

베드로의 문제는 예일대학교의 신학자 미로슬라브 볼프^{Miroslav Volf}가 말한 "거짓된 정체감"이었다. 볼프는《배제와 포용^{Exclusion and Embrace}》에 성경 속 가인과 아벨 이야기를 상술했다. 가인은 왜 동생을 죽였을까? 이 물음에 그는 가인의 정체감이 "아벨을 기준으로 형성되어 있었다. …… 그는 아벨과 비교해서만 대단한 존재였다"라고 답한다. 가인은 동생에 대한 우월 의식에서 자존감을 얻었다. 그런데 아벨이 자기보다 나아지자 가인은 그 현실을 부정해야만 했다. 그의 자존감이 자기가 아벨보다 낫다는 확신에 전적으로 의존해 있었기 때문이다. "가인은 자신의 정체감을 완전히 뜯어고치든지 아니면 아벨을 제거하든지 해야 했다." 볼프에 따르면 살인을 저지른 원인은 억제하기 힘든 폭력 충동이 아니라 "거짓된 정체감을 고수하려는 비뚤어진 자아"가 내놓은 냉정한 논리였다. 아벨의 확연한 성품과 삶이 자신의 자아상에 위협이 되었으므로, 가인은 속으로 "아벨을 살려 두어서는 안 된다"라고 결론지었다.[2]

가인처럼 베드로의 정체감도 자신이 동료 제자들보다 우월하다는 단정에 기초해 있었다. 그래서 자신이 누구보다도 가장 열성적이고 충성스럽다고 예수님께 말했다. 정체감의 근거를 자신을 향한 예수님의 크신 사랑에 두지 않고 그분을 향한 자신의 알량한 사랑에 둔 것이다. 예수님은 스승일 뿐이고 구주는 베드로 자신이라는 뜻이었다.

정체감의 기초를 '남보다 뛰어난 행위'에 두면 최소한 두 가지 결과가 따른다. 바로 나약함과 적대감이다. 먼저 정서가 몹시 불안해져 자신의 실상을 볼 수 없다. 베드로는 자신 앞에 실패가 임박했음을 예수님이 직접 경고해 주셨는데도마 26:34; 막 14:30; 눅 22:34 전혀 위험을 감지하지 못했다. 왜 그랬을까? 자존감의 기초를 용기에 둔 사람은 자신의 심중에 비겁함이 보일 경우 기어이 그것을 외면하고 부인해야 하기 때문이다. 그렇지 않으면 자아가 남아나지 않는다. 가족의 인정認定에 기초한 전통적 정체감이든 개인의 성취에 근거한 서구식 정체감이든, 예수님의 값없는 사랑에 뿌리를 두지 않은 정체감이라면 무엇이든 마찬가지다. 그런 정체감은 다 나약하고 극도로 불안해서, 자신의 실상을 부인하거나 잘 모를 수밖에 없다.

두 번째 결과는 견해가 다른 사람들을 향한 적대감이다. 당신이 만일 예수님의 가장 열렬한 추종자가 되는 데서 정체감을 얻는다면, 당신의 주님을 대적하는 사람에게 분노하거나 폭력까지도 불사해야만 한다. 예수님이 체포되실 때 폭력을 휘두른 제자는 베드로뿐이다. 그는 칼을 뽑아 누군가의 귀를 잘랐다. 자칭 예수님을 가장 훌륭하고 충성스럽게 따른다는 그가 그리스도께서 가시는 길과 정반대로 행동한 것이다. 예수님은 "아버지 저들을 사하여 주옵소서"라고 기도하시며 적들을 위해 죽으시는데, 베드로는 예수님이 구원하시려는 바로 그 사람들을 공격해야만 했다. 가인처럼 정체감의 근거를 자신의 행위에, 무도한 적들보다 자신이 더 잘 알고 더 낫다는 데 두었기 때문이다. 거짓된 정체감이 위태로워지면 그 결과는 언제나 적대감이다.

가인과 베드로의 이야기는 거북하게도 오늘날 미국 신자들의 아픈 데를 찌른다. 이 나라는 아직도 인종 문제를 해결하지 못했다. 인종차별 퇴치에서 그동안 미국에 진보가 있었는지 여부를 두고 논란이 뜨겁다. 구체적 사안별로 변론이 있을 수 있으나, 누구보다도 그리스도인들은 인종차별이 인류의 죄성에 얼마나 깊숙이 뿌리박혀 있는지를 알아야 한다. 현대 철학과 인류학에 "타자화"를 통한 정체감 형성이라는 것이 있다. 어떤 집단이나 민족을 타자화한다는 말은 상대를 이상한 이질적 존재로 취급하고 우리의 기준에서 그들의 약점과 악을 부각시켜, 상대적으로 우리가 얼마나 우월한지를 자신과 남에게 입증하려 한다는 뜻이다. 성경의 대표적인 예로, 예수님의 비유에 나오는 한 바리새인은 성전에서 "하나님이여 나는 다른 사람들 곧 토색, 불의, 간음을 하는 자들과 같지 아니하고 이 세리와도 같지 아니함을 감사하나이다"라고 기도한다. ^{눅 18:11}

그는 말 그대로 타자화에 바빴다. 다만 분야가 인종이 아니라 도덕과 정치였을 뿐이다. 세리들은 식민지 나라의 로마 부역자였다. 그 인물은 자신을 타인과 대비해 상대를 경멸함으로써 자신이 고매하고 선하고 참되다는 긍정적 정체감을 형성했다. 현대의 많은 사상가가 지적했듯이, 다른 집단을 멸시함으로써 정체감을 형성하면 당신은 여러모로 그들에게 의존하게 된다. 역설적으로 그 '타인'이 당신이라는 정체의 일부가 된다. 당신의 고정관념에 맞게 그들이 그 모습으로 남아 있어야만 한다. 그들을 부정적으로 보는 당신의 일차원적 시각이 무슨 이유로든 위태로워지면, 당신의 기초 자체가 흔들린다. 그래서 가인은 아벨을 죽였고 베드로도 폭력으로 반응했다. 거짓된 정체감이 흔들리자 그들은 기초를 바꾸어 정체감을 고친 것이 아니라 그것을 위태롭게 한 사람을 공격했다.

누가복음 18장에 나오는 비유 속 바리새인이 정체감을 구축하려고 타자화한 대상은 타 인종이 아니었지만, 알다시피 미국사와 세계사에 그런 일이 수없이 많았다. 브라이언 스티븐슨^{Bryan Stevenson}이 만든 인권단체인 EJI^{Equal Justice Initiative}에 따르면, 재건 시대^{1865년부}

터 1877년까지로, 남북전쟁 후에 남부 11개 주가 연방에 재편입된 시기-옮긴이**부터 제2차** 세계대전 사이에 미국에서 벌어진 타 인종에 대한 인종차별적 린치 lynch는 4,400건으로 75년 동안 매주 평균 한 건 이상이었다. [3] 이렇게 '타자'에게로 분출되는 폭력은 가인의 습성이 발현되는 끔찍하고 비참한 결과다. 당신의 자존감의 근본적 출처가 인종과 문화, 도덕적 행위, 정치 등 하나님의 사랑 이외의 것이라면, 사람들이 그 긍정적 자아상을 위태롭게 할 경우 당신은 그들의 말을 듣거나 그들에게 배울 수 없다. 그들을 공격해야만 한다.

† 베드로를 회복시켜 주시는 예수님

주께서 세 번째 네가 나를 사랑하느냐 하시므로 베드로가 근심하여 이르되 주님 모든 것을 아시오매 내가 주님을 사랑하는 줄을 주님께서 아시나이다 예수께서 이르시되 내 양을 먹이라 내가 진실로 진실로 네게 이르노니 네가 젊어서는 스스로 띠 띠고 원하는 곳으로 다녔거니와 늙어서는 네 팔을 벌리리니 남이 네게 띠 띠우고 원하지 아니하는 곳으로 데려가리라 이 말씀을 하심은 베드로가 어떠한 죽음으로 하나님께 영광을 돌릴 것을 가리키심이러라 이 말씀을 하시고 베드로에게 이르시되 나를 따르라 하시니.요 21:17-19

지금까지 베드로는 자존감의 기초를 예수님께 다른 누구보다도 더 충성하는 데 두었다. 그런데 이제 "네가 이 사람들보다 나를 더 사랑하느냐"라는 예수님의 물음에 그는 "주님, 그냥 주님을 사랑합니다"라고만 답한다. 이전의 정체감을 버리기 시작한 것이다. 그의 사랑에 대한 예수님의 질문은 그가 그분을 부인했던 횟수대로 세 차례 반복된다. 이에 대한 그의 반응은 무엇인가?

베드로가 무엇을 하지 않는지에 주목하자. 그는 변명하지 않는다. 방어나 책임 전가가 없다. "글쎄요, 제가 주님을 사랑하지 못한 것은 사실이지만 주님도 이해하셔야 할 게 있는데"라고 말하지 않는다. 그분을 얼마나 사랑하는지를 입증하려고 자신의 훌륭한 행적을 지적하지도 않는다. "물론 저는 비겁하게 주님을 부인했습니다. 하지만 제가 주님을 섬겼던 것은 다 기억해 주십시오"라고 말하지 않는다. 그랬다면 다시 이전의 거짓된 정체감으로 돌아가는 것이다. 그렇다고 베드로는 자기를 비하하지도 않는다. 죄를 스스로 속하려고 자신이 한없이 못났다며 자학하지 않는다. 다만 "주님, 저는 주님을 사랑합니다"라고 아뢸 뿐이다. 이런 말이나 같다. "제가 주님을 세 번이나 부인한 것을 잘 압니다. 그래도 주님과 사랑하는 관계로 남고 싶습니다. 변명은 없습니다. 분명히 저는 실패했습니다."

베드로가 보여 준 것은 바울이 고린도후서 7장 10절에 말한 "하나님의 뜻대로 하는 근심"과 진정한 회개지 "세상 근심"이 아니다. 전자는 우리를 치유하고 회복시켜 영구적 변화를 낳지만, 후자는 종종 격한 감정이 수반될 뿐 덧없이 지나간다. 세상 근심은 일종의 자기연민이다. 슬프고 속상한 이유도 죄가 자신의 삶에 불러온 괴로운 결과, 남들 앞에서 당하는 수치, 특히 자신의 자아상에 입은 손상 때문이다. 자아상의 기초는 여전히 착하고 점잖은 사람이 되는데 있다. 세상 근심일 때는 자신을 생각해서 죄의 결과를 슬퍼하지만, 참된 회개일 때는 죄가 당신의 창조주와 구원자를 욕되게 하고 슬프시게 했기에 죄 자체를 슬퍼한다. 자기중심적으로 근심할 때는 결코 죄 자체를 미워하지 않는다. 따라서 죄에 따른 결과가 잦아들면 다시 죄가 당신 안에 이전처럼 사납게 날뛴다. 참된 회개는 사랑하는 그분을 아프시게 했다는 슬픔에서 비롯된다. 그리스도를 향한 사랑이 그렇게 더 애틋해지니 죄가 미워질 수밖에 없고, 그래서 죄는 당신을 지배하던 힘을 점차 잃는다.

이렇듯 베드로는 회개한다. 이에 대한 예수님의 반응은 충격적이라 할 수밖에 없다. 베드로가 그분께 사랑으로 겸손히 회개할 때마다 예수님은 그분의 양, 다시 말해 그분의 백성을 "먹이라"고 또는 "치라"고 대답하신다. 베드로는 근신에 처해진 것이 아니라 도리어 지도자로 부름받은 것이다.

그런 실패와 연약함이 어떻게 오히려 큰 지도자가 되는 길일 수 있을까? 베드로의 낡은 정체감의 논리로는 불가능하다. 세상의 논리에도 맞지 않는다. 세상의 지도자란 유능하고 자신만만하고 성공해야 하기 때문이다. 세상에서는 자신감과 평정심이 자신의 성취에 정비례하여 상승한다. 일을 잘할수록 그만큼 자신이 더 훌륭하고 사랑받을 만한 사람으로 느껴진다. 그러나 예수님은 베드로를 전혀 다른 정체감으로 불러들이신다. 바울처럼 "내가 약한 그때에 강함이라"라고 고백할 수 있는 정체감이다. 고후 12:10

이 정체감의 근거는 성취가 아니라 값없는 은혜다. 예수님은 어떻게 베드로를 이처럼 인정해 주실 수 있을까? 왜 그에게 어떻게든 빚을 갚으라고 요구하지 않으실까?

베드로는 제 목숨을 건지려고 예수님을 저주했는데, 그분은 우리를 구원하시려고 베드로와 당신과 내가 마땅히 당해야 할 저주를 실제로 친히 당하셨다. "그리스도께서 우리를 위하여 저주를 받은 바 되사 율법의 저주에서 우리를 속량하셨으니."갈 3:13 그리스도인의 정체감의 기초는 결국 우리를 향한 하나님의 무한한 불변의 사랑을 깨닫는 데 있다. 알다시피 내가 상대를 존경할수록 그 사람이 나를 존경해 주면 그만큼 더 흡족하고 뿌듯한 법이다. "칭찬받을 만한 사람이 해 주는 칭찬이야말로 모든 보상을 능가한다."[4] 그래서 하나님이 우리를 온전히 사랑하시고 예수님 안에서 우리를 기뻐하신다는 사실을 알면, 다른 무엇과도 다르게 그것이 우리를 변화시킬 수 있고 결국 실제로 변화시킨다.

예수님은 베드로에게 이런 식으로 말씀하신다. "그동안은 너의 정체감이 워낙 네 자신의 용기와 지혜와 선함에 기초해 있어, 너를 향한 나의 사랑은 네가 벌어들인 품삯에 불과해 보였다. 그러나 이제 너는 네 죄를 보았고 또 내게 돌아왔으니, 내 은혜와 용서에 푹 적셔진 너의 실패가 너를 지도자로 만들어 줄 것이다. 마침내 자신의 실상을 깨달은 사람보다 더 타인의 삶에 잘 다가갈 수 있는 사람이 누가 있겠느냐? 하나님의 은혜로 낮추어졌으면서도 동시에 나의 값없고 후한 사랑으로 인정받은 사람보다 더 잘 이끌 수 있는 사람이 누가 있겠느냐?"

본래 인간의 마음은 자신이 강해야 하나님과 연결된다고 믿는다. 그러나 복음은 당신의 연약함이 곧 하나님과의 연결 고리라고 말한다. 당신은 자신이 연약한 존재임을 아는 정도만큼만 강하다.

† 회심의 모습은 다 다르나, 하나같이 속속들이 변화되었다

사울이 길을 가다가 다메섹에 가까이 이르더니 홀연히 하늘로부터 빛이 그를 둘러 비추는지라 땅에 엎드러져 들으매 소리가 있어 이르시되 사울아 사울아 네가 어찌하여 나를 박해하느냐 하시거늘 대답하되 주여 누구시니이까 이르시되 나는 네가 박해하는 예수라 너는 일어나 시내로 들어가라 네가 행할 것을 네게 이를 자가 있느니라 하시니 같이 가던 사람들은 소리만 듣고 아무도 보지 못하여 말을 못하고 서 있더라 사울이 땅에서 일어나 눈은 떴으나 아무것도 보지 못하고 사람의 손에 끌려 다메섹으로 들어가서 사흘 동안 보지 못하고 먹

지도 마시지도 아니하니라.^{행 9:3-9}

부활 신앙에 대한 마지막 사례 연구는 사도행전에 나오는 사도 바울^{사울; 이하 '바울'로 표기하겠다-편집자}의 회심이다. 그의 사례를 살펴보기 전에 주의할 점이 있다. 바울의 회심 이야기는 극적이다. 눈에 보이게 빛이 비추면서 하늘에서 육성이 들려왔고 실제로 그는 바닥에 고꾸라졌다. 그래서 어떤 사람들은 "바로 저것이다! 하나님이 내 삶에 오시려면 저렇게 하셔야 한다"라고 말한다.

하지만 다행히 우리에게 나머지 사도행전이 있다. 사도행전 8장에 아프리카인 재정 관료의 회심이 나오는데, 그는 단순히 이사야서를 읽고 빌립과 함께 성경을 공부하다가 믿음에 이르렀다.^{30-36절} 사도행전 16장에 기록된 걸출한 여성 사업가 루디아는 여성 기도회에서 바울이 전하는 예수 그리스도의 복음을 들었다. 그런데 "주께서 그 마음을 열어 바울의 말을 따르게 하신지라"라고만 되어 있다. 그것이 전부다. 기적이나 광채나 환상은 없고 그냥 대화뿐이었다.^{13-14절}

물론 이런 사례는 현대에도 있다. 빌리 그레이엄^{Billy Graham}과 루스 벨 그레이엄^{Ruth Bell Graham} 부부의 회심 풍경은 그야말로 대조적이다. 1934년에 전도자 모르드개 햄^{Mordecai Ham}이 노스캐롤라이나주 샬럿에 와서 11주 동안 아침저녁으로 말씀을 전했다. 톱밥을 깔아 급조한 시 외곽 '성막'에서 열린 이 부흥회와 거기에 참석한 군중은 샬럿의 큰 뉴스 거리였지만, 열여섯 살 소년이었던 빌리는 "소위 전도자라는 사람과는 조금도 상대할 마음이 없었다."[5] 그래서 친구들과 가족들에게 자기는 그의 설교를 들으러 가지 않겠다고 말했다. 그런데 집회에 다녀온 한 친구가 그에게 말하기를, 이 설교자는 "전사"라면서 그런 설교는 처음 들어 본다고 했다. 빌리는 호기심에 몰래 뒷자리에 앉아 설교를 들었고 설교자의 직설 화법에 충격을 받았다. 그레이엄 일가는 감리교회에도 다녔었고 장로교회에도 나갔으나 그는 "지옥에 대한 설교를 들어 본 적이 없었다."[6] 설교자가 죄를 어찌나 확실히 깨닫게 해 주던지 빌리는 자신을 보는 눈이 완전히 달라졌다. 결국 저녁 집회에 여러 번 참석한 끝에 빌리 그레이엄은 그의 말마따나 "180도 전환"을 이루며 회심했다.[7]

반면에 루스 벨은 중국에서 장로교 선교사 부모 밑에서 자랐는데, 자신이 신자가 아니었던 때가 기억에 없었다. 유년 시절에 그녀는 기독교 신앙의 내용을 하나씩 둘씩 받아들이면서, 당시에 알고 이해하던 만큼을 늘 믿음으로 수용했다. 어느 시점엔가 복음을 충분히 깨닫고 믿었지만, 그때가 정확히 언제인지는 떠올릴 수 없었다. "나도 '위기'를 여러 번 겪었지만 구원 문제는 내게 위기가 되지 못했다. 그분을 사랑하고 신뢰하지 않았던 때가 기억나지 않으니 말이다. 사실 내 가장 이른 기억은 나를 위해 죽으실 만큼 나를 사랑하신 그분을 향한 깊은 사랑과 감사였다."[8]

사도행전의 기자 누가는 회심의 다양한 사례를 기록함으로써 우리에게 그 모두의 공통점을 보도록 유도한다. 모두가 극적이지는 않았고, 모두가 정해진 단계를 따르지도 않았다. 각 경우마다 회심의 경위는 달랐지만 결과는 똑같았다. 사람마다 속속들이 변화되었다. 그러므로 우리가 바울의 이야기를 읽는 목적은 예수님이 각 사람에게 어떻게 그분을 보여 주시는지를 알기 위해서가 아니라 그분이 자신을 보여 주실 때마다 늘 일어나는 삶의 근본적 변화를 배우기 위해서다.

† 우리가 만들어 내는 신들

바울은 하나님이 어떤 존재인지, 또 어떤 존재가 아닌지를 잘 안다고 자부했다. 예를 들어서 그는 하나님이 인간이 되실 수 없음을 알았다. 그러니 예수가 주님이라는 모든 주장은 사실일 수 없었다. 바울은 사도행전 6-7장에 기록된 스데반이 했던 마지막 발언도 들었는데, 스데반은 예수님이 성전과 제사장직과 제사 제도를 다 폐기하실 것이라고 선포했다. 바울 입장에서는 있을 수 없는 일이었다. 틀림없이 그는 "그러면 구약의 모든 책이 무의미해지는데, 하나님이 그렇게 하실 리가 없다"라고 생각했을 것이다. 반대로 그의 하나님은 자기처럼 종교심과 도덕성과 수양이 깊고 모든 계율과 규정을 토씨 하나까지 지키는 사람들을 선호하는 신이었다.

우리 모두처럼 바울도 자신이 이미 되었고 앞으로 되고 싶은 모습을 지지해 줄 신을 믿었다. 자신이 멸시하는 모든 사람을 그 신도 멸시해야만 했다. 어떤 사람은 부도덕하고 신앙 없는 자들을 벌하는 신을 원하고, 어떤 사람은 아무도 심판하지 않고 모든 사람을 품는 사랑의 신을 원하며, 어떤 사람은 우주에 아예 신이 없다고 믿는다. 신에 대한 우리의 믿음이나 불신은 이성 못지않게 또는 그 이상으로 우리의 개인적 소원과 욕구에 좌우된다. 유명한 무신론자 올더스 헉슬리Aldous Huxley는 솔직하게 이렇게 말했다. "내가 세상이 무의미하기를 바란 데는 그만한 이유가 있다. …… 철학자가 세상을 무의미하게 보는 것은 순수 형이상학의 문제만이 아니라 또한 본인이 자기 마음대로 살지 못할 정당한 근거가 없음을 입증하기 위해서다."[9]

군이 무신론자를 끌어들일 것도 없다. 신을 믿지 않는 사람보다 믿는 사람이 훨씬 많다. 그런데도 바울의 말대로 성령의 개입하심과 도움이 없이는 우리 가운데 누구도 성경의 진짜 하나님을 결코 찾지 않는다. 롬 3:10-12 잊어서는 안 될 뜨끔한 말이다. 변화되기 전의 바울처럼 우리도 스스로 맞춤형 신을 만들어 낸다.

물론 당신이 만들어 내는 신은 때로 위안이 될 수 있다. 당신의 체형에 맞게 특별히 재단한 드레스나 양복이 편한 것처럼 말이다. 그러나 그런 신은 당신에게 도전이 필요할 때 도전할 수 없으므로 결코 당신을 변화시킬 수도 없다. 자존감이 몹시 낮아서 열등감에 시달리는 사람을 생각해 보라. 무엇이 그를 병적인 자기회의가 없는 안정된 사람으로 변화시켜 주겠는가? 요한일서 3장 20절에 "우리 마음이 혹 우리를 책망할 일이 있어도 하나님은 우리 마음보다 크시고"라고 했다. 하지만 여기에는 전제가 있다. 객관적 신이 실존하여, 당신이 믿고 싶지 않은 말까지도 당신에게 해 줄 수 있어야 한다는 것이다. 당신의 신이 한낱 창조물이자 당신의 심리적 갈망의 연장延長에 불과하다면, 자신이 쓸모없다는 당신 내면의 깊은 확신을 그 신이 어떻게 무너뜨릴 수 있겠는가?

성경의 하나님은 결코 우리 현대인이 만들어 낼 법한 신이 아니다. 이 신은 거룩하여 죄와 허물을 그냥 간과하실 수 없으며 소멸하는 불이시다. 신 4:24; 히 12:29 하나님이 그토록 거룩하고 정의로우시기에, 예수 그리스도께서 우리의 몫인 저주를 받으셔야만 우리는 그분의 몫인 복을 받을 수 있다. 갈 3:10-14 못 자국과 상처가 아직도 선연한 이 구주만이 신자 안에 들어오셔서 이렇게 말씀해 주실 수 있다. "정죄당하는 심정이냐? 네게는 정죄함이 없다! 자신이 쓸모없다 느껴지느냐? 아니다 너는 존귀한 존재다!" 당신의 희망 사항의 산물이 아닌 이 하나님만이 당신의 자아상을 근본적으로 재구성해 당신을 새로운 존재로 만드실 수 있다.

그저 당신의 심리적 소원과 욕구의 산물이 아닌 신, 그런 신이 당신의 내면에 가장 절실히 필요하다.

현대인인 C. S. 루이스는 성경에서 만나는 하나님이 자신이 지어내는 신일 수 없음을 알았다. 그래서 이렇게 썼다.

대개 실재란 정말 당신이 짐작할 수 없는 무엇이다. 이것이 내가 기독교를 믿는 이유 중 하나다. 기독교는 당신이 넘겨짚지 못할 종교다. 기독교에서 제시하는 우주가 그저 우리가 늘 예상하던 대로라면, 그것을 우리가 지어냈다고 느껴질 것이다. 그런데 사실 기독교는 누구도 지어낼 만한 것이 아니다. 거기에는 진품에서만 볼 수 있는 묘한 특이점이 있다. 그러므로 이 모든 유치한 철학, 즉 지나치게 단순한 답일랑 버리자. 문제가 단순하지 않기에 답도 단순할 수 없다.[10]

회심은 바로 거기서 시작된다. 당신은 평생 하나님을 믿었을지 모르지만, 회심하려면 그분이 당신이 바라는 신이 아님을 깨달아야만 한다. 그분은 그분이다. 그분께는 무서운 면도 있고, 난감한 면도 있고, 받아들이기 힘든 면도 있다. 그렇다면 이제 당신은 바른길에 들어선 것이다.

그런 하나님을 상대하지 않는 한 당신의 신은 당신을 창조하신 천지의 주인이 아니라 당신이 지어낸 일차원적 신이다. 사실이 아니었으면 싶은 말까지도 해 주는 신이 아니라면, 그분이 당신에게 믿어지지 않을 정도로 좋은 말, 예컨대 당신을 용서하신다든지 당신이 부활할 것이라든지 당신을 입양하실 것이라는 말을 해 주셔도 당신은 결코 변화될 수 없다.

요컨대 삶의 일대 변화인 회심이 이루어지려면 먼저 하나님이 '길들여지지 않고' 살아서 실존하시는 분이라야 한다. 당신이 그분을 어떻게 생각하느냐보다 그분이 당신을 어떻게 생각하시느냐가 더 중요함을 조금이나마 깨닫는다면^{갈 4:9} 당신은 그런 신에게 다가가고 있는 것이다.

† 전체가 하나로 들어맞는 성경

바울이 "주여 누구시니이까"라고 물었을 때 들려온 대답은 그의 사고방식을 송두리째 무너뜨렸다. "나는 …… 예수라."

바울에게는 기독교가 진리일 수 없다고 믿을 만한 이유가 있었다. 그가 알기로 성경은 하나님이 오직 한 분이라고 가르치는데 그리스도인들은 예수라는 사람을 하나님처럼 예배했다. 또 성경에는 메시아가 다윗의 후손으로 와서 "그의 입의 막대기로 세상을 치며" 자기 백성을 모으고 모든 적을 무찌른다고 되어 있다.^{사 11:1-16} 그런데 예수는 십자가에서 죽어 권좌에 오르지 못했으니 메시아일 수 없었다. 게다가 성경에 보면 죄를 짓고 처형되어 나무에 달린 사람은 저주를 받았다고 했다.^{신 21:22-23} 예수는 그냥 죽은 것이 아니라 범죄자로서 수치스럽게 죽었다. 하나님이 예수를 왕으로 인정하시기는커녕 분명히 거부하고 버리신 것이다. 그러니 바울로서는 성경이 기독교의 가르침을 단죄한다고 당연히 결론지을 만도 했다.

그런 바울이 다메섹에 가던 길에 예수님이 부활하셨다는 반박할 수 없는 사실에 부딪쳤다. 불과 사흘 만에 그는 각 회당에서 성경에 근거하여 "예수가 하나님의 아들이심을" 전파했다. ^{행 9:20} 이때부터 예수님의 부활이라는 사실에 비추어 성경 전체를 다시 생각한 것이다. 바울 서신 전체에 의지하여 우리는 그 흑암의 사흘 동안 그의 머릿속에 시작되었을 사고의 흐름을 더듬어 올라가 볼 수 있다.

그의 사고는 필시 이런 식으로 전개되었을 것이다. 예수님은 저주받고 하나님께 버림받으셨으나 하나님이 그분을 다시 살리시고 신원해 주셨다. 그렇다면 그분께 임한 죽음과 저주는 타인을 위한 것일 수밖에 없다. 혹시 그분이 우리를 위해 우리 대신 죄에 대한 율법의 저주를 감당하신 것일까? ^{갈 3:10-13}

이사야가 말한 메시아가 세상을 심판할 강한 인물인 것은 사실이다. 하지만 이사야는 의문의 인물인 고난당하는 종에 대해 "그가 찔림은 우리의 허물 때문이요 그가 상함은 우리의 죄악 때문이라"라고도 썼다. ^{사 53:5} 혹시 왕으로 오실 메시아와 이 고난당하는 종이 동일 인물일까? ^{롬 4:25; 벧전 2:24}

날마다 성전에서 드리는 모든 동물 제사는 또 어떤가? 동물의 피로는 사람의 죄를 속할 수 없었다. 그렇다면 혹시 제사 제도 전체가 훗날 궁극적 유월절 양으로서 죄를 없이하실 한 인간을 가리켜 보이는 예표였을까? ^{고전 5:7}

또 아브라함의 후손 가운데 하나를 통해 땅 위의 모든 민족이 복을 받으리라 하신 약속은 어떤가? ^{창 12:3} 혹시 그 일도 예수님을 통해 이루어지는 것일까? ^{갈 3:14}

지금껏 바울은 성경을 어떻게 살아야 자격을 갖추어 하나님의 복을 받을 수 있는지를 알려 주는 일련의 율법과 도덕 이야기로 보았다. 그런데 예수님의 부활이라는 난공불락의 사실을 깨달은 뒤로 그리스도 중심의 틀 안에서 성경을 다시 읽기 시작했다. 그러자 모든 것이 달라 보였다. 성경은 착하게 사는 법을 알려 주는 일련의 이솝 우화가 아니다. 성경은 하나님이 세상에 구원을 이루시는 방식에 대한 단일하고 일관된 역사다. 이 경이로운 실화의 정점이 바로 예수 그리스도시다.

바울이 모든 것을 하나님께서 다시 살리시고 신원해 주신 예수님에 비추어서 보기 시작하자, 성경 전체가 하나로 들어맞으면서 세상과 자신의 삶이 전부 달라 보였다.[11] 물론 거기에 함축된 모든 의미를 사흘 만에 정리한 것은 아니며, 여태 기독교를 대적하던 자신의 반론에 대한 답을 전부 파악한 것도 아니다. 그러나 일단 예수님이 부활하셨음을 깨닫자 그는 그 모든 반론에도 답이 있을 수밖에 없음을 알았다. 그래서 그리스도를 믿고 전파하면서 각론을 차차 정리해 나갔다.

우리도 똑같은 방식으로 진행해야 한다. 성의 억압이나 교회사 속의 불의와 관련된, 기독교에 대한 모든 반론을 생각해 보라. 만일 그중 하나라도 사실이라면 예수님이 죽은 자 가운데서 다시 살아나셨을 수 없다는 뜻인가? 그것이 맨 먼저 던져야 할 질문이다. 우리는 부활의 증거를 철저히 살펴보았는가? 모든 반론은 사실 이 문제에 달려 있다. 그분의 부활이 사실이 아니라면, 교회가 성에 대해 뭐라고 말하든 또는 교회사가 어떻게 되었든 알게 무언가? 하지만 그분이 정말 부활하셨다면 기독교와 복음은 진리다. 따라서 다른 모든 반론에 대한 해답이 아직 우리에게 없어도, 그런 질문의 답도 존재함을 알기에 우리는 전진할 수 있다.

당신이 기독교를 탐색 중이라면 먼저 복음서에 제시된 대로 예수님의 삶과 특히 부활을 보라. 현대인처럼 기독교가 당신에게 맞는지부터 자문하지 말라. 예수님의 부활이 실제로 있었던 일이라면, 자신을 위해 당신을 창조하신 신이 계신다. 또한 당장 그렇게 보이지 않더라도 당연히 기독교는 결국 당신에게 맞는다. 그분이 부활하여 실존하신다면 당신도 바울처럼 의문의 답이 하나도 풀리지 않았어도 "주님, 무엇을 하리이까"라고 아뢸 수밖에 없다.

† 율법과 사랑의 관계

"주여 누구시니이까"라는 바울의 물음에 예수님은 "네가 박해하는" 대상이라는 말씀을 재차 반복하신다.^{행 9:5} 하늘에서 눈을 멀게 하는 이 인물이 어떻게 바울이 해치고 있던 대상일 수 있을까? 왜 예수님은 "네가 어찌하여 그들을 박해하느냐"라고 말씀하시지 않고 "네가 어찌하여 나를 박해하느냐"라고 하셨을까?^{4절}

바울이 들은 예수님의 이 첫 말씀에는 아주 심오한 통찰이 담겨 있어, 그의 남은 생애와 사역과 신학이 모두 그것을 통해 형성되었다. 바울이 배웠듯이 그리스도인이 된다는 것은 하나님의 은총과 기도 응답을 기대하며 단지 다른 종류의 신념과 실천을 수용하는 것이 아니라 훨씬 그 이상이다. 그분의 이 말씀은 그보다 무한히 더 깊고 풍성한 관계를 가리켜 보인다. 예수 그리스도께서 확언하신 자기 백성과의 연합은 어찌나 긴밀한지, 그들에게 벌어지는 일은 곧 그분께 벌어지는 일이다. 그러므로 암시된 의미상 그분께 해당하는 사실은 그들에게도 해당한다.

그리스도인이 "그리스도 안에", "주 안에", "그 안에" 있다는 표현은 바울 서신에만도 160회 이상이 나온다. 로마서 6장 1-4절에 바울은 우리가 죽어서 '그와 함께 장사되었다'고 했다. 에베소서 2장 6절에는 하나님이 예수 그리스도를 다시 살려 그분의 오른편에 앉히실 때 우리도 "함께 일으키사 그리스도 예수 안에서 함께 하늘에 앉히시니"라고 했다. 과거 시제를 쓴 것으로 보아 앞으로 될 일을 말한 것이 아니다. 그리스도인은 워낙 그리스도와 연합되어 있어 그분이 죽으시고 부활하여 승천하실 때 우리도 똑같이 했다. 이 연합에는 두 가지 중요한 측면이 있다.

우선 우리는 법적으로 그분과 연합되어 있다. 하나님 보시기에 마치 십자가에서 우리가 직접 죽은 것처럼 죄의 형벌로부터 해방되었다. 우리 자신은 흠 많은 죄인이지만 이제 "의롭다 하심을 …… 믿음으로" 얻었으므로롬 3:28 그리스도 안에서 완전히 의롭게 여겨진다. ^{빌 3:9} 예수님이 죽음을 거쳐 영광의 자리로 높여지셨으므로, 당신도 그분을 믿으면 하나님이 당신을 대하실 때 마치 예수님이 이루신 일을 당신이 이룬 것처럼 대해 주신다. 마치 당신도 예수님만큼이나 위대한 것처럼 하나님이 당신에게 보상해 주신다.

그러나 이 연합은 법적일 뿐 아니라 영적 생명이기도 하다. 성령 하나님이 회심한 바울 안에 들어가신 것처럼 우리 안에도 친히 들어오신다. ^{행 9:17} 손이 신경계를 통해 머리와 연합되어 있듯이 우리도 하나님의 신성한 성품에 참여하므로 그분과 연합되어 있다. ^{벧후 1:4} 그래서 예수님은 자기 백성에 대해 "네가 그들을 건드리면 곧 나를 건드리는 것이다"라고 말씀하실 수 있다.

연합이 법적이면서 동시에 인격적 생명이라는 개념은 낯설지가 않다. 마르틴 루터의 유명한 말처럼, 우리가 그리스도를 믿어 구원받는 그 믿음은 "신부가 신랑과 연합하듯 영혼을 그리스도와 연합시킨다." 결혼은 법과 사랑 둘 다에 기초한 관계다. 루터가 지적했듯이 예를 들어 결혼하면 아내의 빚은 남편의 것이 되고 남편의 재산은 아내의 것이 된다. 마찬가지로 우리의 죄와 죽음은 그분께 전가되고 그분의 의와 영광은 우리에게 주어진다. ^{고후 5:21} 그래서 루터는 "그리스도를 믿는 영혼은 …… 믿음이라는 결혼반지를 통해 …… 모든 죄에서 해방되고, 죽음과 지옥으로부터 안전해지며, 영원한 의와 생명과 구원을 받는다"라고 결론지었다.¹²

보다시피 법적 측면과 생명의 측면이 맞물려 서로를 보강해 준다. 자신이 법적으로 받아들여진 신분임을 확신할수록 우리 마음은 두려움과 수치심으로부터 해방된다. 또 마음이 사랑으로 즐거이 구주께로 이끌릴수록 우리는 성령께서 마음에 부어 주시는 사랑을 더 많이 경험하게 된다. 롬 5:5

이 관계의 법적 측면을 이해하려면, 마틴 로이드 존스David Martyn Lloyd-Jones 목사가 사람의 영적 상태를 파악할 때 활용하던 간단한 진단 도구를 생각해 보라. 그가 "하나 묻겠습니다. 당신은 그리스도인입니까?"라고 물으면 상대는 대개 "글쎄요, 노력 중입니다"라고 답하곤 했다. 그 답이 나오면 상대가 그리스도인이 된다는 의미의 기본 원리조차 모른다는 뜻이었다. 기독교는 입양이나 결혼처럼 신분과 연합이지 당신의 성취를 통해 얻어 내는 보상이 아니다. 결혼을 했거나 하지 않았거나 둘 중 하나이듯 당신은 그리스도인이거나 그리스도인이 아니거나 둘 중 하나다.

이 관계의 생명적 측면을 이해하려면, 영국의 대각성 운동 기간에 존 웨슬리John Wesley와 찰스 웨슬리Charles Wesley 형제를 필두로 하여 지도자들이 던진 질문을 생각해 보라. 18세기에는 사실상 영국의 전 국민이 교회에 다녔다. 그러나 대각성 운동의 설교자들은 이 질문으로 청중에게 도전했다. 그들은 회심했는가?[13] 영적으로 살아 있는가, 아니면 도덕규범대로 살 뿐인가? 하나님과의 관계가 살아 있는가?

대각성 운동의 설교자들은 신도를 가정에서 모이는 소그룹으로 편성했다. "이런 소그룹의 목표는 주로 교제권을 형성하여, 〔그들의〕 새로운 영적 삶과 영적 체험을 보호하고 성장시키는 데 있었다."[14] 소그룹 지도자용으로 작성된 한 지침서에 보면, 다음과 같은 질문을 매주 던지게 되어 있었다.[15]

- 이번 주에 당신의 마음에 하나님이 얼마나 실감되었는가? 하나님의 용서와 아버지 사랑에 대한 당신의 확신과 신뢰는 얼마나 분명하고 생생한가?

- 특별히 하나님을 즐거워하는 때가 당신에게 있는가? 삶에서 그분의 임재가 정말 느껴지는가? 당신에게 사랑을 베푸시는 그분이 느껴지는가?

- 그동안 성경이 당신에게 살아 역사했는가?

- 당신에게 아주 귀하게 느껴지고 힘이 되는 성경의 약속이 있는가? 어떤 약속인가?

- 말씀을 통해 하나님이 당신에게 무언가를 도전하시거나 당신을 부르고 계신가? 어떤 식으로 하시는가?

- 당신이 하나님과 사람들에게 어떻게 죄를 짓는지 솔직하게 더 많이 보고 인정하게 되었는가? 그렇게 자신의 죄성을 절감할수록 하나님의 은혜가 더욱 영광과 감동과 위안이 되고 있는가?

살아 계신 하나님과의 살아 있는 관계는 막연한 신을 믿는 것과는 다른데, 이런 질문이 그들에게 그 양쪽을 구별하는 데 도움이 되었다. 그리스도의 은혜에 기초한 이런 관계에서는 실제로 지식과 사랑의 교류가 이루어진다. 그래서 하나님이 당신을 도전하고 위로하고 부르고 가르치고 이끄실 수 있다.

예수님이 죽은 자 가운데서 다시 살아나셨기에 우리는 법적으로 의롭다 하심을 얻고, 거듭나 생명을 얻을 수 있다. 롬 4:25; 8:10-11 요컨대 우리는 회심할 뿐 아니라 회심한 삶을 살아갈 수 있다.

† 당신만의 달려갈 길이 있다

부활하신 그리스도를 인격적으로 만나지 않고는 두려울 때 희망을 하나님께 받을 수 없다. 그 일이 어떻게 이루어질 수 있는지를 지금까지 다섯 가지 사례로 살펴보았거니와, 쭉 돌아보면 알겠지만 각기 천차만별이다. 그것이 우리가 얻을 마지막 교훈이다.

예수님은 상대의 마음과 기질에 따라 접근도 달리하신다. 정해진 틀은 없다. 그리스도인이 되는 5단계 같은 것이 만인에게 똑같이 요구되지도 않는다. 마리아와 요한과 도마를 각각 감성파, 사색가, 실용주의자라 표현한 사람들이 있다. 지나친 단순화이기는 하지만, 예수님이 기질의 차이를 아시고 사람마다 각자에게 필요한 지점에서 만나 주신 것만은 사실이다. 마리아와 도마를 바로 찾아가 직접 말씀하신 그분이 요한과 베드로는 스스로 생각해서 알아내도록 그냥 두셨다. 그분은 각자에게 필요한 것을 필요한 때에 주신다.

그러므로 당신은 자신이 그리스도를 만난 경위를 다른 사람과 비교해서 "나는 그들처럼 신앙에 이르지 않았는데, 내가 정말 회심한 것일까?"라고 말해서는 안 된다. 바울을 꾸짖어 납작 엎드러지게 하신 그분이 마리아에게는 가만히 이름을 불러 주셨다.

예수님은 우리 모두에게 이렇게 말씀하신다. "나는 너를 개인으로 안다. 너의 길은 너만의 것이며 반드시 옆 사람의 길과 같지는 않다. 그러니 너는 그들을 따르지 말고 나를 따르라." 요한복음 맨 끝에 보면 베드로가 다른 제자를 가리키며 예수님께 그가 결국 어떻게 되겠느냐고 여쭙는다. 예수님은 답하시지 않고 "네게 무슨 상관이냐 너는 나를 따르라"라고만 말씀하신다. ^{요 21:22} 그러니 당신도 자신을 남과 비교하지 말라. 예수님을 바라보며 그분이 당신만을 위해 예비해 두신 길로 경주하라. ^{히 12:1-2}

—

Part

4

HOPE IN TIMES OF FEAR

❖

두려운 현실 한복판에서

부활의 권능을
입다

8 ∘ '마음 깊은 곳'에서부터
온 삶이
생명을 입다

그는 허물과 죄로 죽었던 너희를 살리셨도다 …… 긍휼이 풍성하신 하나님이 우리를 사랑하신 그 큰 사랑을 인하여 허물로 죽은 우리를 그리스도와 함께 살리셨고 (너희는 은혜로 구원을 받은 것이라) 또 함께 일으키사 그리스도 예수 안에서 함께 하늘에 앉히시니 이는 그리스도 예수 안에서 우리에게 자비하심으로써 그 은혜의 지극히 풍성함을 오는 여러 세대에 나타내려 하심이라.

에베소서 2장 1, 4-7절

지금까지 보았듯이 그리스도의 부활은 우리가 두려움에 처했을 때 무엇에도 비할 수 없는 희망과 확신을 주는 자원이 된다. 이제부터 마지막 몇 장에서는 여러 특정한 두려움을 보면서, 어떻게 우리가 이 희망에 힘입어 그 두려움들에 맞설 수 있는지를 구체적으로 살펴보려 한다. 우리는 고난과 죽음과 미래를 두려워한다. 사회적 불안과 격변의 시기에도 두려움을 느낀다. 내 힘으로는 부족해서 그런 모든 두려움에 맞서지 못할 것이라는 두려움도 있다. 그런데 예수님의 부활은 바로 그 두려움을 물리친다. 그분의 부활은 삶의 모든 상황이 순조로워질 것을 약속하지는 않지만, 무슨 일이 닥치든 우리가 능히 감당할 만한 사람이 될 수 있다는 희망을 우리에게 준다.

† 그리스도와 함께 부활한 우리

에베소서 2장에 바울이 확언했듯이 우리는 종말에 몸으로 부활할 뿐 아니라, 그리스도를 자신의 부활하신 구주와 주님으로 믿는 순간 영적으로 이미 부활했다. 바울은 우리가 영적으로 이미 승천했다는 말까지 덧붙였다. "하나님이 우리를 …… 또 함께 일으키사 그리스도 예수 안에서 함께 하늘에 앉히시니."4, 6절

이 진술은 그리스도인이 될 때 일어나는 변화가 얼마나 심오한지를 보여 준다. 이는 개과천선의 차원이 아니며 새로운 종교 단체

에 가입하는 것만도 아니다. 그리스도인이 되면 땅에서 하늘로 옮겨진다. 내세의 능력과 성령으로 말미암아 예수님과 연합된다. "새로 태어나는 거듭남을 통해 우리는 주 예수 그리스도와 하나가 되어, 그분의 삶을 공유하고 그분에게서 오는 모든 복에 참여한다."[1]

구체적으로 말해서 그리스도인은 본래 죽어 있었는데 영적으로 살아났다. 장내를 가득 채운 청중 앞에서 당신이 강연을 한다고 하자. 연단에 오르니 마이크가 있다. 그래서 당신은 조금 다가서서 평소처럼 말한다. 목소리가 마이크에 실려 장내 구석구석에까지 가 닿으려니 했으나 예상이 빗나간다. 마이크가 꺼져 있었던 것이다. 이를 마이크가 "죽었다"라고 표현하기도 한다. 이때 누군가가 스위치를 올리면 마이크가 살아나 당신 목소리를 증폭시킨다. 마찬가지로 우리도 영적으로 부활하여 "하나님께 대하여는 살아 있는 자"가 되었다. 롬 6:11 하나님께 죽어 있던 우리가 이제 성령으로 말미암아 하나님에 대한 진리를 들을 수 있게 되었다.[2]

이 영적 부활은 예수 그리스도께서 우리를 구원하려고 죽으시고 부활하셨음을 우리가 믿을 때에 이루어진다. 그런데 이 객관적 진리와 미래의 원리를 바탕으로, 천국의 삶이 지금 우리 안에 들어와 우리에게 주관적 영향을 미친다. 우리가 미래에 처할 최종 상태를 이미 지금부터 맛보기로 경험하는 것이다. 즉 우리는 자유롭게 변화되어 그리스도를 닮아 가고, 마음속에 하나님의 실재와 영광과 사랑을 느끼며, 그리스도 안의 형제자매들로 더불어 새로운 사랑의 연대를 이룬다.

영적 부활이란 우리가 이 땅에 있으면서도 어떤 의미에서 하늘에 산다는 뜻이다. 현재 속에서 미래를 산다는 뜻이다.

그리스도와 함께 〔하늘에〕 있기에 …… 우리는 이미 지금 천국 생활을 일부나마 누리고 있다. 사도 바울의 말대로 첫 열매에 참여하여 미리 맛본다. 아직 전체를 추수할 때는 되지 않았으나 첫 열매는 우리에게 주어져 있다. …… 영광이 조금이나마 보인다! …… 마땅히 가끔은 보여야 한다. 가끔은 희미하게나마 음악이 들려야 한다. 장차 거기서 누릴 삶이 조금은 느껴져야 한다.[3]

찬송가 작사자 아이작 와츠는 그것을 이렇게 표현했다.

시온산에서 쏟아지는
갖가지 신성한 단맛,
우리가 천국에 이르러
황금 길 걷기도 전에.[4]

이번 장 나머지에서 이런 맛보기를 일부 살펴볼 것이다. 바로 그리스도의 부활 덕분에 우리에게 주어진 "신성한 단맛"이다.

† 진리를 충만하게 체험할 때

프린스턴신학대학원의 첫 교수였던 아치볼드 알렉산더^{Archibald} Alexander는 오랜 연구 끝에 그리스도인의 소위 굵직한 '객관적 요소' 와 주관적 요소의 관계를 파악했다. 전자는 믿어야 할 교리, 시행해야 할 성례인 세례와 성만찬, 따라야 할 윤리적 실천 등이고 후자는 영적 체험이다. 그의 저서 《영적 체험^{Thoughts on Religious Experience}》에 중요한 예화가 나온다.

> 종교적 지식에는 두 종류가 있는데, 서로 인과관계로 밀접하게 얽혀 있기는 하지만 그래도 구별된다. 하나는 성경에 계시된 진리를 아는 지식이고, 또 하나는 그 진리를 제대로 깨달을 때 …… 그것이 남기는 자국이다.
>
> 전자를 인장에 [돋우어] 새긴 글씨나 문양에 견준다면 후자는 그 인장이 밀랍에 찍힌 자국이라 할 수 있다. 자국이 짙고 또렷하면, 그것만 보고도 인장을 직접 볼 때보다 인장의 본래 도안을 더 흡족하게 알 수 있다. 마찬가지로 말씀에 담긴 진리를 가장 밝히 확증해 주는 것도 대개 알고 보면, 그 진리의 효험을 마음으로 실감하게 해 주는 내적 체험이다.[5]

기독교 신앙은 여러 역사적 실재와 진리에 입각해 있지만, 또한 그리스도의 부활을 통한 그분과의 영적 연합이기도 하다. 따라서 올바른 교리를 반드시 수호해야 하되 그것만으로는 부족하다. 우리 마음의 정서적 습성, 성품의 의지적 실천까지도 그 진리로 빚어지고 있는지를 점검해야 한다. 진리와 체험이 이렇게 성령과 부활을 통해 하나로 연결되어 있음을 에베소서 1장에서도 볼 수 있다. 바울이 독자들을 위해 이렇게 기도하는 대목이다.

> 너희 마음의 눈을 밝히사 그의 부르심의 소망이 무엇이며 성도 안에서 그 기업의 영광의 풍성함이 무엇이며 그의 힘의 위력으로 역사하심을 따라 믿는 우리에게 베푸신 능력의 지극히 크심이 어떠한 것을 너희로 알게 하시기를 구하노라 그의 능력이 그리스도 안에서 역사하사 죽은 자들 가운데서 다시 살리시고 하늘에서 자기의 오른편에 앉히사 모든 통치와 권세와 능력과 주권과 이 세상뿐 아니라 오는 세상에 일컫는 모든 이름 위에 뛰어나게 하시고. 엡 1:18-21

언뜻 보면 이 기도는 의문을 불러일으킨다. 분명히 바울의 독자들은 미래의 소망과 영광스러운 기업이 자신들을 기다리고 있음을 머릿속으로 이미 알았다. 그렇다면 바울은 무엇을 위해 기도한 것일까? "너희 마음의 눈"이라는 말에 답의 실마리가 들어 있다. 바울은 자신의 친구들이 지적인 동의의 수준을 넘어서기를 원했다. 머릿속에 들어 있는 진리가 그들을 기쁨과 사랑과 확신과 평안과 위로와 능력으로 충만하게 하기를 원했다. 이것이 가능함은 그리스도인들이, 현세와 내세를 지금 동시에 통치하시는 그분과 연합되어 있기 때문이다. 그래서 그분은 종말 시점의 권능을 지금 우리 마음과 삶에 들여놓으실 수 있다.

에베소서 3장에서도 바울은 하나님께 똑같이 기도한다. "그의 성령으로 말미암아 너희 속사람을 능력으로 강건하게 하시오며 믿음으로 말미암아 그리스도께서 너희 마음에 계시게 하시옵고 너희가 사랑 가운데서 뿌리가 박히고 터가 굳어져서 능히 모든 성도와 함께 지식에 넘치는 그리스도의 사랑을 알고 그 너비와 길이와 높이와 깊이가 어떠함을 깨달아 하나님의 모든 충만하신 것으로 너희에게 충만하게 하시기를 구하노라."16-19절 그리스도께서 이미 그리스도인 안에 계시기에2:22 그들은 이미 그분 안에서 충만해졌다.골 2:9-10 독자들의 객관적 상태는 그랬지만, 바울은 성령께서 이런 진리를 영적으로 아주 실감나게 하시고 마음에까지 영향을 미치게 하셔서 그들의 일상생활이 달라지게 해 달라고 기도했다. 이것은 그리스도의 부활을 통해 이미 우리에게 주어진 것을 체험하게 해 달라는 기도다.6

그리스도인의 체험 속에 현존하는 미래를 17세기 영국의 신학자 존 오웬John Owen만큼 강조한 기독교 사상가는 아마 없을 것이다. 오웬은 고린도전서 13장 12절과 요한일서 3장 2-3절의 가르침대로 '육안으로 예수님을 직접 마주하는 기쁨의 관계'를 내세의 가장 큰 복으로 보았다. 그러나 그는 그리스도의 영광을 지금 본다는 고린도후서의 말씀에도 주목했다. 그 궁극의 기쁨을 작은 일부나마 신기하게 이미 누릴 수 있다는 뜻이다. "오웬은 하나님의 영광을 지금 믿음으로 본다는 개념으로 자꾸 되돌아간다. ……〔천국에서 누릴〕예수님을 직접 대면하는 기쁨에 대한 예고이자 완성으로서 말이다."[7]

물론 우리는 보는 것으로 행하지 않고 믿음으로 행한다. 고후 5:7 그러나 성경에 "우리가 다 수건을 벗은 얼굴로 거울을 보는 것같이 주의 영광을 보매 그와 같은 형상으로 변화하여 영광에서 영광에 이르니 곧 주의 영으로 말미암음이니라"[3:18]라고 했고, 또 "어두운 데에 빛이 비치라 말씀하셨던 그 하나님께서 예수 그리스도의 얼굴에 있는 하나님의 영광을 아는 빛을 우리 마음에 비추셨느니라"[4:6]라고 했다.

오웬에 따르면 이상의 본문은 예수님의 영광을 보는 데 두 가지 방법이 있음을 가르쳐 준다. 하나는 지금 믿음으로 보는 것이고, 또 하나는 영원에 들어서서 직접 눈으로 보는 것이다. 그러므로 우리는 그리스도의 인격과 직분과 사역을 교리로만 믿을 것이 아니라 그 각각의 영광을 볼 줄 알아야 한다. 그 아름다움과 위대함과 경이로움을 마음으로 느낄 수 있어야 한다. 그 일이 지금 성령의 사역을 통해 이루어지고 있다. 이 체험이 예수님을 직접 대면하게 될 궁극의 날들에는 턱없이 못 미치지만, 그래도 우리는 예수님을 다른 무엇보다도 점점 더 사랑하게 되면서 그분의 영광스러운 형상으로 변화되어 간다.[8]

오웬은 지금 그리스도의 영광을 보기 위해 필요한 몇 가지 중요한 지침을 제시했다. 우선 복음 자체의 지혜인 대반전을 묵상하면 그분의 영광이 보인다. 오웬이 지적했듯이 사도 요한은 예수님이 이 땅에 계실 때 제자들이 그분의 영광을 보았다고 말했다. 여기서 오웬의 질문이 나온다.

> 그들은 '그의 영광을 보았다.'요 1:14 그렇다면 이런 의문이 들 수 있다. 그들이 본 그리스도의 영광은 무엇일까? …… 왕의 영광을 볼 때처럼 외적인 조건이 주는 영광은 아니었다. …… 그분은 하층민의 여건 속에 사셨으니 말이다. …… 그분이 입으신 육신의 외모와도 상관이 없었다. …… 그분께는 흠모할 만한 모양이나 풍채가 없었으니 말이다.사 52:14; 53:2-3 …… 요한이 의도한 것은 …… 그분의 신성 고유의 영원한 영광도 아니었다. 이 세상에서는 아무도 그것을 볼 수 없는 데다 내세에 볼 영광이 무엇일지도 우리는 모르니 말이다. …… 그것은 "은혜와 진리가 충만"한 데서 보이는 영광이었다. 그들이 본 것은 그분의 인격의 영광이며 …… 그것이 은혜와 진리로[복음으로] 나타났다. …… 세례 요한도 바로 그 영광을 보고 이렇게 말했다. …… "보라 세상 죄를 지고 가는 하나님의 어린양이로다."요 1:29 이하 …… 그분의 영광은 완전히 복음으로만 에워싸여 있었다.[9]

이렇게 '믿음으로 보는' 예수님은 육안으로 보이는 부활하신 물리적 육체가 아니다. 그렇다면 정말 그분을 보고 있음을 우리는 어떻게 확신할 수 있을까? 혹시 상상에 빠져 내 취향에 맞는 예수님을 만들어 내는 것은 아닐까? 오웬은 우리가 조심해서 묵상의 중심축을 예수님에 대한 성경 말씀에 두면 그런 확신이 가능하다고 답했다. "성경에 계시된 우리 주 예수 그리스도의 영광이 ······ 우리의 믿음과 사랑과 기쁨과 흠모의 주된 대상이다. ······ 여기서 유일하게 참된 길잡이는 공상과 상상이 아니라 성경이 보여 주는 계시다."[10]

때로 오웬은 그리스도의 영광을 본다는 형언할 수 없는 개념을 말로 표현하려 했다. 당연히 말로는 역부족이었다. 그래도 "참된 신자는 이 영광스러운 상태를 〔정말〕 내다보고 조금이나마 맛본다."[11] 간혹 성경 본문 속의 개념이 이를테면 지성의 둑을 터뜨리고 나와서, 눈에 보이는 빛이나 먹는 음식처럼 된다. 진리가 잔칫상처럼 꿀맛으로 느껴지면서 기운을 북돋아 준다. 사고가 깊이 개입하면서 특정한 구절이나 단어에서 여태 보이지 않던 온갖 것이 종종 보이는데, 그 여파가 머리에만 머물지 않고 가슴과 영혼에까지 스며든다. 오웬도 인정했듯이 이렇게 꿀맛이 살아나고 빛이 쏟아지는 때는 가끔일 뿐이고 정도도 미약하지만, 그것만으로도 삶에 변화를 낳는다. 우리가 추구할 수 있는 이런 "고상한" 체험은 그의 말대로 극히 드물다.

그리스도를 통해 빛나는 하나님의 영원한 영광이 때로 말씀과 성령을 통해 그들의 마음속에 밀려들면서, 형언 못할 기쁨으로 영혼에 감동과 만족을 준다. …… 사실 이런 즐거움은 드물고 대개 지속 기간도 짧다. 그러나 우리가 이런 은혜의 순간을 더 자주 누리지 못하고 영광의 여명이 우리 영혼에 더 비치지 않는 이유는 우리 자신이 게으르고 우매하기 때문이다.[12]

† 삶의 영속적 변화를 낳는 과정

그리스도인의 영적 체험은 그 자체로 목표가 아니며 짜릿한 감정을 얻는 수단도 아니다. 하나님이 우리를 구원하시는 목적은 "그 아들의 형상을 본받게 하기" 위해서다.롬 8:29 구체적이고 영속적인 변화는 실제로 어떻게 이루어질까? 에베소서와 골로새서에 바울은 삶의 영속적 변화를 낳는 과정을 두 단계로 말했다.

너희는 유혹의 욕심을 따라 썩어져 가는 구습을 따르는 옛사람을 벗어 버리고 오직 너희의 심령이 새롭게 되어 하나님을 따라 의와 진리의 거룩함으로 지으심을 받은 새사람을 입으라.엡 4:22-24

그러므로 너희가 그리스도와 함께 다시 살리심을 받았으면 위의 것을 찾으라 거기는 그리스도께서 하나님 우편에 앉아 계시느니라 위의 것을 생각하고 땅의 것을 생각하지 말라 이는 너희가 죽었고 너희

생명이 그리스도와 함께 하나님 안에 감추어졌음이라 우리 생명이신 그리스도께서 나타나실 그때에 너희도 그와 함께 영광 중에 나타나리라 그러므로 땅에 있는 지체를 죽이라 곧 음란과 부정과 사욕과 악한 정욕과 탐심이니 탐심은 우상 숭배니라. 골 3:1-5

나는 자동차를 잘 모른다. 몇 안 되는 지식 가운데 하나는 2행정行程만으로 동력 주기가 완성되는 내연 기관에 관한 것이다. 각각 상향과 하향인 압축 행정과 연소 행정만으로 크랭크축이 회전하면서 차가 전진하는 것이다.

바울도 에베소서에 의롭고 거룩한 성품에 이르려면 2행정이 필요하다고 했다. 즉 '옛사람을 벗고 새사람을 입어야' 한다. 골로새서에 한 말도 표현만 약간 다를 뿐 과정은 똑같다. 그리스도인은 '옛 본성을 죽이고 위의 것을 찾아야' 한다. 거기에 우리의 '생명이 그리스도와 함께 하나님 안에 감추어져' 있기 때문이다. 바울이 양쪽 본문에 공히 썼듯이, 버리거나 죽여야 할 것이 있고 활성화하거나 강화해야 할 것이 있다.

또다시 주목하지 않을 수 없거니와 이런 변화의 역동은 대반전의 틀을 따른 것이다. 예수님의 죽음과 부활이 없이는 구원이 불가능하듯이, 우리도 죽음과 부활을 꾸준히 실천하지 않고는 그 구원이 우리를 변화시켜 삶의 구석구석에까지 파고들 수 없다.

첫째로, "죄를 죽이는" 하향 단계가 있다. 에베소서에서나 골로새서에서나 똑같이 우리가 죽여야 할 것은 "에피투미아" 즉 사람을 속박하는 과욕이다. 에베소서 4장 22절에는 "유혹의 욕심"으로, 골로새서 3장 5절에는 "악한 정욕 …… 우상 숭배"로 각각 번역되어 있다. 골로새서 3장 2절에서 보듯이 인간은 늘 땅의 것에 마음을 둔다. 그것을 의지하고, 그 위에 삶을 세우며, 하나님 대신 거기서 정체감과 의미와 구원과 사랑을 얻으려 한다. 그래서 땅의 것은 우상이 된다. 삶의 낙을 누리려면 반드시 그것이 있어야만 하기 때문이다.

우상은 두려움, 분노, 충동, 중독 등 통제하기 힘든 과욕을 만들어 내서 늘 우리를 지배한다. 정체감이나 자존감이나 의미를 얻으려면 그 우상이 있어야만 한다. 그래서 우리는 마음을 둔 땅의 것을 얻기 위해 남을 혹사시키고 착취하고 속이고 해치고 학대한다. 이 하향 단계는 그런 우상을 우리 삶에서 걷어 내고 우리 마음을 거기서 끌어 내서, 그것의 지배력을 약화시키거나 아예 없애려는 노력이다.

둘째로, "마음을 두는" 상향 단계가 있다. 생각과 마음을 "위의 것"과 특히 예수 그리스도 쪽으로 높이는 것이다. 사랑과 의미의 궁극적 출처를 찾으려는 갈망을 인간의 마음에서 없애거나 제거할 수는 없다. 우리가 그렇게 지어져 있다. 따라서 어떤 궁극적 사랑을 추방할 수는 없고 한층 더 위의 사랑으로 대체할 수 있을 뿐이다.[13] 말씀과 복음에 계시된 그리스도를 묵상함으로써 마음이 그분을 향한 사랑으로 불타올라야만 당신은 우상의 속박에서 자유로울 수 있다.

이 두 단계는 떼려야 뗄 수 없게 연결되어 서로 맞물려 있다.

한 대상에게서 권력과 인정과 위안과 통제력을 얻으려는 과도한 애착을 마음에서 제하려면, 그보다 위대하고 바람직하고 아름다운 대상이신 예수 그리스도를 보지 않고는 불가능하다. 그분을 보아야만 죄가 매력을 잃어 당신의 해방이 시작된다. 아울러 자신이 그리스도 안에 받아들여졌다는 확신과 지식이 없으면 죄를 인정하기가 너무 고통스럽다. 자존감의 기초가 그리스도께 있지 않고 착한 사람이 되는 데 있다면, 우리도 베드로처럼 자신의 결함이나 죄를 인정할 수 없다.[14] 그리스도의 사랑을 알수록 죄를 자백하기가 더 쉬워지고, 죄를 자백할수록 예수님의 은혜가 더 귀하고 신기해진다.

† 성장과 변화에 대한 착각

바울이 말한 이런 성장 과정을 처음 듣는 사람들은 대개 엉뚱한 결론으로 비약한다.

첫 번째 흔한 착각은, 죄를 죽이는 일이 잘못된 행동을 '그냥 거부'하거나 그저 죄를 회개하고 용서를 구하는 것이라는 생각이다. 물론 그리스도인은 그것도 해야 하지만, 그것이 이런 성장 과정의 핵심은 아니다. 하향 단계는 행동과만 관계되는 것이 아니라 당신을 죄짓기 쉽게 만드는 마음의 습관, 사고와 감정의 습성과 더 관계된다. 특정한 행동의 죄를 유발하는 자기연민, 원한, 방종, 불안 등 배후의 태도를 파악해야 한다는 뜻이다. 우리 중 어떤 사람은 꼭 해야 할 말을 하지 않는 비겁함으로 죄를 짓고, 어떤 사람은 너무 성급히 경솔하게 말하는 가혹함으로 죄를 짓는다.

"이것만 있다면 분명히 내 삶은 중요해지고 나는 사랑받을 자격이 생긴다"라고 말하는 그 무언가가 누구에게나 있다. "이것"이 권력인 사람은 남에게 해를 입혀서라도 권력을 쟁취하지만, "이것"이 인정認定인 사람은 감히 그런 행동을 하지 못한다. 우리 마음을 예수님과 그분의 구원 대신 다른 무엇에 두든, 바로 그것이 우리의 감정과 행동을 좌우한다. 우리의 우상에게서 비롯되는 과욕을 죽이려면, 이미 저지른 죄를 회개하기만 할 것이 아니라 마음속에 있는 죄의 뿌리와 구조를 파악해서 약화시켜야 한다. 그래야 특정한 죄의 습성이 자꾸만 마음에 다시 도지지 않는다.

두 번째 착각도 첫 번째와 비슷하게, "마음을 두는" 일이 그냥 바르게 살려고 열심히 애쓰는 것이라는 생각이다. 역시 강조점이 마음의 근원 치료에 있지 않고 행동에 있다. 물론 나머지 골로새서에 사랑과 인내와 절제와 용서를 실천해야 한다는 말도 나온다. 하지만 '위의 것을 생각하라'는 바울의 말은 그런 뜻이 아니다. 그것은 마음의 애정 다시 말해 심령의 가장 깊은 갈망을 예수님께 두는 것이며,골 3:1-2 존 오웬의 말대로 예수님이 당신의 마음을 사로잡아 그분 쪽으로 기울게 하실 때까지 그분의 영광스러운 인격과 행적을 묵상하는 것이다. 그래야만 더는 다른 것에 마음을 두지 않게 된다. 당신의 목표는 마음속 구석구석의 모든 우상을 예수 그리스도로 대체

하는 것이다. 그분은 '그 전체가 사랑스러우신' 분이다.[15]

그 말이 신비롭게 들리지만 우리는 아주 실제적으로 출발할 수 있다. 골로새서 3장 4절에 바울이 그리스도가 "우리 생명"이라고 한 말을 생각해 보라. 이 짤막한 문구를 도구로 삼아 자신을 분석해 보라. 침울해지거나 유혹을 느끼거나 화나거나 두려워질 때 이렇게 자문하라. "내가 다른 것을 '내 생명'으로 삼았을까? 즉 내 삶의 중심에 해당하지 않는 무언가를 중심에 두었을까?"

'위의 것을 찾으려면' 다른 것을 쳐다보며 이렇게 말하라. "너는 내 생명이 아니다. 그리스도만이 내 생명이시다. 너는 좋은 것이지만 생명과 기쁨을 얻는 데 네가 꼭 필요하지는 않다. 오직 그리스도만이 내 생명과 기쁨이시다."

이는 부정적 정서의 심장부에 해독제를 주사하는 것과 같다. 이 해독제는 "나는 그분께 사랑받는 자녀이며 그분은 나를 기뻐하신다. 여기에 정말 무엇을 더 바라겠는가?"라고 말한다. 이 해독제는 속으로 스며들어 두려움과 절망과 분노를 누그러뜨리고, 그 결과 당신이 죄에 빠질 소지도 줄어든다.

사람들의 마지막 착각은, 이런 과정이 곧 스스로 못났다고 자책하며 죄책감에 빠지는 것이라는 생각이다. 수치심에 못 이겨서라도 행동을 고치도록 말이다. 하지만 이는 천만부당한 말이다.

우리는 이미 부활하여 하늘에 앉혀졌다. 앞서 보았듯이 이런 모든 어법의 의미는 마치 우리가 물리적으로 이미 죽고 하늘에 앉혀

진 것처럼 사랑과 용서와 수용과 확실한 구원을 받았다는 것이다. 이제 우리에게는 결코 정죄함이 없다. 롬 8:1 우리가 당해야 할 모든 정죄가 그리스도께 임했다. 그분이 감수하고 값을 치르셨다. 그런 그분이 지금은 부활하여 우주의 보좌 앞에서 우리의 중재자와 중보자 역할을 하신다. 히 7:25; 요일 2:1-3 이 모두가 "너희 생명이 그리스도와 함께 하나님 안에 감추어졌음이라"라는 진술의 배후에 깔려 있다. 골 3:3 바로 이것이 죄에 대하여 죽고 의에 대하여 사는 과정의 기초다. 이렇게 우리는 지금부터 변화되기 시작하여 마지막 날에 점도 없고 흠도 없이 구원에 이른다.

죄를 죽이려면 물론 회개도 필요하다. 하지만 우리를 해방시켜 주는 회개가 있는가 하면, 이와는 종류가 다른 "세상 근심"은 오히려 우리를 더 나쁜 쪽으로 몰아간다. 고후 7:10 죄로 인해 생기는 후자의 근심은 순전히 형벌에 대한 두려움에서 비롯된다. 초점은 이 죄의 행동이 자신에게 어떤 영향을 미칠지에 있다. 이때의 두려움과 슬픔은 기본적으로 일종의 자기연민이다. 혹시 엎드려 자백하더라도 고통을 면하려는 속내로 그리하는 것이다. 그렇게 심한 벌을 받아야 할 정도는 아니라고 하나님과 타인과 자신을 감동시키려는 속셈 말이다. 시종 우리가 더 속상해하는 것은 죄 자체가 아니라 죄가 부른 결과다. 따라서 결과만 사라지면 죄가 당신의 정서에 이전만큼 깊이 얽혀든다. 당신은 변화되지 않는다.

반면에 바울이 죄에 대해 "하나님의 뜻대로 하는 근심"이라 표현한 회개는 진정한 변화와 정화를 낳는다. 10절 이 회개는 "하나님은 결코 나를 버리지 않으신다. 나를 결코 정죄하지 않으시려고 그분이 하신 일을 보라. 내게 이 은혜를 확보해 주시려고 내 구주께서 치르신 대가를 보라! 어떻게 내가 이런 사랑과 아름다움을 등지고 한눈을 팔 수 있겠는가?"라고 말한다. 죄를 고통스럽게 자각하지만 그렇다고 거기에 비굴한 두려움은 섞여 있지 않다. 결코 당신을 버리지 않으실 그분임을 알기 때문이다. 히 13:5 덕분에 당신은 안심하고 초점을 자신에게서 자신의 죄로 인해 슬퍼하실 사랑의 구주께로 옮길 수 있다.

이렇게 근심하는 사람은 자신을 미워하는 것이 아니라 그분을 욕되게 하는 죄를 미워한다. 그 결과 당신을 지배하던 죄의 힘이 제대로 약해진다. 당신은 "그분이 나를 이토록 사랑하시는데 어떻게 내가 이 악에 조금이라도 더 미련을 둘 수 있겠는가?"라고 되뇐다. 이제 당신은 영속적 변화의 길에 들어선 것이다.

† 우리 삶의 종합적 패러다임

1988년 미국 대통령 선거에 두 명의 안수받은 기독교 목사가 출마했다. 제시 잭슨Jesse Jackson은 진보 진영 후보였고 팻 로버트슨Pat Robertson은 보수 진영 후보였다. "비전으로 내세운 기독교의 도덕은 서로 크게 달랐지만" 양쪽 다 성경을 정책의 근거로 제시했다.

1992년 대선에는 목사 후보는 없었지만, 공화당은 성경으로 "가정의 가치"라는 정강을 옹호했고, 민주당과 빌 클린턴Bill Clinton은 인종 정의와 경제 정의를 정강으로 제시하면서 "새 언약"을 말했다.[16] 듀크대학교의 리처드 헤이스는 그의 책《신약의 윤리적 비전The Moral Vision of the New Testament》을 1988년의 선거 사례로 시작한다. 그가 지적했듯이 각 후보의 주장에 어느 정도 근거가 있기는 했다. 각 당에서 하려던 일은 성경의 윤리적 가르침으로 뒷받침된다. 그러나 양당 모두 성경의 중요한 요소들을 무시했다. 헤이스는 어느 당도 성경이 인간에게 명하는 바를 충분히 다 대변하지 못했다고 결론지었다. 신약의 윤리는 "보수와 진보의 단순한 양극화 구도보다 훨씬 더 미묘하다." 헤이스는 특히 미국인들이 "미국적 대중 담론의 범주들을 비판 없이 수용했을 뿐 …… 성경을 숙독한 뒤 그 말씀에 비추어 그것을 끊임없이 비판적으로 검증하지 않았다"고 경고했다.[17]

헤이스의 사례는 우리도 성경을 읽을 때 취사선택함으로써, 시대의 정치 경향에 우리의 소신을 강탈당할 수 있다는 경종을 울려 준다. 이런 잘못을 어떻게 피할 수 있을까? 이번에도 우리는 예수님의 부활로 돌아갈 수 있다. 그분의 부활이 우리에게 마음 내면의 변화와 체험에 필요한 자원을 제공한다고 앞서 말했다. 나아가 그분의 부활은 우리에게 그리스도인의 윤리 실천을 위한 틀도 제공한다.

헤이스는 성경에서 기독교의 도덕 원리를 찾아내는 몇 가지 원칙을 제시했다. 첫째로, 도덕관념을 성경의 우리가 좋아하는 부분에서만 아니라 성경 전체에서 도출해야 한다. 둘째로, 성경의 도덕 지침은 "규율" 즉 특정 행동에 대한 직접적 명령이나 금령의 형태로만 아니라 "원리"와 "패러다임"을 통해서도 주어진다.[18] 규율의 예로는 배우자가 간음했거나[마 19:9] 믿지 않는 배우자가 갈라서기를 원할 경우를 제외하고는[고전 7:15] 이혼을 금한 명령을 들 수 있다. 원리의 예로는 하나님을 으뜸으로 사랑하고 이웃을 자신처럼 사랑하라는 예수님의 두 가지 큰 계명을 들 수 있다.[막 12:28-31] 규율과 달리 원리를 적용하려면 지혜와 논리적 사고가 요구된다. 자신이 간음했는지 여부는 누구나 알지만, 사랑하며 살고 있는지 여부는 분간하기가 더 어렵다.

도덕적 패러다임의 예로는 선한 사마리아인의 비유와[눅 10:29-37] 광야 생활 동안 이스라엘이 보여 준 여러 행실에서 바울이 도출한 교훈을 들 수 있다.[고전 10:1-11:1] 하나님의 성품도 패러다임이 된다. 시편 145편에 보면 하나님은 그 지으신 모든 것을 사랑하시고[9절] 마음이 상한 자에게 가까이 계시고[14절] 모든 생물에게 먹을 것을 주시지만[16절] 또한 악인을 심판하고 벌하신다.[20절] 하나님의 행동에는 놀라운 긍휼과 단호한 정의 선포가 공존한다. 그분의 성품이 우리에게 패러다임 역할을 할까? 물론이다. "내가 거룩하니 너희도 거룩할지어다."[벧전 1:16; 마 5:48] 하나님이 예수 그리스도로 이 땅에 오심으로써 그분의 성품은 한 인간의 삶을 통해 우리에게 가시화되었다. 결국 그분은 죽음과 부활을 통해 우리를 구원하셨는데, 이는 우리 삶의 종합적 패러다임이 된다.

헤이스는 모든 윤리적 규율과 패러다임과 원리가 성경의 여러 중추적 "구심점"으로 수렴된다고 설명한다. 그중 그가 마지막으로 꼽은 두 가지, "십자가와 새로운 창조세계"는 바로 우리가 앞서 말한 대반전이다. 그는 이렇게 썼다.

> 예수님이 십자가에서 죽으신 일은 우리도 이 세상에서 하나님께 충실해야 한다는 〔궁극적〕 패러다임이다. …… 그분의 죽음은 …… 자신을 희생하신 사랑의 행위다. …… 신약의 기자들은 권력과 특권을 소유한 자들에게 약자를 위해 그것을 내려놓으라고 명할 때, 일관되게 바로 십자가의 방식을 근거로 제시했다. …… 새로운 창조세계는 …… 아직 구속되지 않은 세상의 한복판에 역사하는 부활의 권능이다. …… 새로운 창조세계는 현세에도 이미 나타나지만 아직 예고편일 뿐이다.[19]

모든 도덕적 규율과 원리와 패러다임은 성경의 핵심 주제인 대반전의 여러 단면이다. 대반전은 하나님이 우리를 구원하시는 근본적인 틀이다. 그분의 구원은 연약하게 버림받는 희생의 죽음을 통해 이루어지지만, 이 죽음을 통해 그분은 우리를 다시 살리고 죄에서 건져 내 위대한 존재가 되게 하신다.

성경이 말하는 도덕 지침이 어떻게 십자가와 부활을 통해 극명하게 드러날까?

첫째로, 대반전 덕분에 우리는 도덕 규율에 대한 순종을 복음에 비추어서 볼 수 있다. 즉 순종은 내 힘으로 구원을 이루는 수단이 아니라 죽음과 부활을 통해 우리를 구원하신 그분을 본받고 즐거워하고 닮아 가는 길이다. 그래서 하나님께 순종하는 모든 행위는 이제 부활로 이어지는 "죽음"으로 보인다. 엘리자베스 엘리엇^{Elisabeth} ^{Elliot}은 두 의지가 부딪칠 때마다 "누군가는 죽어야 한다. 삶은 무수한 작은 '죽음'을 요한다. 그때마다 우리에게 자아를 부인하고 하나님을 따를 기회가 주어진다"라고 썼다.[20] 우리가 자결권을 내려놓고 하나님께 순종할 때마다 자신의 삶을 통제하려는 성향이 죽는다는 뜻이다. 그러면서 그녀는 "우리는 단순히 죽기 위해 죽는 것이 아니다. 그것은 하나님이 원하시는 바가 아니다. …… 우리는 살기 위해 죽는다"라고 덧붙였다. 그녀의 말은 이렇게 이어진다.

씨앗은 캄캄한 흙 속에 떨어져 죽지만 그 죽음에서 생명이 번식한다. 성 프란시스코는 "우리는 줌으로써 받고, 용서함으로써 용서받으며, 죽음으로써 영생을 얻습니다"라고 기도했다. 그렇게 믿으려면 신앙이 있어야 한다. …… 이 부분에 신앙이 없으면 원망과 우울을 면할

수 없고 파멸이 줄을 잇는다.[21]

엘리엇처럼 우리도 성경의 도덕 규율을 반드시 대반전이라는 구심점을 통해 읽어야 한다. 도덕 규율을 힘을 얻고 더 얻어 구원을 얻어 내는 수단으로 생각한다면, 우리는 순종이 종종 그런 식으로 작동하지 않음을 보며 비참해질 것이다. 우리는 예수님이 죽음과 부활로 이미 구원을 다 이루셨으므로, 이제 순종은 사랑하는 그분의 형상을 닮아 가는 길임을 확신해야 한다. 이것을 깨닫지 못하면 엘리엇의 말대로 절망에 빠진다. 모든 순종의 행위를 작은 죽음으로 보면 새 생명에 이른다. 자신에 대한 이해도 새로워지고, 하나님을 신뢰하는 차원도 새로워지고, 사랑과 인내와 겸손과 절제의 성장도 새로워진다. 무엇보다 하나님과의 친밀한 교제가 새로워진다.

둘째로, 헤이스에 따르면 대반전은 성경의 도덕 원리에 내용과 정의를 부여한다. 많은 사람의 말대로 사랑의 원리는 그리스도인에게 주어진 윤리 지침의 근간이다. 분명히 예수님도 모든 도덕 규율 즉 하나님의 율법 전체가 하나님과 이웃을 사랑하는 것으로 귀결된다고 말씀하셨다.[막 12:28-31] 그런데 헤이스의 말대로 대중 담론에서 사랑이라는 단어는 가치가 절하되었다. 단순히 남의 심기를 건드리지 않거나 아무것도 요구하지 않는 것이 곧 "사랑"이 되어 버렸다. 일례로 그가 으레 듣던 말이 있다. 재물을 아낌없이 베푸는 것이 신약의 도덕 원리인데도, 그리스도인에게 그 기준을 강조하는 것은 "사랑 없는" 처사라는 것이다.[22] 문제는 예수님의 십자가와 부활이라는 구심점에서 사랑의 개념을 빼면 남는 내용이 없다는 것이다. 그러면 이제 십자가와 부활은 무엇이든 우리가 말하는 그것이 되어 버린다.

해방이 성경의 주된 도덕적 주제라고 말하는 사람들도 있지만, 거기에도 비슷한 문제점이 있다고 헤이스는 지적한다. 대중 담론에서 해방은 이제 거의 완전히 정치적 의미를 띤다. 다양한 정치적 불의에서 인간을 해방시키려고 성경에 호소하는 사람들도 대개 "신약에 희망과 자유의 유일한 근거로 강조된 하나님의 능력"과는 동떨어져 있다.[23] 세속 보수주의는 정부 권력에서 개인을 해방시키려고 투쟁하고, 진보주의는 정부 권력을 동원해 압제받는 집단을 해방시키려고 투쟁한다. 해방을 논하는 그리스도인은 성경보다 이 두 정치적 견해 중 하나에 더 영향을 받기가 쉽다. 그러나 해방을 대반전에 비추어 이해하면 어느 쪽 이데올로기와도 크게 달라진다.

사랑과 해방을 대반전이라는 렌즈를 통해 이해하지 않으면, 두 단어 모두 성경의 도덕관이 아닌 세상의 도덕관으로 그리스도인을 짓밟고 만다.

끝으로, 대반전은 십자가와 부활을 포괄적 전체로 한데 묶어 준다. 십자가만의 고립된 패러다임은 금욕주의나 심지어 마조히즘과 비관론으로 이어질 수 있고, 부활만 취하면 루터가 "영광의 신학"이라고 말한 승리주의에 빠질 수 있다. 십자가든 부활이든 서로 분리되어 있으면 단순논리식 내러티브가 조장된다. 반면에 헤이스가 역설했듯이 성경적 개념은 대반전이다.

> 그것은 그리스도인에게 …… 묘한 역량을 부여하여, 고난 중에 기뻐하면서도 동시에 현상 유지를 견디지 못하게 한다. …… 그리스도 안에서 우리는 옛 시대의 세력이 파멸에 떨어져 새로운 창조세계가 이미 나타나고 있음을 안다. 그러나 …… 하나님 나라가 무조건 현존한다는 모든 주장은 "때가 차기까지 아직은 아니다"라는 유예 조항의 철퇴를 맞는다. 이렇듯 〔새로운 창조세계는〕 우리의 안일함과 주제넘은 절망에 똑같이 심판을 선고한다.[24]

이어 헤이스도 엘리자베스 엘리엇처럼 우리가 타인을 희생적으로 사랑할 때 부활의 능력으로 그리한다고 말한다. 성령의 임재를 통해 구속과 치유가 이루어질 수 있음을 알기 때문이다. 하지만 헤이스는 항상 성공을 희생의 결과로 전제하는 일종의 기복 신앙을 경계한다. "예수님의 죽음 속에 부활이 약속되어 있으나 그 능력은 …… 우리 소관이 아니라 하나님의 소관이다. 그러므로 우리의 행동을 평가하는 기준은, 그 행동의 효능이 확실하여 바라던 결과를 냈느냐가 아니라 그 행동이 예수님의 모본에 일치하느냐."[25] 대반전은 우리의 배가 고지식한 낙관론이나 절망적인 비관론에 부딪쳐 난파하지 않도록 막아 준다.

이렇듯 대반전은 성경의 많은 도덕 지침을 전부 취합해 초점을 잡아 준다. 대반전 덕분에 우리는 도덕주의나 상대주의, 정적주의나 승리주의에 빠지지 않는다. 자신의 도덕적 혁신에만 집중하는 사사로운 개인주의도 대반전 덕분에 면한다. 우리의 목표는 부활 이후에 이루어질 새로운 인류의 창조다. 그 일은 칼로 싸워서 되는 것이 아니라 희생적 섬김의 행위, 십자가와 부활이라는 전복적 역동의 표지를 통해 이루어진다. 우리는 자신의 자유와 이익을 희생함으로써 다른 사람을 참으로 자유롭고 이롭게 한다.

예수님의 죽음과 부활은 그리스도인의 윤리 실천의 기초일 뿐 아니라, 내면의 영적 성장의 기초이기도 하다. 이는 세상에서 우리가 사명을 능히 감당하도록 해 준다.[26]

9 。'은혜'의
새 자아를 입고
경청하다

잔치를 베풀거든 차라리 가난한 자들과 몸 불편한 자들과
저는 자들과 맹인들을 청하라
그리하면 그들이 갚을 것이 없으므로 네게 복이 되리니
이는 의인들의 부활 시에 네가 갚음을 받겠음이라 하시더라.
누가복음 14장 13-14절

2020년 5월 25일에 조지 플로이드가 미니애폴리스의 한 경찰관의 손에 사망하자 전 세계적으로 인종차별이라는 불의에 맞서는 시위가 벌어졌다. 7월 초까지 미국에서 시위에 참여한 사람만도 1,500만 명 이상으로 추산된다. 미국 역사상 이런 성격의 시위로는 족히 최대 규모다.

그 사건은 인종차별 문제에 대한 격렬한 대화도 촉발했다. 그러나 즉시 우리에게는 담론을 이끌어 갈 만한 공통된 어휘가 없음이 여실히 드러났다. 이 글을 쓰는 현재까지 국민적 대화는 없었다. 극과 극으로 견해가 갈리는 많은 화자가 노기를 띠고 세상을 향해 자신의 입장을 주장하면서 서로를 비난하고 일축할 뿐이다.

인종차별에 대한 시위가 무대 중앙에 오르기 전에는 남자 권력자들의 여성 학대를 고발하는 미투#MeToo 운동이 미국 문화를 흔들어 놓았다. 이 글을 쓰는 현재는 이 문제가 세간의 관심에서 다소 비켜나 있지만 이는 다만 소강상태일 뿐이다. 현실을 거시적으로 보면 서구 문화에는 경제 계층, 인종과 국적, 성별 간의 관계 등 모든 사회관계와 관련하여 엄청난 불안과 불만이 쌓여 있다.

예수님이 죽으시고 부활하신 덕분에 그리스도인에게는 사회관계를 변화시킬 자원이 있으며, 이는 주변 세상이 보기에 하나의 강력한 징후로 비칠 수 있다. 그런 변화된 관계의 공동체가 어떤 모습일지 이번 장과 다음 장에서 살펴보고자 한다.

† 부활 신앙관으로 본 '인종의 차이'

갈라디아서에 부각되어 있듯이 교회에서 유대인과 이방인이 대등한 관계로 함께 살아가는 일은 어려웠다. 인종 간의 분열이 깊어 양쪽 모두 서로 결례를 범했고 불신이 심했다. 바울은 이 문제를 두 가지 방식으로 다루었다.

우선 갈라디아서 2장에 베드로의 잘못을 지적했다. 유대인은 이방인을 영적으로 부정하게 여겨 원래부터 함께 먹지 않았다. 그런데 베드로마저 그리스도인이 되기 이전의 습성으로 되돌아가, 이방인 동료 신자들과 한 상에 앉지 않았다. 함께 먹는다는 것은 친교와 평등한 대우를 상징했으므로, 베드로의 행동은 그리스도 안에서 이방인 신자들과 공유한 공동의 정체성보다 자신의 인종 정체성을 더 우위에 두는 것이었다. 이 행위로 그는 이방인을 "인종화"했다. 즉 그리스도 안에서의 그들의 신분을 무시하고 그들의 인종적, 민족적 차이성에 방점을 찍은 것이다.

이 오류에 대한 바울의 첫 반응이 갈라디아서 2장 11-16절에 실려 있다. 그는 베드로의 행동이 오직 믿음으로 의롭다 하심을 얻는 복음에 위배된다고 잘라 말했다. 그의 말대로 베드로는 자신이 하나님 앞에 받아들여진 것이 자신의 도덕성 때문이 아니라 오직 그리스도의 의 덕분임을 기억해야 했다. 그런데 어떻게 특정 인종이라 해서 더 잘 받아들여질 수 있단 말인가?[1] 바울은 베드로에게 이렇게 말한 것이다. "하나님이 당신과 교제를 맺으신 것이 당신의 문화적 혈통 때문이 아니거늘 당신은 어떻게 상대의 혈통에 근거해서만 그들과 교제할 수 있는가?"

나중에 그 서신 말미에서 바울은 인종차별 문제에 다른 식으로 접근해 이렇게 진술한다. "할례나 무할례가 아무것도 아니로되 오직 새로 지으심을 받는 것만이 중요하니라."갈 6:15 많은 학자가 이 말에 갈라디아서 전체의 논지가 요약되어 있다고 본다. "할례와 무할례"는 당시의 교회를 괴롭히던 인종적, 민족적 차이성을 은유적으로 표현한 구절이다. 그런 구분이 아무것도 아니라는 바울의 말은 절대 부정이 아니다. 그는 다른 곳에 자신의 유대인 혈통에 대해 애정과 자부심을 드러냈다.롬 9:1-5 바울의 말은 인종적, 문화적 구분이 놀라운 것이로되 새로 지으심을 받는 것 그러니까 새로운 창조세계에 비하면 아무것도 아니라는 뜻이다.

앞서 논했듯이 새로운 창조세계란 사망과 고난과 눈물과 죄와 수치가 모두 씻겨 나갈 새로워진 세계사 25:7-8가 현재 속에 미리 들어온 것을 말한다. 헤르만 리델보스Herman Ridderbos는 갈라디아서 6장 15절의 "새로 지으심을 받는 것"이라는 표현에 관해 갈라디아서 주석에 이렇게 썼다.

이 새것은 그리스도 안에서 그분을 통해 주어진 모든 것을 포괄한다. 바로 하나님 나라의 새로운 실재다. 이 새것은 종말론적 미래만이 아니라계 21:1-5; 3:12; 막 14:25 그리스도를 통해 이미 현재가 되어 인간 안에와 있다. 새로운 창조세계는 우선 선물이지만 거기에 과제도 따라온다. …… 그래서 이것만이 중요하다고 했다.[2]

새로운 창조세계는 그리스도의 부활에 힘입어 우리의 현재가 되었다. 그러나 리델보스의 말처럼 "거기에 과제도 따라온다." 우리는 그분의 부활과 미래 세계에 합당하게 살아가야 한다. 미래 세계에는 인종 차이할례와 무할례로 인한 긴장이나 증오나 폭력이 더는 없다. 마지막 날에 주님은 모든 인종이 그분 앞에 평등함을 이렇듯 생생하게 선포하실 것이다. "내 백성 애굽이여, 내 손으로 지은 앗수르여, 나의 기업 이스라엘이여, 복이 있을지어다."사 19:25

이사야 60장 11절에 보면 종말에 임할 하나님의 도성에 대해 "사람들이 네게로 이방 나라들의 재물을 가져오며 그들의 왕들을 포로로 이끌어 옴이라"라고 했다.[3] 각 나라의 독특한 문화유산과 찬란한 영광이 새로운 창조세계 속에 영입된다는 뜻이다. 요한계시록 21장 24절과 26절에 밝혀져 있듯이 "땅의 왕들"은 그 일을 자발적으로 한다. 즉 하나님을 예배하고 그분께 영광을 돌리려는 마음에서다.[4]

마지막 때에 대한 이런 비전에서 보듯이 우리의 인종적, 문화적 구분은 하나님의 선한 창조의 일부로서 훗날 새로운 창조세계로 옮겨질 만큼 중요하다. 그것은 소멸되는 것이 아니라 모든 악한 왜곡만 정화된다. 장차 우리 몸이 연약함과 썩어짐을 모두 벗되 여전히 개인마다 구별되는 것과 마찬가지다. 새로운 창조세계의 하나님 백성은 단일민족이 아니라 "각 나라와 족속과 백성과 방언"으로 이루어진다.계 7:9 하나의 백성이지만 차이성은 사라지지 않고 그대로 남는다.5:9 도리어 그 차이 덕에 우리의 연합이 더 위대해지고 새로운 인류가 더 아름답고 영화로워진다.

† 양극화된 문화, 그리스도인의 선택은?

"너희는 유대인이나 헬라인이나 …… 다 그리스도 예수 안에서 하나이니라."갈 3:28 갈라디아서에 바울은 그리스도인에게 그분의 부활청의 교리는 말할 것도 없고에 합당하게 살라고 촉구했다. 그러면 인종 간, 민족 간에 존재하는 세상의 높은 장벽과 편견이 사라진다. 두 가지 방법으로 그렇게 할 수 있다.

초기 기독교를 연구한 래리 허타도Larry Hurtado는 바울의 노력이 상당한 성과를 거두었다고 역설했다. 그에 따르면 초기 기독교는, 사람들이 속한 민족과 종교를 불가분으로 여기던 통념에 균열을 일으켰다. 기독교가 도래하기 전에는 누구나 "태어날 때부터 자신의 신이 정해져 있었다." 민족, 도시, 지역, 동업 조합, 대단위 영유지마다 자체적 신이 있었기 때문이다. 종교는 문화의 연장延長에 불과했다. 특정 지역에서 특정 민족으로 태어난 사람은 해당 신을 숭배함으로써 그 공동체의 일원이 되었다.

그런데 그리스도인은 하나님이 한 분뿐이며 인종, 민족, 계층, 국적, 직업 등 인간의 모든 신분과 무관하게 누구나 그분을 예배해야 한다고 믿었다. 여기에 함축된 도발적 의미는, 하나님을 믿는 신앙이 당신의 소속 민족과 무관한 정도가 아니라 민족보다 더 당신의 정체성의 근간을 이룬다는 것이다. 그래서 다른 모든 그리스도인과의 유대감이 소속 인종 내부의 유대감보다 깊었고, 그 결과로 최초의 다인종 다민족 신앙 공동체가 탄생했다. 허타도는 이렇게 썼다.

〔그리스도인의〕 …… 민족적, 사회적, 성적 구분은 완전히 상대화되었다고 보아야 한다. 모든 신자는 민족이나 성별이나 사회계층과 무관하게 이제 "그리스도 예수 안에서 하나"이기 때문이다. 하지만 …… 바울은 이런 구분이 실제로 소멸되었다고 보지는 않았다. 그래서 예를 들자면 …… 자신이 선조의 후손인 "히브리인"이자 "이스라엘 족속"임을 거듭 자랑스레 밝혔다. …… 그러나 동시에 그가 역설했듯이 "그리스도 안에서" …… 이런 구분은 더는 이전처럼 신자를 규정하는 요소가 될 수 없다.[5]

기독교는 당신의 민족 정체성을 말살하지 않았다. 당신을 사막의 배타적 신흥 공동체로 데려가 세상과 연을 끊고 살게 하지 않았다. 또 기독교는 당신에게 어떻게 입고 먹을 것이며 누구와 어울리고 누구를 멀리할 것인가에 대한 일련의 세부 규정을 주지도 않았다. 그런 규정으로 당신을 당신이 속한 문화에서 완전히 떼어 놓지 않았다. 당신이 유대인이나 헬라인이나 아시아인으로서 그리스도인이 되었다면 두말할 것도 없이 당신은 여전히 유대인이나 헬라인이나 아시아인이다. 다만 이제 당신의 가장 근본적인 정체성이 바뀌었다. 덕분에 당신이 속한 문화에서 한 걸음 물러나 그것의 장단점을 더 잘 평가할 수 있다. 또 여러 다른 문화와 인종의 그리스도인들과 깊은 유대감을 이루어, 다른 식으로는 결코 접하지 못했을 통찰을 그들에게서 얻을 수 있다.

현대 그리스도인들이 인정해야 할 것이 있다. 인종 간의 이해와 치유와 연합을 가능하게 해 줄 이런 비범한 자원이 많은 부분 사장되고 있다는 것이다. 새사람엡 4:22-24의 기초는 우리의 인종과 문화와 성취가 아니라 그리스도의 사랑과 그분이 이루신 일이지만, 우리 쪽에서 이 새사람을 입어야 한다. 그래야만 인종 간의 "원수 된" 본성을 극복할 수 있다.2:14 그리스도인이라고 해서 이 일이 저절로 된다면 바울이 신자들에게 새 자아를 입어 인종 간의 적대감을 극복하라고 권하지 않았을 것이다. 그리스도인도 옛 정체감과 그에 따른 모든 우상 숭배의 욕심을 벗지 않을 수도 있다. 그 욕심에는 자신의 문화를 우상화해 남들 앞에서 우월감을 느끼려는 인간의 본능적 성향도 포함된다.

그리스도 안의 자매인 젊은 흑인 여성이 나이 든 백인 남성인 내게 백인 위주의 사회에서 살아가는 고충을 말한다고 하자. 그녀가 하는 말에 나는 어떻게 반응할 것인가? 내 안의 본능대로라면 부모와 조부모 등 내가 자랄 때 주변에 있었던 대다수 사람이 반응했을 법한 방식대로 반응할 것이다. 그들은 겉으로는 부정적인 말을 하지 않고 정중하고 상냥하게 대하겠지만, 속으로는 그녀의 고민을 일축한다. 그러면서 이렇게 말할 것이다. "물론 아직도 세상에 편견이 있지만 옛날에 비하면 아무것도 아니지요. 자유 국가니까 당신도 열심히 노력하면 성공해서 잘살 수 있을 겁니다." 나 역시 이렇게 말하고는 미소를 지으며 불편한 이 대화가 어서 끝나기만을 바랄 것이다.

하지만 그 순간 나는 본능에 따르지 않고 다음 사실을 기억해 낼 수 있다. "우상 숭배에 찌든 내 옛 자아는 자신을 정당화하기에 바빠 여간해서 그녀의 말이 귀에 들어오지 않는다." 또 내 새 자아도 떠올릴 수 있다. "나는 일차적으로 그리스도인이고 백인은 그다음이며, 그래서 그리스도 안에서 이 자매를 대등하게 대해야 한다. 하나님이 그녀를 통해 내게 말씀하신다."

그렇다고 대화나 심지어 논쟁에 내 비판적 사고를 구사할 수 없다는 말은 아니다. 다만 그리스도의 사랑과 은혜에 기초한 그리스도인의 새 자아를 부족하게나마 일부라도 입으면, 누구라도 방어적인 태도가 줄어들고 회개를 속히 할 수 있다. 마음이 열리고 겸손해져 그런 대화와 배움이 가능해진다. 이 문제를 둘러싸고 온갖 고성과 분노가 난무하는 이때에, 수많은 그리스도인이 새 자아를 입고 경청하기 시작하는 것보다 더 좋은 전진의 길은 내가 알기로는 없다.

양극화된 문화 속에서 그리스도인이 인종과 관련해 빛과 소금이 되는 또 다른 방법은 다민족 교회를 계속 배가하는 것이다. 신약교회는 놀랍도록 다민족적이었고, 앞서 보았듯이 이는 도발적 현상이었다. 오늘날 서구 사회는 인구 면에서 갈수록 더 다민족화하고 있으나, 그렇다고 다른 인종과 문화의 사람들이 실제로 섞이지는 않는다. 여러 연구 결과를 보면 인적 구성이 매우 다민족적인 지역에서도 각종 모임과 협회와 기관은 대체로 동질성 있는 집단끼리 이루어진다. 다양한 지도자와 구성원이 긴밀하게 협력하는 다민족 교회는 그리스도께서 어떻게 우리를 연합시키실 수 있는지를 주변 지역 사회에 보여 주는 산 증거가 될 수 있다.

물론 이 부분에서 너무 경직되어서는 안 된다. 단일민족으로만 이루어진 사회와 지역도 세상에 많이 있다. 동네마다 다 민족이 다양하지는 않기에 기독교 교회도 전부 다민족적일 수는 없다. 그러나 세상이 지구촌으로 좁아지고 이동이 보다 쉽고 자유로워지면서, 다양성을 띠는 지역이 날로 증가하고 있다. 도심과 대도시권은 특히 더하다. 인종과 종족과 계층으로 심히 양극화된 세상에서 복음의 능력과 새로운 창조세계의 실재를 가장 잘 증언하는 길은 바로 신자들이 힘을 다해 다민족 교회를 세워 나가는 것이다. 물론 방대한 작업이며 결코 쉬운 일이 아니다. 그러나 이 길을 통해 복음의 능력을 증언하려는 회중에게는 도움이 될 충분한 자원이 마련되어 있다.[6]

† 부활 신앙관으로 본 '계층'

누가복음 14장에서 예수님은 잔치에 가셨다가 "청함을 받은 사람들"이 "높은 자리"를 택하는 모습을 보셨다.7절 그 문화에서는 주인 곁에 가까이 앉을수록 좌중에 더 비중 있는 인물로 비쳐졌고, 더 중요한 손님들과 상대할 수 있었다. 옛날에는 그런 식으로 인맥을 쌓았다. 저녁 식사 약속을 하고 잔치에 참석하는 목적은 출세에 도움이 될 관계망을 형성하는 것이었다. 당신은 당신의 앞길을 터 줄 사람들과 어울리고, 그들은 다시 당신의 관계망에 줄을 대려고 당신의 보답을 기대했다. 사회학자 피에르 부르디외Pierre Bourdieu의 말대로 목표는 상호 간에 사회적, 문화적, 경제적, "상징적지위와 명성" 자본을 증식시켜 주는 데 있었다.7

그런데 예수님은 제자들에게 그런 잔치에 초대되거든 "높은 자리에 앉지 말라"시며, 오히려 낮은 자리를 택하거나 명망 있고 지체 높은 사람에게서 멀찍이 떨어져 앉으라고 말씀하셨다. 이는 충격적인 발언이었다. 당시 청중은 그러면 잔치에 가는 게 도대체 무슨 소용인가라는 의문이 들었을 것이다. 그 문화의 중대한 사회제도였던 만찬 풍습은 순전히 사회적 지위가 더 높은 사람들을 만나기 위한 것이었고, 당신 쪽에서도 똑같이 유익한 호의를 베풀어야 했다.

대신 예수님은 신성한 반전의 원리를 제시하시며, 그분을 따르는 사람들이 다음 사실을 기억해야 한다고 말씀하셨다. "무릇 자기를 높이는 자는 낮아지고 자기를 낮추는 자는 높아지리라."11절 그냥 겸손해 보이기만 해서 후덕하다고 칭송받으라는 뜻이 아니다. 손 대접과 친교 모임을 그런 식으로 이용하지 말고 아예 꼼수를 버리라는 뜻이다.

이어 예수님은 제자들에게 그보다도 더 반문화적이고 더 사회 관행을 교란시키는 행동을 명하셨다.

> 또 자기를 청한 자에게 이르시되 네가 점심이나 저녁이나 베풀거든 벗이나 형제나 친척이나 부한 이웃을 청하지 말라 두렵건대 그 사람들이 너를 도로 청하여 네게 갚음이 될까 하노라 잔치를 베풀거든 차라리 가난한 자들과 몸 불편한 자들과 저는 자들과 맹인들을 청하라 그리하면 그들이 갚을 것이 없으므로 네게 복이 되리니 이는 의인들의 부활 시에 네가 갚음을 받겠음이라 하시더라.^{눅 14:12-14}

이기적인 거래 방식의 사회관계는 예부터 세상의 기초였고 현재까지도 그러하건만, 여기서 예수님은 그것을 완전히 배격하신다. 이 결론이 없었다면, 높은 자리에 앉지 말라는 그분의 권고를 자칫 곡해할 수도 있었다. 표시 나지 않게 세상 방식을 따르라는 뜻으로 말이다. "아주 겸손히 행동하고 결코 출세하려는 것처럼 보이지 말라. 그게 바로 출세의 지름길이다"라는 개념으로 말이다.

그런데 12-14절에 예수님은 그리스도인에게 명하시기를, 결코 우리의 앞길을 터 주거나 우리를 저택으로 초대하거나 많은 고객과 거래처를 연결해 줄 수 없는 사람들을 적극적으로 섬기고 그들의 친구가 되라고 하셨다. 그리스도인이 이렇게 완전히 다르게 살아야 할 이유는 바로 부활이다! "그들이 갚을 것이 없으므로 …… 의인들의 부활 시에 네가 갚음을 받겠음이라."^{눅 14:14} 마침내 부활하여 새 세상에서 누릴 영광과 부요와 복과 사랑은 한없이 더 커서, 현세에 당신이 의를 위해 희생하는 모든 것을 보상하고도 남는다.

여기에 함축된 의미를 놓쳐서는 안 된다. 예수님은 로마 문화의 한 중대한 요소를 날카롭게 비판하시며 제자들에게 그 제도적 불의에 가담하지 말라고 명하셨다. 성경학자 조엘 그린^{Joel B. Green}은 이렇게 썼다.

> 로마제국이 정치적 안정을 이룬 데는 호혜주의의 도덕이 중심 역할을 했다. 이 "선물과 보답"이라는 제도가 로마 황제부터 변방의 아이에 이르기까지 모든 사람을 복잡한 사회 관계망으로 엮어 놓았다. …… 불문율에 따라 선물은 결코 "공짜"가 아니라 명시적 또는 암시적 조건을 달고 교환되었다.

그린의 설명에 따르면 부자는 결코 가난한 사람을 식사에 초대하지 않았다. 가난한 사람이 동석하면 주인은 사회적 지위에 손상을 입고, 다른 손님들은 시간 낭비라고 생각하며, 가난한 사람 본인도 도로 갚을 수 없어 난처해지기 때문이다. 그 바람에 사회 하층민은 제도적으로 불리했다. 그들은 가난을 벗어 버리는 데 도움이 될 인적, 물적 자원에서 영원히 배제되었다. 예수님은 기존의 불의한 제도를 비판하시면서, 나아가 제자들에게 사람을 끌어내리지 않고 일으켜 세울 새로운 사회제도를 선보이라고 지시하신다. "삶의 새로운 비전을 제시하신" 것이다.[8] 그분은 제자들에게 가난한 사람들과 몸의 어느 부분이 온전하지 못한 사람들과 다리를 저는 사람들과 시각장애인들을 집에 초대하라고 하셨다. 그러면 그리스도인은 지금껏 문화가 멀리하라고 가르쳤던 사람들과 직접 관계를 맺게 되고, 그 과정에서 후히 베풀 수 있다.

예수님이 14절에 덧붙이셨듯이 형편이 어려운 이들에게 이해타산 없이 베푸는 사람은 하나님의 "복"을 누린다. 복을 받기 위해 베풀라는 말씀은 아니다. 남에게 퍼 주되 전혀 보답을 바라지 않고, 순전히 이미 주실 만큼 다 주신 하나님을 향한 기쁨의 반응으로 베푸는 사람만이 복을 받는다는 말씀이다.[9]

† 부활 신앙관으로 본 '부富'

누가복음 14장에서 예수님은 그리스도인의 계층 관계를 변화시키시는 데 대반전을 적용하셨다. 이와 비슷하게 바울은 고린도후서에서 각자의 부를 대하는 신자의 태도에 대반전을 적용한다.

내가 명령으로 하는 말이 아니요 오직 다른 이들의 간절함을 가지고 너희의 사랑의 진실함을 증명하고자 함이로라 우리 주 예수 그리스도의 은혜를 너희가 알거니와 부요하신 이로서 너희를 위하여 가난하게 되심은 그의 가난함으로 말미암아 너희를 부요하게 하려 하심이라. 고후 8:8-9

보다시피 바울은 독자들에게 "규율"이나 명령을 내놓지 않았다. 명령하려면 연소득의 10퍼센트를 구제 헌금으로 떼야 하는 "십일조"라는 성경의 규율을 제시할 수도 있었다. 신 12:5-6; 말 3:8-12; 마 23:23 그러나 규율 대신 그는 헤이스의 표현으로 "패러다임"을 제시했다. 예수님이 가난해지셔서 우리와 세상을 부요하게 하셨듯이, 우리도 사랑과 기쁨으로 충만해져서 그분을 본받는다. 패러다임이 규율보다 더 효과가 좋다.

첫째, 규율은 우리가 후하게 베풀지 못하는 배후 원인에는 관심이 없다. 우리는 자만심이나 두려움 때문에 재산을 모은다. 하지만 복음대반전이 일깨워 주듯이 모든 진정한 부가 우리의 것이다. 그리스도께서 십자가에서 무한한 대가를 치르시고 우리에게 시들거나 도둑맞지 않을 유일한 유산을 주셨다. 덕분에 우리는 불안해질 때도 안심할 수 있고, 교만해질 때면 마음이 누그러질 수 있다.

둘째로, 패러다임은 우리에게 빠져 나갈 여지를 남기지 않는다. 큰 부자라서 10퍼센트 헌금에 희생의 의미가 없다면 어떨까? 그럴 때는 예수님의 희생처럼 희생적인 헌금이 될 때까지 더 드려야 한다.

예수님이 역설하셨듯이, 우리는 옛 창조세계 내의 규율을 지키는 것만으로 현세를 살아갈 것이 아니라 장차 "의인들의 부활 시에"눅 14:14 새로운 창조세계에서 누릴 그 삶에 부합하고자 최대한 힘써야 한다.[10] 참된 명예는 좀체 찾아보기 힘들고 모든 관계가 내 재산이나 지위에 이득이 되어야만 하는 이 시대의 풍조대로 살아서는 안 된다. 대신 희생과 손해가 따르더라도 새로운 창조세계에 합당하게 살아야 한다. 장차 새로운 몸을 입고 새로운 눈으로 예수님을 처음 볼 때, 상상할 수도 없는 기쁨과 영광이 우리에게 홍수처럼 밀려올 것을 기억해야 한다. 요일 3:2-3; 고후 3:16-18

타산적 관계는 부활 신앙에 힘입어 끝내야 한다. "내가 좋아하는 사람인가? 그들은 나를 충분히 알아주고 감사하는가? 이 사람에게 시간을 들일 가치가 있을까?" 잠재의식 속에 끝없이 이어지는 이런 독백도 부활 신앙으로 끝내야 한다. 부와 재화를 혼자서만 누리려는 마음도 부활 신앙에 힘입어 끝내야 한다.

† 부활 신앙관으로 본 '갈등과 분쟁'

대반전과 새로운 창조세계는 갈등을 처리하는 방식에도 변화를 낳는다. 고린도전서 6장 1-6절에 바울은 법정에 가서 서로 소송하는 그리스도인들을 거론하며 그들을 책망한다. 그런데 그의 권면의 기초는 서로 용서하라는 예수님의 명령마 18:35만이 아니었다. 그는 "성도가 세상을 판단할 것을 너희가 알지 못하느냐 세상도 너희에게 판단을 받겠거든 지극히 작은 일 판단하기를 감당하지 못하겠느냐"2절라고 말했다. 성경학자 고든 피Gordon Fee는 이렇게 썼다.

> "이미 그러나 아직"이라는 바울 신학의 틀이 여기에 명백히 드러난다. 현재 교회의 정체성과 사명은 미래의 실재에 전적으로 달려 있으며, 바울에게는 그 미래가 현재만큼이나 확실했다. …… 그는 온 "세상"에 임할 최후의 심판 즉 하나님을 대적하는 체제 전반에 미칠 그분의 심판에 하나님의 백성이 어떤 식으로든 가담한다고 말했다. …… 그는 소송을 걸었다는 자체를 그들이 부끄럽게 여기도록 하려 했다. 그런 문제는 "지극히 작은 일"이라서 모두 합해도 종말의 심판에 비하면 아무것도 아니다. 그들은 그야말로 엉뚱한 것을 좇고 있었다.11

바울의 말은 소송이 무조건 다 부당하다든지 정의가 중요하지 않다는 것이 아니라, 복수심과 고소 남발과 이기심이 이 시대의 풍조라는 것이다. 반대로 그리스도인은 예수님이 "의인들의 부활 시에" 모두에게 "갚음"이 있으리라 하신 그 미래에 합당하게 살아야 한다. 그러면 우리는 기꺼이 화해하고자 서로 권리를 포기하고 용서하는 사람들로 알려질 것이다.

　로마서 2장 1-10절에 바울은 그리스도인에게 '남을 판단하지 말라'고 했다. 바울이 상대를 너그러이 용납하라고 명한 근거는 이번에도 미래에 있다. 각 사람이 무엇을 받아야 마땅한지 판정하려면 충분한 지식과 도덕적 권리가 있어야 하는데, 이 둘을 겸비하신 분은 바울의 말대로 하나님뿐이다. "진노의 날 곧 하나님의 …… 그 날에 …… 하나님께서 각 사람에게 그 행한 대로 보응하시되."5-6절 그 큰 날이 이르면 완전한 정의가 이루어지고 모든 일이 바로잡힌다. 그날을 염두에 두고 살아가면 남에게 앙갚음하거나 원한을 품으려는 욕구에서 자유로워진다.

　베드로는 예수님이 "욕을 당하시되 맞대어 욕하지 아니하시고 고난을 당하시되 위협하지 아니하시고 오직 공의로 심판하시는 이에게 부탁하시며"벧전 2:23라고 썼다. 그분은 무고당하여 유죄 판결을 받으셨으나 분노를 터뜨리며 모욕과 역고소로 되갚지 않으셨다. 자신을 변호하고 명예를 지키려고 장황한 변론을 늘어놓지도 않으셨다. 재판 중에 차분하고 짤막하게 진실을 증언하셨을 뿐이다. 요 18:23 그렇다고 그분이 감정적 초탈을 수련한 극기주의자는 아니었다. 다만 그분은 진정한 심판자께 자신을 '부탁'하셨다. 예수님은 우주의 재판장께서 자신을 받아 주심을 아셨기에, 인간의 법정이 자신과 관련해 뭐라고 말하든 감정적으로 무너지지 않으셨다. 또한 가해자들에게 응분의 벌을 직접 내리지 않으시고 그 일을 하나님께 맡기셨다.

우리 그리스도인은 남을 용서하는 부분에서 여러모로 예수님을 바라볼 수 있다. 미래에 그분은 세상의 심판자로 오신다. 따라서 우리는 지금 무슨 일이 벌어지든 장차 예수님이 다 신원하고 바로잡아 주실 것을 알기에 안심할 수 있다. 우리 스스로는 절대로 그렇게 바로잡을 수 없다. 아울러 우리는 과거를 바라볼 수 있다. 예수님은 우리 죄를 대신해 십자가를 지시고 기꺼이 용서하셨다. 그러니 우리도 우리에게 죄짓는 사람을 용서해야 한다. 비록 용서가 죽음만큼이나 고통스럽고 어려울지라도, 용서해 보면 알겠지만 최종 결과는 부활과 새로운 자유와 평안이다. 요컨대 과거와 현재 모든 면에서 예수님의 부활은 용서의 열쇠이자 깨어진 관계를 회복하는 비결이다.

그리스도인들은 공동체로서 지금의 세상을 향해 새로운 창조세계를 증언해야 한다. 그러려면 우리의 분쟁을 성령의 능력으로 해결하고 치유할 수 있음을 보여 주어야 한다.

† 부활 신앙관으로 본 '성性'

예수님의 부활이 영향을 미치는 마지막 사회 범주는 성sex이다. 지금까지 보았듯이 그분의 부활과 새로운 창조세계는 인종과 사회 관계에 대한 우리의 태도를 이미 형성하기 시작했다. 성경의 가르침은 인종 간의 평등과 사회 정의를 강조하는데, 그 대부분이 현대인의 귀에는 약간 '진보'의 메시지로 들린다. 그런데 예수님의 부활이 우리의 성 관념을 형성하는 방식을 보면, 그 결과가 많은 관찰자에게 '보수'로 보인다. 앞 장에서 리처드 헤이스의 요지를 상기시켰듯이, 오늘날의 교회는 성경의 범주대로 사고하기보다 미국 정치 담론의 범주를 답습하는 경향이 있다. 그러나 현대의 감성과 무관하게, 인종과 계층에 대한 성경 말씀과 성에 대한 성경 말씀은 상충되지 않는다. 성경은 대반전의 내부 논리를 양쪽에 똑같이 적용한다.

바울은 고린도전서 6장에 "알지 못하느냐 …… 간음하는 자나 …… 탐욕을 부리는 …… 자들은 하나님의 나라를 유업으로 받지 못하리라"⁹⁻¹⁰절라고 썼다. 이번에도 그는 고린도 신자들에게 이 세상 풍조를 따르지 말고 현재를 미래의 하나님 나라에 걸맞게 살아야 한다고 촉구한다. 같은 장 1-6절에 보았듯이 그는 이것을 먼저 개인적 분쟁을 처리하는 법에 적용했고, 이제 성으로 주제를 돌린다. 미래의 새로운 창조세계에 부합되지 않는 사람은 "탐욕을 부리는 자나 …… 속여 빼앗는 자들"만이 아니라 "음행하는 자"도 거기에 해당한다.⁹절 이어 12-20절에서 바울은 성도덕에 대한 본격적인 논의로 넘어간다.

오늘날 서구에서는 성에 관한 기독교의 가르침이 큰 논란거리가 되고 있다. 기독교의 규율과 행동 규범은 현대 문화의 성 풍속에 비해 제약이 많고 한편 건강하지 않아 보인다. 그런데 규율 배후의 근본 논리, 헤이스의 표현으로 "원리"와 "패러다임과 세계관"을 살펴보는 사람은 거의 없다. 이번 본문에 바울이 하는 일이 바로 그것이다. 성적 행동의 규율을 제시하던 그는 중간에 규율의 배후로 넘어가 예수님의 부활에 호소하고, 또한 새로운 창조세계의 첫 열매를 통해 우리가 그리스도와 영적으로 연합했다는 사실에 호소한다. 고전 6:14-15, 19

고린도전서 6장에 바울이 제시한 성적 행동의 규율은 아주 명확하다. "포르네이아(음행)를 피하라."18절 "포르노스"라는 단어는 현대 역본에서 대개 "성적 부도덕"으로 번역하는데, 너무 두루뭉술해서 바울과 신약의 첫 독자들이 알던 확연하고 명쾌한 의미를 전달하지 못한다. 이 단어는 부부 관계 바깥에서 벌어지는 모든 성행위를 뜻하며, 간음만 아니라 혼전 성관계까지 포괄한다. "포르네이아는 근친상간, 매매춘, (혼전 성관계), 동성애 등 모든 종류의 부적절한 성생활을 통칭하는 말로 쓰였다."[12]

카일 하퍼와 래리 허타도가 공히 지적했듯이 포르네이아에 대한 성경의 단죄는 초대 교회 고유의 결정적 표지 가운데 하나였다. 마태복음 15장 19절, 마가복음 7장 21절, 사도행전 15장 20절, 고린도전서 6장 9-10, 18절, 갈라디아서 5장 19절, 에베소서 5장 3-5절, 골로새서 3장 5절, 데살로니가전서 4장 3절, 디모데전서 1장 10절, 히브리서 13장 4절 등에서 그것을 볼 수 있다.[13]

바울은 단순히 "포르네이아를 최대한 삼가는 것이 좋다"라고 말한 것이 아니라 그것을 피하라고, 즉 무슨 대가를 치르더라도 아예 금하라고 명했다. 사도행전 15장에 보면 모든 그리스도인 즉 이 방인과 유대인 모두가 그 어떤 문화 정황에서든 준수해야 할 도덕적 의무를 사도 공의회에서 아주 짤막한 목록으로 공포했는데, 그중 하나가 포르네이아를 멀리하라는 것이다. 20절 이렇듯 기독교의 성 윤리를 사도들은 타협할 수 없는 정통 신앙의 일부이자 기독교의 핵심 교리 가운데 하나로 보았다.[14]

당시 그리스도인들이 성에 관해 가르치고 실천한 내용은 빈민 구제와 인종 간의 평등만큼이나 필연적으로 복음과 예수님의 부활에 함축되어 있었다. 그래서 빈민 구제를 다루는 성경 말씀은 옳지만 성을 다루는 성경 말씀은 시대에 뒤졌으므로 폐기되어야 한다는 많은 사람의 주장은 성립되지 않는다. 이것을 더 명확히 이해하려면 바울이 "포르네이아 금물"이라는 규율을 호소한 배후 원리가 무엇인지를 보라. 그는 이렇게 썼다.

> 몸은 음란을 위하여 있지 않고 오직 주를 위하여 있으며 주는 몸을 위하여 계시느니라 하나님이 주를 다시 살리셨고 또한 그의 권능으로 우리를 다시 살리시리라. 고전 6:13-14

여기서 바울은 몸을 상대적으로 하찮게 여겨 불멸의 영혼을 담는 그릇 정도로 보던 그리스-로마의 관념을 논박한다. 그 견해에 따르면 섹스는 육욕에 불과할 뿐 대단할 것도 없고 '별것도 아니다.' 이에 맞서 바울은 예수님의 부활로 입증되었듯이 물리적 몸은 한없이 중요하며, 그분의 죽음은 우리 영혼만 아니라 몸까지도 속량하시기 위한 것이라고 말한다.^{롬 8:23} 그러므로 몸은 우리 정체성의 일부이며 또한 주님의 것이다. 그분이 우리 몸을 속량하려고 죽으시고 부활하셨으니 우리는 몸으로 구주를 영화롭게 해야 한다. "그렇다면 어떻게 우리 몸으로 하나님을 영화롭게 할 수 있을까?" 당연히 드는 의문이다.

이어지는 바울의 말을 보라.

> 창녀와 합하는 자는 그와 한 몸인 줄을 알지 못하느냐 일렀으되 둘이 한 육체가 된다 하셨나니.^{고전 6:16}

바울은 창세기 2장 24절을 인용했다. 하나님이 아담에게 하와를 이끌어 오시니 둘이 "한 몸"이 되었다. 처음부터 유대교와 기독교 주석가들은 "한 몸"이 성적 연합만을 가리킨다고 보지 않았다. 이 표현은 환유법이다. 두 사람의 육체적 연합은 삶의 영적, 정서적, 사회적, 경제적, 법적 측면 즉 삶의 모든 측면의 완전한 연합을 가리킨다. 하나님은 성적 연합이 부부 간의 전인적 연합을 심화하고 반사하도록 지으셨다. 부부 간의 전인적 연합일 때에만 우리는 성적 연합을 이룰 자격이 있다.

바울은 남성들에게 상대가 매춘부일지라도 모든 성행위는 두 사람을 한 몸이 되게 한다고 말했는데, 이는 양측 사이에 자동으로 혼인 관계가 성립된다는 율법주의적 선언이 아니다. 그의 말은 누구든지 혼외 성관계를 하면 성관계의 전체 목적을 비참하게 망각하는 것이라는 뜻이다. 이런 말이나 같다.

> 혼외 성관계가 괴기한 까닭은 그것을 탐닉하는 이들이 한 부분의 연합〔성적 연합〕을 나머지 모든 연합과 분리시키기 때문이다. 그 모두가 공존해야 전인적 연합이 이루어지는데 말이다. 기독교는 먹는 쾌락만큼이나 성적 쾌락도 전혀 잘못으로 보지 않는다. 다만 성적 쾌락을 분리시켜 〔거기에 수반되는 다른 것들을 제외하고〕 그것만 얻으려 해서는 안 된다. 먹는 쾌락을 얻으려면 음식을 삼켜 소화시켜야지 씹다가 도로 뱉어서는 안 되는 것과 마찬가지다.[15]

예수님의 부활이 우리에게 가르쳐 주듯이 육체는 하찮은 살덩이가 아니라 매우 중요한 존재다. 하나님이 지으신 우리는 영과 육이 통합되어 있다. 그래서 몸으로 하는 일이 영혼과 전인에 영향을 미친다. 하나님이 육체적 연합을 창조하신 목적은 부부 간의 전인적이고 영원한 헌신과 언약을 상징하고 강화하기 위해서다. 하나님이 제정하신 성관계라는 방식을 통해 두 사람은 각자의 독립을 내려놓고 서로에게 "나는 영원히 전적으로 당신의 것입니다"라고 말한다. 주석가 앤서니 티슬턴Anthony Thiselton은 고린도전서 6장 12-18절에 대해 이렇게 썼다.

> 섹스를 평가절하하기는커녕 오히려 정반대다. 이 부분에서 바울은
> 1세기의 문화적 통념을 한참 앞서가, 성행위를 단지 육체의 "주변적
> 인" 기능을 조작하는 것으로 보지 않고 전인이 친밀하게 헌신하는 것
> 으로 인식했다. …… 그리스도와의 연합에서나 육체적 연합에서나
> 똑같이, 관건은 상대에게 자신을 온전히 "내어 주는" 것이다. 자신이
> 상대의 것이기 때문이다.[16]

티슬턴의 말마따나 바울이 성관계에 부여한 가치는 고대의 수
준을 훌쩍 뛰어넘는다. 성관계는 고대의 관점과 많은 현대인의 생
각처럼 단순히 육체적 욕구와 쾌락이 아니며, 현대 문화에서처럼 일
종의 소비재도 아니요, 자아 정체감을 확인하는 수단도 아니다. 성
관계는 모든 면에서 서로에게 자신을 내어 주는 두 사람 사이의 독
특한 소통 방식이다. 그런데 성에 대한 기독교의 높은 평가는 거기
서 끝나지 않는다.

† 가장 깊은 사랑과 자유를 얻는 길

너희 몸이 그리스도의 지체인 줄을 알지 못하느냐 …… 주와 합하는

자는 한 영이니라 음행을 피하라 …… 너희 몸은 너희가 하나님께로부터 받은 바 너희 가운데 계신 성령의 전인 줄을 알지 못하느냐.고전 6:15, 17-19

앞에서 성관계가 지상의 배우자와의 전인적 연합을 가리켜야 한다고 논증한 바울이 이번에는 성관계가 또한 천상의 우리 배우자이신 그리스도와의 전인적 연합을 가리켜야 한다고 역설한다. 그리스도와의 영적 연합이 인간과 인간이 가지는 성적 연합의 모형이라는 뜻이다. 예수님과의 영적 연합의 세 가지 측면과 거기에 함축된 의미를 보자.

그리스도와 연합하는 첫 단계는 그분이 자신을 주셨다는 것이다. 그리스도께서 교회를 사랑하시고 그 교회를 위해 자신을 주셨다.엡 5:25 하나님의 아들이 약해지셔서 고문과 죽임을 당하셨다. 우리를 위해 자신의 영광과 불멸성과 목숨을 잃으셨다.

그분과 연합하는 두 번째 단계는 우리 쪽의 반응으로, 다른 어떤 신에게도 아니고 완전히 오롯이 그분께만 우리를 드려야 한다는 것이다. 우리와 그분의 연합은 언약으로 맺어진 관계로, 구속력 있고 배타적이다.

끝으로, 이 연합이 놀라운 것은 두 인간이나 삼위일체 하나님의 두 위격과 달리 서로 대등하지 않은 두 존재가 연합한다는 점이다. 우리의 구원은 하나님과 인간이라는 완전히 다른 양측의 인격적 연합이라는 점에서 기적이다. 이어질 수 없을 것만 같던 신과 인간 사이의 간극이 이어졌다. 가장 멀어진 두 존재가 다시 만났다.[17]

기독교의 성 "규율"은 언뜻 제약처럼 보일 수 있지만, 이렇듯 알고 보면 그 근거가 구원의 속성 자체에 있다. 우리가 구원받아 배타적이고 영원한 언약의 연합에 들어가기에, 성관계도 부부 사이에서만 허용된다. 우리의 구원이 서로 대등하지 않고 아주 다른 두 존재의 연합을 이루기에, 결혼도 남자와 여자의 연합이어야 한다. 세상이 생각하는 성관계는 개인이 쾌락과 사적인 만족을 얻는 길이지만, 기독교에서 말하는 성관계는 당신의 삶이 하나님의 희생적 사랑과 이어지는 길이다. 우주도, 역사의 의미도 그 사랑에서 시작한다.

예수님은 우리와 영원히 구속력 있는 연합을 이루시려고 실제로 죽으셨다. 우리는 회개하고 삶의 통제권을 내려놓고 그분께 무조건 헌신할 때 '죽는다.' 하지만 이런 죽음은 부활로 이어진다. 지금은 영적 부활이지만 훗날 육체적, 우주적 부활로 완성된다.

요컨대 기독교의 성 관념은 제약처럼 보이지만, 성의 실체와 가능성에 대한 고결하고 풍부한 관점에 기초해 있다. 성 윤리를 형성하는 거시적 패러다임은 바로 예수 그리스도께서 자신을 내어 주고 우리를 구원하신 그 대반전이다. 인종과 빈민과 불의를 바라보는 우리의 입장을 형성하는 패러다임과 다를 바 없다. 그분은 자유를 버리심으로써 그분께나 우리에게나 최고의 자유를 이루셨다. 그래서 자신의 독립을 희생하여 배우자에게 전인적으로 헌신하지 않는 사람은 우리가 부부 관계에서 누리는 자유와 사랑을 알 길이 없다. 현대 문화는 우리에게 대가보다 이득이 클 때만 관계를 맺으라고 가르친다. 장기적으로 헌신할 필요 없이 쾌락과 만족을 줄 때만 성관계를 즐기라는 것이다. 이처럼 관계를 거래로 보는 이유는 인간의 목적과 나아가 인간의 실재를 성경과 완전히 다르게 이해하기 때문이다. 성경이 보여 주는 하나님은 희생적인 사랑으로 세상을 창조하신 분이다.

C. S. 루이스가 《고통의 문제*The Problem of Pain*》에서 말했듯이 예수 그리스도께서 십자가에서 하신 일은 성부 성자 성령이 삼위일체 안에서 늘, 어떤 의미에서 영원히 해 오시던 일이었다. 그분들은 각자 서로를 존중하시며 자신의 영광이 아닌 서로의 영광을 구하신다. 하나님의 마음은 근본적으로 타자 지향적이다.

> 어디서든 자신을 희생하면 우리는 모든 창조세계만 아니라 모든 존재의 순리에 가닿는다. 예수님이 자신을 내어 주신 희생도 갈보리에서만 있었던 일이 아니다. 십자가에 달리실 때 그분은 "본향에서 영광과 즐거움 가운데 하시던 일을 외딴 변방의 악천후 속에서 하셨다." 창세전부터 그분은 아들의 신성을 아버지의 신성에 돌려드리며 순종하신다.[18]

계속해서 루이스가 설명했듯이 "자신을 잃음으로써 진정한 자신을 찾는" 원리 즉 자신의 독립을 내려놓음으로써 가장 깊은 사랑과 자유를 얻는 이 원리는 창조세계 전체에 속속들이 배어 있다. "어디서든 자신을 희생하면 우리는 모든 창조세계만 아니라 모든 존재의 순리에 가닿는다." 그의 말은 이렇게 계속된다.

> 고하를 막론하고 자아는 퇴위하기 위해 존재하고, 그 퇴위를 통해 더 참으로 자기다워지며, 그럴수록 더 퇴위하게 되고, 이렇게 끝없이 계속된다. 이는 이 땅에 남아 있음으로써 피할 수 있는 하늘의 법도 아니고, 구원받으면 벗어날 수 있는 이 땅의 법도 아니다. 희생의 원리에서 벗어나 있는 것은 이 땅도 자연도 "평범한 삶"도 아니고 순전히 지옥일 뿐이다.[19]

하나님은 바로 그 원리^{대반전}에 기초해 세상을 지으셨다. 그러니 현대 세계에서 성^性이 상당 부분 실망과 착취로 얼룩져 있음은 당연한 일이다. 우주의 '순리'를 거스르기 때문이다. 우주를 창조하신 하나님은 희생하시고 부활하심으로써 우리를 구원하신다.

놀랍게도 현대의 성혁명은 여러모로 퇴보다. 로마 세계를 지배하던 관점으로 회귀하기 때문이다. 이는 성관계란 기본적으로 육체적 욕구며, 성관계를 부부 관계 안에서만 가능한 것으로 제한하는 것은 비현실적이고 건강하지 못하다는 관점이다. 하지만 미투 운동에서부터 성생활과 결혼 및 출산율의 하락까지를 두루 종합해 볼 때,

성에 대한 현대의 접근법은 우리 사회에 해가 된다고 말할 수 있다.

맨해튼에서 30년 가까이 목회하면서 나는 현대의 성혁명에 가담했던 수백 명의 사람이 거기서 돌아서서 성에 대한 기독교의 비전과 실천에서 더 큰 지혜와 안전과 자유를 얻는 것을 보았다. 하지만 이것을 사회 운동으로까지 볼 수는 없다. 서구 사회에서 종교 전반이 여전히 쇠퇴하고 있으니 말이다. 하지만 그런 추세에도 불구하고 내가 예상하기로, 해마다 서구 문화 속에서 사는 더 많은 사람이 고갈과 좌절에 괴로워하다 기독교의 성 관념을 되돌아볼 것이다. 우리 사회가 만족과 자유라는 미명하에 자신만만하게 내버렸던 그 성 관념을 말이다.

10 。 가난하고 약한 사람을
사랑하는 자리에
'능동적으로' 서다

우리는 그의 약속대로 의정의, CEV가 있는 곳인
새 하늘과 새 땅을 바라보도다.
베드로후서 3장 13절

앞 장에서 성경이 예수님의 부활과 새로운 창조세계를 어떻게 인종, 계층과 부, 성[性] 등의 사회관계에 접목하는지 보았다. 그런데 우리 시대의 수많은 문화 담론에서 정의라는 주제가 전면으로 부각되는 만큼, 정의가 무엇이며 예수님의 부활이 정의를 규정하고 증진하는 데 어떻게 도움이 되는지 더 근본적인 내용을 성경에서 살펴보고자 한다.

† 혼자 도덕적이고 거룩하면 끝일까?

죽은 자 가운데서 다시 살아나신 예수님은 하나님의 능력의 첫 열매가 되셨고, 그 능력이 역사의 종말에 세상을 새롭게 할 것이다. 성경에 보면 그때에 하나님은 개인들만 구원하시고 세상은 마치 하찮은 껍데기나 겨인 양 버리시는 것이 아니다. 그때에는 '피조물도 썩어짐의 종노릇한 데서 해방되어 하나님의 자녀들의 영광의 자유에 이르게' 된다. 롬 8:21 죄가 세상에 불러온 모든 결과[모든 썩어짐]가 치유된다.

우리는 질병과 노화와 죽음에서 신체적으로 해방될 뿐 아니라 지금 세상에 만연한 빈곤과 전쟁과 인종차별과 범죄에서 사회적으로 해방되고, 지금 우리를 병들게 하는 두려움과 죄책감과 수치심과 절망에서 심리적으로 해방된다. 마침내 모든 것이 고침을 받고 완전히 새로워진다.

우리 자신이 새로워질 뿐 아니라 또한 새로워진 세상을 받아 거기서 부활한 몸으로 그리스도와 함께 살아간다. 조나단 에드워즈 Jonathan Edwards의 말대로 결국 "사랑의 세상"이 되는 것이다. 이 땅에서 흔히들 말하는 사랑이란 적당한 상대를 제멋대로 도구로 이용해서, 이기적인 시기심에서 비롯된 권력욕과 통제 욕구를 채우려는 것이다. 그러나 새로운 창조세계에서 알게 될 예수님은 무한한 사랑의 샘이시며, 그래서 우리도 서로 사랑하되 그분과 상대를 위해 사랑하게 된다. 그제야 비로소 모든 관계가 올바르고 정의로워진다.[1] 그래서 베드로후서 3장 13절에 새 하늘과 새 땅은 "디카이오수네" 즉 정의로 충만하다고 했다.

그래서 지금의 창조세계에 만연한 온갖 형태의 썩어짐을 어떻게 대할 것인가의 문제에서, 예수님의 부활과 새로운 창조세계는 그리스도인의 인식에 지대한 영향을 미친다. 썩어짐 아래서 자연이 "탄식하는" 문제 가운데 하나가 불의한 관계다. 그리스도인은 불의 앞에 소극적이어서는 안 된다. 세상을 고치는 일이 전부 미래에 이루어진다면 우리가 할 일은 별로 없다. 혼자서 도덕적이고 거룩하게 살면서 가만히 앉아 기다리면 그만이다.

그러나 이 책에서 지금까지 배웠듯이 예수님의 부활은 해방과 회복을 이루시는 하나님의 능력이 이미 여기에 임했다는 뜻이다. 부활하신 그리스도를 통해서, 그리고 성령으로 우리 삶에 거하시는 그분의 임재를 통해서 말이다. 우리가 구원받은 목적은 그저 안전

하기 위해서가 아니라 섬기기 위해서다.[2]

† **정의의 나라**

하나님 나라에 대해 성경이 일관되게 밝힌 분명한 특징이 있는데, 바로 그 나라가 정의의 나라라는 것이다. 누가복음 4장 18-19절에 예수님이 말씀하셨듯이 그 나라는 '가난한 자에게 복음을 전하고 눌린 자를 자유롭게 하려고' 임한다. 그분이 말씀하시는 가난한 자란 누구일까?

보수 진영에서는 이 본문을 순전히 영적으로만 해석하는 경향이 있다. 영적으로 가난하거나 눌린 사람만을 두고 하신 말씀이라는 것이다. 하지만 그러면 앞서 누가복음을 살펴볼 때 보았듯이, 예수님이 소외층과 빈민에게 엄청난 관심을 쏟으신 것과는 아귀가 잘 맞지 않는다.

반면에 진보 진영에서는 예수님의 이 말씀이 순전히 사회·경제적으로 가난하고 압제받는 사람을 가리킨다고 해석한다. 그분이 혁명을 통해 부자를 끌어내리고 가난한 자를 높이려고 오셨다는 것이다. 그러나 예수님이 경제적 빈곤에서 빈민을 해방시키기 위해 정치적 혁명가로 오셨다면, 군사 운동이나 정치 운동에 착수하지 않고 말씀 전파에 시간을 다 들이신 이유를 설명하기 어렵다.

그래서 다음과 같은 답을 도출할 수 있다. 예수님의 구원은 회개와 믿음이라는 영적 빈곤을 통과할 마음만 있다면 누구에게나 임한다. 그래서 예수님이 늘 구원하시는 "가난한 자"란 일차적으로 "심령이 가난한 자"다.[마 5:3] 그들은 자신이 영적으로 파산 상태고, 그간의 선행조차도 동기가 썩 선하지 못했으며, 순전히 자비롭고 값없는 은혜로만 구원받을 수 있음을 기꺼이 인정한다. 부자도 영적으로 가난해지면 구원받지만, 경제적으로 가난해도 이렇게 낮아지지 않으면 구원받지 못한다.

그래서 대반전의 패러다임에 따라 우리는 영적으로 가난해져서 구원받고, 그 후에 그리스도 안에서 영적으로 부유해진다. 그런데 이것을 경험한 신자는 경제적으로 약하고 가난한 주변 사람의 사정에 눈이 뜨인다. 야고보서는 우리의 구원이 선행으로 아니라 은혜로 말미암음을 상기시킨 후에, 이렇게 자신이 하나님의 자비와 은혜로만 구원받았음을 아는 사람의 마음에서 어떤 종류의 선행이 자연스레 흘러나오는지를 밝혀 놓았다. "만일 형제나 자매가 헐벗고 일용할 양식이 없는데 너희 중에 누구든지 …… 그 몸에 쓸 것을 주지 아니하면 무슨 유익이 있으리요 이와 같이 행함이 없는 믿음은 그 자체가 죽은 것이라."[약 2:15-17]

대반전을 통해 자신의 영적 빈곤을 인정하여 참으로 구원받은 사람은 결국 가난한 사람을 긍휼히 여기게 된다. 그 점을 조나단 에드워즈는 이렇게 설득력 있게 풀어냈다.

하나님이 우리를 위해 얼마나 많은 일을 하셨는지 생각해 보라. ……
그리스도는 가난한 우리를 사랑하고 불쌍히 여기셨다. 자신을 버려
우리를 도우셨고 아낌없이 우리를 위해 피까지 흘리셨다. 미련 없이
자신을 부인하셨다. …… 우리를 부유하게 하셨고 헐벗은 우리에게
왕족의 옷을 입히셨다. 굶주린 우리에게 그분의 잔칫상에서 무한히
값진 진미를 먹이셨다. 진흙 구덩이의 우리를 높여 왕자들 사이에 두
고 그분의 영광의 보좌를 상속받게 하셨다. 그리하여 최고의 부와 풍
요를 영원토록 누리게 하셨다. …… 이 모두를 생각할 때, 그런 혜택
에 동참하고 싶다는 사람이 가난한 이웃을 아낌없이 구제할 수 없다
면 얼마나 초라한 일인가! …… 돈이나 재산을 아끼는 많은 사람처럼
그리스도도 자신의 피가 너무 아까워 우리에게 내주기를 못내 싫어
하셨다면, 지금 우리는 어떻게 되었겠는가?[3]

대반전의 패러다임은 우리를 각자의 신앙으로 이끌 뿐 아니라
그리스도께서 우리를 사랑하셨듯이 우리도 가난하고 약한 사람을
사랑하도록 방향을 잡아 준다.

† 하나님의 지혜와 정의를 드러내는 도시 공동체

그래서 그 나라의 완성 즉 최후의 부활과 새 하늘과 새 땅을 사
모하는 그리스도인은 현재의 정의 실현에도 관심을 기울여야 한다.

하지만 하나님의 최후 도성에서 정의가 어떤 모습일지를 어떻게 아는가? 성경에 그 새로운 세상을 묘사한 본문이 몇 군데 있어^{사 60;} ^{65-66장; 계 21-22장} 가슴 벅찬 눈요기는 할 수 있지만, 상세한 내용은 거의 없다. 미래에 하나님의 정의가 어떤 모습일지를 우리에게 보여 줄 길잡이가 혹시 성경에 없을까?

모세의 생애 말년에 하나님은 이스라엘 자손에게 십계명을 다시 주셨다.^{신 5:1-21} 그 직전에 모세는 이스라엘이 하나님의 법에 순종함으로써 세상을 향해 증인의 역할을 해야 한다고 설명했다. 그의 말을 보자.

> 내가 나의 하나님 여호와께서 명령하신 대로 규례와 법도를 너희에게 가르쳤나니 이는 너희가 들어가서 기업으로 차지할 땅에서 그대로 행하게 하려 함인즉 너희는 지켜 행하라 이것이 여러 민족 앞에서 너희의 지혜요 너희의 지식이라 그들이 이 모든 규례를 듣고 이르기를 이 큰 나라 사람은 과연 지혜와 지식이 있는 백성이로다 하리라 우리 하나님 여호와께서 우리가 그에게 기도할 때마다 우리에게 가까이하심과 같이 그 신이 가까이함을 얻은 큰 나라가 어디 있느냐 오늘 내가 너희에게 선포하는 이 율법과 같이 그 규례와 법도가 공의로운 큰 나라가 어디 있느냐.^{신 4:5-8}

하나님의 목적 가운데 하나는 그분의 백성이 이스라엘 주변에

사는 "여러 민족" 앞에서, 즉 믿지 않는 세상을 향해 증인 공동체가
되는 것이었다. 그분의 율법에 순종하는 민족은 그저 도덕적인 개개
인의 집합이 아니라 하나의 반문화요 대안 사회였다. 이는 모세 율법
의 두 가지 출중한 특징 때문인데, 이 율법은 첫째로 지혜와 지식이
있는 백성을 배출했고, 둘째로 정의로운 사회를 창출했다. 6, 8절 율법
의 '규례가 공의롭다'고 표현한 앞 본문은 "미쉬파트"와 "체데크" 둘
다를 번역한 것인데, 이 두 히브리어 단어는 성경에 "정의"를 가리키
는 말로 가장 자주 쓰였다.

이스라엘이 율법을 지키면 다른 사회들도 스스로를 점검하도
록 되어 있었다. 이 사실이 충격적인 발언인 이유가 있다. "고대 세
계 국가들은 자기네 신들과 …… 제도가 더 우월하다는 생각에 젖어
있었다. …… '이 큰 나라'라는 표현이 반복해 나오는데 이는 …… 특
히 바벨론의 위대한 입법자인 함무라비왕에게 따라 붙던 수식어와
비슷하다."[4]

그런데 여기 성경에 보니, 이 백성이 율법에 순종하면 문화적 우
월감에 젖어 있던 주변 여러 민족이 다음과 같은 결론에 이른다고 했
다. 그들이 자기네 법에서 찾으려 했으나 실현할 수 없었던 지혜와
정의를 이스라엘은 찾아냈다고 말이다. 그들은 이스라엘 사회가 지
혜롭고 정의로운 이유도 알게 되는데, 바로 그들의 신들이 그들에게
가까운 것보다 여호와께서 이스라엘에게 더 가까우시기 때문이다.

요컨대 율법을 제대로 지키고 수행하면 결국 전도하는 효과를

낳는다. 특히 예루살렘은 열방에 하나님의 지혜와 정의를 드러내는 도시 공동체가 되어야 했다. '온 세계가 즐거워하는 성'시 48:2으로 매력을 풍겨야 했다.

예루살렘 시민들이 하나님께 순종하면 그 도성은 전도하는 증인이 된다. 지상의 예루살렘에서 이루어지는 공동체 생활은 새 예루살렘 즉 종말에 하나님이 땅에 세우실 도성계 21-22장의 완전한 평화와 정의를 나타내 보여야 했다. 이것은 구약의 사상으로 그칠까? 천만의 말이다. 예수님도 제자들에게 그들이 "산 위에 있는 도시"ESV처럼 "세상의 빛"이 되어야 한다고 말씀하셨다. "너희 빛이 사람 앞에 비치게 하여 그들로 너희 착한 행실을 보고 하늘에 계신 너희 아버지께 영광을 돌리게 하라."마 5:14-16

모세가 신명기 4장에서 이스라엘에게 명한 것과 똑같다. 그리스도인들은 "도시"가 되어야 한다. 도시는 그저 개인의 집합이 아니라 사회다. 예수님의 이 명령은 산상수훈 중간에 나오는데, 십계명을 재해석하신 그 말씀에 그분은 제자들에게 어떻게 살아갈 것인가, 어떻게 가난한 자를 돌볼 것인가, 어떻게 재물을 베풀 것인가, 어떻게 이웃을 사랑할 것인가 등을 가르치셨다. 신자들이 정의와 평화의 반문화일 때는 세상을 사로잡는 증인이 되어 어렴풋이나마 새 예루살렘, 장차 그리스도의 임재와 주권으로 말미암아 인간의 삶이 모두 치유될 그때의 예고편을 보여 준다.

† 하나님의 도성의 예고편

모세가 말했고 예수님도 이르셨듯이, 신자 공동체의 삶은 하나님의 최후 도성의 정의와 평화를 그대로 담아내야 한다. 그러려면 오늘의 그리스도인들이 신구약에서 공통적으로 이야기하는 것처럼 전도하는 증인으로서 성경적 정의를 추구해야 한다.[5] 성경적 정의의 특징에는 최소한 다음 네 가지 측면이 있다.

1 성경적 정의, 모든 사람을 평등하게 대우하는 것

모세 율법에 보면 "거류민에게든지 본토인에게든지 그 법을 동일하게 할 것"이라고 했다. 레 24:22 이는 급진적이고 독보적인 기준이었으며, 특히 주변 문화에서 지키는 법과 비교해 보면 그렇다. 평등한 대우는 인종과 국적뿐 아니라 계층까지도 초월해야 했다. 예컨대 뇌물을 금하는 말씀이 반복된다. 사 1:23 뇌물 수수는 빈민에게는 물론 덜 부유한 사람에게도 불리하게 작용했다. 뇌물과 뒷돈이 정부나 재판이나 상업의 관행으로 굳어지면, 돈이 적은 사람은 돈이 많은 사람과 똑같은 대우를 받지 못한다.

이렇게 평등을 강조하는 근거는 모든 인간이 하나님의 형상으로 평등하게 창조되었다는 창세기 1장 27절의 가르침에 있다. 어떤 사회들은 타 인종을 거의 다른 종種으로 취급했다. 그리스인과 로마인은 미개인을 인간 이하로 보거나 적어도 타고난 노예급으로 간주했다. 그러나 성경은 "가난한 자와 부한 자가 함께 살거니와 그 모두를

지으신 이는 여호와시니라"라고 말한다.^{잠 22:2} 마태복음 5장 22절에
나오는 예수님의 파격적인 가르침도 그 배후에 하나님의 형상의 개
념이 깔려 있다. 그분은 남에게 욕하는 것, "미련한 놈" 곧 바보라 부
르는 것이 상대의 존엄성을 공격하는 살인과 같다고 하셨다. 야고
보는 하나님의 형상대로 지음받은 사람을 저주하는 것이 중죄라 했
고, 빈부에 따라 사람을 다르게 대하는 것도 큰 악으로 보았다.^{약 3:9;}
^{2:1-7} 이 땅의 모든 개인은 인종과 계층과 성별과 능력과 행동에 관계
없이 평등하고 공정하게 존중받아야 한다.

2 성경적 정의, 아낌없이 베푸는 것

성경은 사유 재산의 개념을 명확하고 단호하게 규정한다. 제8계
명에서는 모든 절도를 불의로 단죄했고, 출애굽기 21장 16절과 신
명기 24장 7절에서는 납치를 금지한다. 납치는 각자의 인격과 정
당하게 소유한 재산에 대한 인간의 권리를 강탈하는 행위이기 때
문이다.

그런데 다른 한편으로 하나님은 그분의 백성에게 그분이 만물
의 주인이시고, 우리는 그분의 재산을 맡은 청지기임을 상기시키신
다.^{시 24:1; 115:16} "모든 것이 주께로 말미암았사오니 우리가 주의 손에
서 받은 것으로 주께 드렸을 뿐이니이다."^{대상 29:14}

우리의 재물은 결국 우리가 번 것이 아니요 선물로 받은 것이
다. 다른 시대에 다른 데 태어났거나 사회적, 신체적 조건이 달랐다

면 아무리 열심히 일해도 남는 것이 별로 없었을 것이다. "네게 있는 것 중에 받지 아니한 것이 무엇이냐."^{고전 4:7} 그래서 우리의 재산권은 절대적이지 않다. 하나님은 경제적 형편이 더 나은 사람들에게 명하여 사회의 빈민과 약자에게 자발적으로 나누게 하신다.

토지와 그 산물이 궁극적으로 하나님의 소유였기에^{레 25:23} 부에 대한 재산권은 절대적이지 않았다. 예컨대 이삭줍기의 원리가 있었다. 아무도 자기 밭의 소산을 다 거두어서는 안 되고, 가난한 자들이 "줍도록" 일부를 남겨야 했다.^{19:9-10; 23:22} 다시 말해서 주인이 토지소산에서 최대치의 이익을 짜내서는 안 되었다. 또 안식년도 있었다. 7년 단위로 모든 빚을 탕감하고 면제해 주어야 했다. 큰 빚을 진 개인이나 집안은 계약제 종으로 일하여 빚을 갚아 나갔다. 그러다 안식년이 되면 모든 계약제 종은 해방되고 빚을 탕감받았다.^{신 15:1-18}

이런 법령은 세상 어떤 문화에서도 유례를 찾아볼 수 없었고, 엄격한 사회주의나 방임적 자본주의와는 절대 공존할 수 없다. 크레이그 블롬버그^{Craig Blomberg}가 말했듯이 그래서 모세 율법은 "1) 개인의 정착이라는 값진 재산을 경시하는 국가주의와, 2) 공동체를 희생시켜 개인을 지키는 무절제한 개인주의를 날카롭게 비판한다."⁶

산상수훈에서 예수님은 베풂에 대한 성경의 가르침을 마음의 습관에까지 확대 적용하신다. 마음의 습관 때문에 우리는 재물을 남에게 나누지 못한다. 그분의 말씀처럼 우리는 순자산이 늘면 자존감도 높아질 줄로 알고 돈을 우상으로 섬긴다.^{마 6:21, 24} 나아가 그분은 두려움과 염려도 인색하게 자기 방어용 부를 축적하는 배후 동기가 될 수 있다고 지적하신다. 마 6:25-34 탐욕 때문에 삶 전체를 보는 시각이 비뚤어질 수 있다고 경고하신다. 22-23절 유한계급을 비판하는 많은 비평가와 달리 예수님은 마음의 문제로 들어가 변화의 길을 제시하신다.

3 성경적 정의, 힘없는 사람을 옹호하는 것

성경에 "부자와 힘 있는 사람을 대변하라"라는 말씀은 없다. 굳이 누가 그렇게 해 줄 필요가 없기 때문이다. 그러나 "너는 말 못하는 자와 모든 고독한 자의 송사를 위하여 입을 열지니라 …… 곤고한 자와 궁핍한 자를 신원할지니라"라는 말씀은 있다. 잠 31:8-9 예레미야는 "탈취당한 자를 압박하는 자의 손에서 건지고 이방인과 고아와 과부를 압제하거나 학대하지 말며 이곳에서 무죄한 피를 흘리지 말라"라고 썼다. 렘 22:3 여기에 그는 학대당해도 남들처럼 스스로를 보호할 수 없는 부류를 지목했다.

스가랴 7장 9-10절에는 이런 특별한 관심이 필요한 부류 넷을 열거했는데, 바로 과부와 고아와 이민자와 빈민이다. 신자는 각별한 관심을 품고 그들을 도와야 한다. 잠언 22장 22-23절에 "그럴 위치에 있다는 이유만으로 가난한 사람을 이용하지 말라"라고 했고, 시편 41편 1절에는 "가난한 사람을 배려하는consider 사람은 복이 있다"라고 했다. [7] 여기 배려한다는 단어는 오랫동안 신중히 살펴서 전략적으로 계획한다는 뜻이다.

산상수훈에서 예수님은 제자들에게 빈민 구제를 명하시고서 이런 베풂을 "의디카이오수네" 곧 정의라 칭하신다.^{마 6:1} 다른 데서도 그분은 힘없는 사람들을 옹호하신다. "돈을 좋아하는" 바리새인들을 책망하실 때도 그렇고, '과부의 가산을 삼키는' 다시 말해 재정적으로나 법적으로 열악한 그들의 처지를 오히려 이용하는 서기관들을 질타하실 때도 그렇다.^{눅 16:14; 20:47}

4 성경적 정의, 공동의 책임이자 개인의 책임

정의란 인간에 대한 합당한 대우다. 압제받는 자들과 빈민에게도 하나님의 형상대로 지음받은 인간으로서의 권리가 있음을 인정해 준다는 뜻이다. 그러나 정의에는 불의를 행한 가해자에게 행동의 책임을 묻는다는 의미도 있다. 여기서 의문 하나가 생긴다. 불의란 어떻게 발생하는가? 성경에 따르면 불의는 직접적 이유 즉 개인의 책임으로 발생하기도 하고, 간접적 이유 즉 공동의 구조적 책임으로 발생하기도 한다.

때로 하나님은 한 개인이 죄를 저질렀음에도 그 죄를 직접 짓지 않은 가정과 집단과 국가에게 공동의 책임을 물으신다. 다니엘은 선지자들의 말을 듣지 않고 그들의 명령에 불순종한 조상의 죄^{단 9:5-6}를 회개했으나 그가 직접 그런 죄를 지었다는 증거는 없다. 사무엘하 21장에 보면 하나님은 사울왕이 죽은 지 여러 해가 지났는데도 그가 기브온 족속에게 가했던 불의한 폭력의 책임을 이스라엘에게 물으셨다.

일각에서는 이런 공동의 책임이 이스라엘에만 있었다고 주장하지만, 아모스 1-2장과 사무엘상 15장 2절과 신명기 23장 3-8절에 보면 이교 국가를 향해서도 하나님이 조상의 죄에 대한 책임을 현 세대에게 물으셨다. 베드로는 예수님의 죽음에 대한 책임이 그분이 처형당하신 시점에 예루살렘에 있던 모든 사람에게 있다고 말했다.^{행 2:14, 23, 36} 사실은 가해자가 소수에 불과했는데도 말이다.^{23절} 대중이 침묵하지 않고 이의를 제기했더라면 그 십자가형이 발생하지 않았을 테니 은연중에 그들의 책임도 있다는 뜻이다.

아울러 성경에 지적하듯이, 사회적으로 제도화된 생활 방식이 강자를 편들고 특정 집단을 압제하기도 한다. 그런데 막상 이런 제도를 지지하며 거기에 가담하는 사람 가운데 다수는 고의로나 의식적으로 해를 끼칠 의도가 없다. 저녁 만찬과 손 대접을 통해 서로 후원 관계를 맺던 로마의 제도를 앞서 이 책 9장에서 살펴보았다.^{눅 14장} 가난한 사람은 거기서 구조적으로 배제되었고, 부자는 더 부유해지고 마당발만 더 인맥이 넓어졌다. 예수님은 제자들을 거기에 일절 가담하지 못하게 하셨다. 마찬가지로 바울도 그리스도인에게 사람을 납치하여 노예로 파는 일을 금했다.^{딤전 1:8-11} 그런 일을 하는 사람들에게는 그것이 수지맞는 제도였지만 말이다.

공동의 책임과 구조적인 악도 엄연한 현실이지만, 성경은 개인의 책임에 가장 큰 무게를 둔다. 앞서 보았듯이 하나님은 개인의 죄를 벌하시려 집단을 심판하실 수도 있다. ^{수 7장: 민 14장} 그러나 성경은 인간의 법제에서는 "아버지는 그 자식들로 말미암아 죽임을 당하지 않을 것이요 자식들은 그 아버지로 말미암아 죽임을 당하지 않을 것이니 각 사람은 자기 죄로 말미암아 죽임을 당할 것이니라"라고 밝힌다. ^{신 24:16} 물론 부모와 가족이 우리에게 악을 가르치며 부추길 수도 있다. 그러나 우리 쪽에서 저항할 수 있고 저항할 책임이 있다. 공동의 책임을 지나치게 강조할 때 발생할 수 있는 사태가 에스겔 18장에 사례 연구로 제시되어 있다. 결과는 운명론과 무책임이다.[8] 에스겔이 반박했듯이 결국 모든 죄는 온전히 본인 책임이며, 우리의 구원도 하나님 앞에서 각자 어떻게 반응하느냐에 달려 있다.

요컨대 불의의 책임에 대한 성경의 입장은 복합적이다. 공동의 죄라 해서 개인의 도덕적 책임을 면할 수 없고, 개인의 책임이라 해서 구조적인 악을 배제할 수는 없다. 성경이 가르치는 정의에 따르면 내 죄는 내 책임이며, 그밖에 나는 타인의 죄와 불의에도 연루되고 개입되어 책임이 있을 수 있다.

† 성경 속 풍부한 사회적 분석

성경에는 불의와 관련해 풍부한 사회적 분석이 실려 있다. 현대의 개인주의적인 서구 사회는 인간이란 전적으로 개인의 모든 선택의 산물이라는 신념 쪽으로 강하게 치우쳐 있다. 사람이 가난하든 부유하든 각자의 행동 때문이라는 것이다. 이 견해대로라면 자진해서 의식적으로 직접 짓는 죄 외에는 죄란 존재하지 않으며, 따라서 다른 모든 악에 대해서는 죄책이나 책임이 없다. 서구인과 특히 미국의 백인은 자신이 개인적으로 직접 가담한 적이 없는 한, 북부 도시들의 주택담보 대출과 주택 소유에서 흑인을 구조적으로 배제하던 규정,[9] 남부의 흑인 차별법, 노예제도 같은 사회제도가 끼치는 여파에 대해 별로 책임을 느끼지 않는다. 로버트 벨라Robert Bellah가 이런 입장을 탁월하게 기술하고 비판했다.[10]

그러나 우리는 마르크스주의의 사회 이론처럼 반대 방향의 환원주의에 빠져서도 안 된다. 그런 관점에 따르면 빈곤과 범죄는 결코 개인의 도덕적 선택의 결과가 아니라 항상 사회 구조의 산물이다. 그래서 미국의 유명한 변호사인 클래런스 대로우Clarence Darrow 같은 사회주의자는 말하기를, 복역 중인 살인범이든 정직한 시민이든 도덕 상태는 전혀 다르지 않은데 사회적 요인이 개인의 선택을 전적으로 좌우하여 각자를 현재의 자리로 떠밀었다고 했다.[11]

찰스 테일러Charles Taylor가 최근 인터뷰에서 말했듯이, 인간의 본성에 대한 비종교적 관점은 우리의 행동을 기계적 요인으로 환원한다. 그 요인으로 모든 것이 설명 가능하며, 그 요인 또한 관리 및 통제가 가능할 수 있다.[12] 이런 관점은 인간의 행동을 진화와 신경화학으로 또는 문화와 사회 구조로 또는 기타 기계적 요인으로 설명

하는 경향이 있다.[13]

　　반면에 성경은 우리가 하나이면서 세 분이신마 28:19 삼위일체 하나님의 형상대로 지음받았기에창 1:26-28 우리도 개인이면서 동시에 공동체적 존재라고 말한다. 또 우리는 육체이면서 영혼이다.고후 5:1-10 우리를 형성하는 것은 생물학적 요인이나 개인적 선택이나 사회적 영향력만이 아니라, 우리 안과 사방에 있는 선악 간의 영적 세력이기도 하다.엡 6:10-13; 롬 7:14-25

　　그렇다면 빈곤 같은 불의는 개인의 행동에서 비롯되는가, 아니면 불의하게 굳어진 사회 구조에서 비롯되는가? 성경은 둘 다라고 답하면서도 그 둘을 훨씬 넘어선다. 잠언 10-12장에 보면 개인의 무책임이 빈곤을 낳을 수 있다는 말이 많이 나온다. 예컨대 10장 4절에 "손을 게으르게 놀리는 자는 가난하게 되고 손이 부지런한 자는 부하게 되느니라"라고 했다. 빈곤을 유발하는 무책임에 대한 비슷한 말이 그 석 장에 산재해 있다.12:27 그런가 하면 13장 23절에는 "가난한 자는 밭을 경작함으로 양식이 많아지거니와 불의로 말미암아 가산을 탕진하는 자가 있느니라"라는 말씀이 있다.[14]

　　이처럼 성경은 빈곤과 불의를 개인의 행동과 선택 아니면 굳어진 사회 구조라는 둘 중 하나로 환원하지 않는다. 그 둘을 모두 인정하면서도 성경은 더 나아가 죄마음과 세상의 악에서 기인한 불의를 말한다. 우리는 개인이면서 사회적 존재일 뿐 아니라 또한 영혼과 육체다. 실제로 신약의 "세상코스모스"이라는 단어는 물리적 실재와 영적 실재를 둘 다 포함한다. 하나님이 인간 세상을 사랑하신다고 한 요한복음 3장 16절에서의 "세상"은 물리적 실재를 의미하고, 선한 피조물을 가짜 신들로 둔갑시키는 필연적 성향을 말한 요한일서 2장 15-16절에서의 "세상"은 영적 실재를 의미한다. 성경의 정의관은 개인의 책임과 사회 구조를 둘 다 매우 중시하면서도, 그런 양자택일식의 세상적 관점을 훨씬 초월하는 통전적인 인생관에 기초해 있다.

그러니 당연히 우리 인간은 참으로 복잡한 존재고, 그러므로 과학으로는 우리가 누구며 인생을 어떻게 살아야 하는지 충분히 설명할 수 없다. 또한 당연히 예수님의 부활은 한없이 기쁜 소식이다. 피조물의 썩어짐롬 8:21과 타락이 모든 깨어진 관계에서 영적, 사회적, 도덕적, 심리적, 인종적, 경제적, 문화적, 육체적으로 전부 치유된다는 뜻이기 때문이다. 다른 모든 정의관은 문제를 사회나 개인이나 도덕으로 환원한다. 그러나 그리스도를 통해서는 새로운 창조 세계가 열린다. 사 65:17-25

† 신자는 어떻게 정의를 실천해야 할까

실제로 그리스도인은 어떻게 정의를 실천할 수 있을까? 여태 성경에서 살펴본 정의는 신자들이 세상에서 "빛과 소금"으로, 산 위의 도시로 살아가는 데 어떻게 도움이 될 수 있을까?

첫째로, 그리스도인은 교착 상태를 낳고 온전한 변화를 막는 정치적 양극화와 혐오를 피하면서도 변화의 능동적 주역이 될 수 있다. 제임스 멈포드James Mumford는 *Vexed: Ethics Beyond Political Tribes*난제: 진영 논리를 넘어서는 윤리에 오늘날의 정당이 당원에게 강요하는 "윤리 일괄 정책"을 지적했다.[15] 미국 의회의 민주당이나 공화당의 일부 정강에 공감하여 그것을 지지하려 하면, 당이 세운 정책을 전부 지지해야 한다는 압력이 가해진다.

하지만 앞서 보았듯이 성경적 정의는 그런 범주에 쏙 들어맞지 않고 오히려 양쪽을 넘나들 때가 많다. 세속 사회의 눈에 '보수'와 '진보'로 보이는 요소가 성경적 정의에 뒤섞여 있는 것이다.

예를 들어 빈곤 지역의 실패한 교육 제도를 고치려면 교원 노동조합 규정에 관해서는 민주당에 맞서고, 학교 지원용 세금을 지역에서 자체 조달해야 하는 정책에 관해서는 공화당에 맞서야 할 수 있다. 성경은 우리에게 빈민을 돌보고 이민자를 환영하라고 명하지만, 구체적인 방법까지 알려 주지는 않는다. 앞서 보았듯이 성경에 제시된 '보편적 공정성'의 여러 원리는 때와 장소에 따라 다르게 적용되어야 한다. 그러려면 지혜와 세심한 분별력이 필요하며, 공론公論적인 정치 강령으로는 안 된다.

둘째로, 그리스도인은 정의를 위해 다른 사람들과 협력할 때 모든 협력자와 파트너를 대등하게 대하면서도 자신이 신자임을 기꺼이 밝혀야 한다. 세속 사회의 최대 약점은 인권과 빈민 구제 같은 도덕적 이상을 떠받칠 도덕적 근거가 없어졌다는 것이다. 더 인도

적이고 정의로운 사회를 창출하려면 반드시 돈과 권력을 희생해야 하는데, 이때 그리스도인은 희생할 동기를 신앙에서 충분히 얻지만 세속 사회는 그런 동기를 갈수록 더 잃어 간다.

신앙이 없는 정의 활동가가 가장 답하기 어려운 질문은 이것이다. "복지 혜택은 내게도 필요한데 왜 알지도 못하는 사람들에게 양보하느라 내가 희생해야 하는가?" 반면에 그리스도인들은 독선적 태도나 우월감 없이 자신이 신자임을 밝히고, 직접 대가를 치르면서 정의를 실천할 수 있다. 이로써 그들은 주님만 아니라 또한 협력자들을 섬기는 것이다. 이런 그리스도인은 자신의 삶에 역사하시는 하나님을 증언하면서, 도덕적 근거가 충분히 존재함을 세상에 보여준다. 그 근거가 있기에 의욕을 품고 힘을 얻어 정의의 실천이라는 고된 일을 해 나갈 수 있다.

셋째로, 이상의 모든 이유에서 나는 그리스도인들에게 광범위한 "국가적 담론"에 뛰어들기보다는 지역에서 벌어지는 구체적 사안에서 정의를 위해 일할 것을 제안한다. 서구 세계의 많은 지역에서 국가적 정치 제도는 더는 제구실을 못하고 있다. 최대한 다수의 시민과 선거구를 참여시켜 타협을 통해 법률을 제정해야 하는데, 실상은 그렇지 못하다. 다른 모든 입법자 및 지도자와 협력하기보다는 지도자 개개인의 지지 기반을 다지고 의제를 추진하는 "무대"로 변한 것이다.[16] 그리스도인이 지역의 중요한 사안에 집중한다면 대개 더 많은 일을 해낼 수 있다. 예컨대 공립학교들, 지역의 형사사법

제도, 거주지와 관련한 인종차별 문제, 의료 불균형 등 발전을 이룰 만한 프로젝트가 많이 있다.[17]

† 불의하고 부패한 이 땅, 하나님은 포기하지 않으셨다

예수님의 부활은 하나님이 세상을 전혀 포기하지 않으셨다는 뜻이다.[18] 그리스도께서 다시 살아나심으로써 실제 물리적 삶이 얼마나 중요한지 확증되었다. C. S. 루이스의 말대로 하나님은 "물질을 좋아해 물질을 고안하신 분이다."[19] 그뿐만 아니라 예수님의 부활은 고난에 의미를 부여하고, 고난을 통해 장차 치유가 이루어진다는 희망을 준다. 그분의 부활은 이 쇄신이 확실하다는 보증일 뿐 아니라 그리스도인들에게 지금 부정과 불의에 맞서라고 명한다. "기독교는 싸우는 종교다. …… 기독교에 …… 따르면 하나님이 지으신 세상은 아주 많은 면에서 변질되었으며, 그분은 우리에게 이를 바로잡으라고 단호히 강권하신다."[20]

톰 라이트가 그것을 다음과 같이 아주 잘 표현했다.

부활이 주는 메시지는 이 세상이 중요하다는 것이다! 치유와 정의와 사랑이 이겼다는 소식으로 현세의 불의와 고통에 지금 대응해야 한다는 것이다. …… 예수 그리스도께서 영으로만 다시 살아나셨다면 나 하나에서 끝난다. 나 개인만 새로운 차원의 영적 삶을 얻으면 그만이다. 그러나 그분이 죽은 자 가운데서 참으로 다시 살아나셨기에 기독교는 온 세상을 위한 기쁜 소식이다. 이 소식이 우리 마음을 따뜻하게 함은 바로 따뜻한 마음이 주목적이 아니기 때문이다.

부활절은 불의와 폭력과 치욕이 만연한 세상에서 하나님이 그런 것들을 결코 용납하지 않으신다는 뜻이다. 또한 우리가 하나님의 모든 에너지로 일하고 계획하여, 그 모두를 이기신 예수님의 승리를 실천한다는 뜻이다. 부활절을 제하면, 기독교가 물질세계의 문제를 외면한다고 비난한 카를 마르크스가 옳을지도 모른다. 부활절을 제하면, 기독교가 심리적 소원 성취에 불과하다던 프로이트가 옳을지도 모른다. 부활절을 제하면, 기독교가 겁쟁이들을 위한 것이라던 니체가 옳을지도 모른다.[21]

그러나 그분이 실제로 부활하셨기에 결국 역사의 쓰레기통에 버려질 것은 마르크스와 프로이트와 니체의 세속 이론이다.

11 。터져 나오는 눈물,
   낭비하지 않고
   '기쁨의 씨'로 뿌리다

그러므로 도리어 크게 기뻐함으로
나의 여러 약한 것들에 대하여 자랑하리니
이는 그리스도의 능력이 내게 머물게 하려 함이라 ⋯⋯
이는 내가 약한 그때에 강함이라.
고린도후서 12장 9-10절

대반전은 그리스도인이 구원받는 방식일 뿐 아니라, 크리스토퍼 왓킨Christopher Watkin의 말처럼 "하나의 역동"이 되어 "생활 리듬, 윤리, 세계관, 세상을 살아가는 방식 등으로 확장된다."[1] 예수님의 부활을 우리의 "세계관, 세상을 살아가는 방식"으로 삼으면 특히 삶의 역경과 고난을 바라보고 경험하는 방식이 달라진다.

† 산상수훈과 하늘의 도성

출애굽기와 신명기에 보면 모세가 산에 올라가 하나님을 만난 뒤 십계명을 가지고 내려온다. 이렇게 창건된 그 국가 백성의 삶은 세상에 하나님의 영광을 보여 주어야 했다.신 4:5-8 예수님도 산에 올라가 하나님을 만나 기도하신 뒤 내려와 열두 제자를 뽑으시고 팔복으로 시작해서 무리를 가르치셨다.눅 6:12-20 그분의 목표는 "반문화"인 새로운 공동체의 기초를 다지시는 것이었다.[2]

앞 장에서 보았듯이 예수님의 산상수훈은 "산 위에 있는 도시"를 탄생시킨다. 이 도시는 인간 사회의 대안으로, 종말에 이 땅에 충만해질 하나님의 도성이다. 그리스도인들은 모든 도시 안의 대안 도시다. 존 스토트는 "그들을 본받지 말라"마 6:8라는 말씀을 산상수훈의 한 핵심 주제로 보았다. 예수님은 어떤 때는 제자들을 종교인들과 대비하신다. 마태복음 6장 1-18절을 보면 종교인들의 독선적인 기도와 빈민 구제를 질타하신다. 그런가 하면 같은 산상수훈에서 제자들을 이교의 이방인들과 대비해 말씀하시기도 한다. 마태복음 5장 44-47절을 보면 원수에게 복수해야 직성이 풀리는 수치와 명예의 문화를 비판하셨고, 6장에서는 재물의 소유와 축적에 집착하고 염려하는 것은 이방인들이나 하는 일이라고 말씀하셨다.

> 예수께서 오심으로 새 시대가 동텄고 하나님의 통치가 역사 속에 침투해 들어왔다. 그분은 "회개하라 천국이 가까이 왔느니라"라고 외치셨다. 성경을 통틀어 산상수훈에 …… 기독교 반문화가 …… 가장 온전하게 서술되어 있다. 기독교의 가치 체계, 윤리 기준, 종교적 헌신, 돈과 [섹스와 권력과] 생활 방식과 관계망에 대한 태도가 그 안에 담겨 있다. …… 이 기독교 반문화는 하나님 나라의 삶이다. 하나님의 통치 아래 살아가는 지극히 인간다운 삶이다.[3]

산상수훈에는 두 가지 버전이 있는데, 하나는 마태복음에 나오고 또 하나는 누가복음에 나온다. 학자들 사이에 양쪽의 차이점을 두고 논란이 있지만, 많은 사람이 지적하듯이 서로 모순되는 점은 없다. 게다가 예수님이 같은 내용을 여러 번 강론하셨다고 볼 만한 이유도 얼마든지 있다. 이번 장의 취지상, 그리스도인이 역경에 어떻게 대처해야 하는지는 누가복음의 산상수훈에 더 직설적으로 언급되어 있다.

예수께서 눈을 들어 제자들을 보시고 이르시되 너희 가난한 자는 복이 있나니 하나님의 나라가 너희 것임이요 지금 주린 자는 복이 있나니 너희가 배부름을 얻을 것임이요 지금 우는 자는 복이 있나니 너희가 웃을 것임이요 인자로 말미암아 사람들이 너희를 미워하며 멀리하고 욕하고 너희 이름을 악하다 하여 버릴 때에는 너희에게 복이 있도다 그날에 기뻐하고 뛰놀라 하늘에서 너희 상이 큼이라 그들의 조상들이 선지자들에게 이와 같이 하였느니라 그러나 화 있을진저 너희 부요한 자여 너희는 너희의 위로를 이미 받았도다 화 있을진저 너희 지금 배부른 자여 너희는 주리리로다 화 있을진저 너희 지금 웃는 자여 너희가 애통하며 울리로다 모든 사람이 너희를 칭찬하면 화가 있도다 그들의 조상들이 거짓 선지자들에게 이와 같이 하였느니라.ᄒ

6:20-26

첫 문장에 "하나님의 나라"가 명시된다.20절 여기서 "나라"는 국가를 연상시키지만 헬라어 원어가 지칭하는 것은 영토라기보다 통치다. 즉 인간 사회를 다스리고 운영하는 방식이다. 부서장이 새로 부임하거나 신임 코치가 팀을 인수하면 당연히 일하는 방식이 달라진다. 지도자가 바뀌었으니 가치관과 우선순위와 강조점도 다를 수밖에 없다. 그래서 예수님은 "나를 믿으면 너희는 내 나라에 들어온다. 이제부터 세상 나라와는 반대되는 내 나라의 가치관을 알려 주겠다"라고 말씀하신다.

그분이 제시하신 양쪽 나라의 가치관은 각각 네 가지다.

세상 — 좋은 것들		예수님의 나라 — 힘든 것들	
부요한 자	권력	가난한 자	약함
배부른 자	안락	주린 자	박탈
웃는 자	성공	우는 자	상실
모두에게 칭찬받는 자	인정	미움받는 자	배척

먼저 세상의 가치관부터 보자. 예수님은 부요하고, 배부르고, 웃고, 인기 있는"모든 사람이 너희를 칭찬하면" 사람들에 대해 말씀하신다. 첫 단어는 권력을 나타낸다. 결국 빈부의 수준은 남을 통제하는 영향력과 권력을 얼마큼 가졌는지 그 정도의 차이로 귀결되기 때문이다. 두 번째는 안락을 가리킨다. 배부르다는 말은 최고의 식당에서 먹고 최고의 옷을 입고 가장 멋진 집에 사는 등 원하는 것을 다 가졌다는 뜻이다.

세 번째 단어인 웃는다는 헬라어로 고소해한다는 뜻이다. 예수님이 의미하신 바는 행복이라기보다 성공이다. 이 사람들은 경쟁에 이겨서 쾌재를 부른다. 높은 자리에 오른 것을 순전히 자신의 공로로 여긴다. 다른 사람들을 깔보며 "나는 승자고 너는 승자가 아니다"라고 말한다. 끝으로 예수님은 모두에게 칭찬받는 부류를 지목하신다. 박수갈채와 인정과 어쩌면 명성까지 얻은 사람들이다.

이번에는 예수님이 열거하신 그분의 나라의 가치관이다. "복이 있는" 사람의 삶은 이 세상의 삶과는 정반대다. 그것을 이렇게 풀어 쓸 수 있다. 하나님 나라의 특징은 약함과 박탈과 상실과 배척이다. 권력, 물욕의 충족, 성취, 인기가 없는 사람의 상태가 바로 그러하다.

이상의 두 목록은 당시의 청중을 경악에 빠뜨린 것만큼이나 오늘날 우리에게도 충격으로 다가온다. 이런 나라에 속하고 싶은 사람이 누가 있겠는가? 예수님의 말씀을 언뜻 보면, 성공한 사람은 아무도 그분의 나라에 들어갈 수 없고 오직 실패하여 다 잃고 가난해진 사람만이 들어갈 수 있다는 것처럼 들린다. 그러나 앞서 보았듯이 하나님은 부자도 그분의 나라로 부르시고 받아 주신다. 구약의 아브라함과 욥과 신약의 아리마대 요셉을 생각해 보라. 마이클 윌코크Michael Wilcock가 누가복음 주석에 누가복음 6장의 가르침을 잘 요약했다.

하나님 백성의 삶에 무엇보다도 먼저 드러나는 것은 가치관의 놀라울 만한 전환이다.눅 6:20-26 그들은 세상이 한심해하는 것을 귀히 여기고 세상이 선망하는 것을 미심쩍게 여긴다.[4]

예수님은 우리에게 약함이나 박탈이나 배척을 애써 자청하라고 권하신 것이 아니다. 우리를 해칠 수 있는 세상의 모든 세력 앞에서 미련하게 가만히 있어야 한다는 말씀도 아니다. 잠언의 가르침처럼 우리는 빈곤과 낙담과 상실을 부를 만한 행동을 삼가야 한다. 다만 예수님의 말씀은 우리가 사는 세상이 그런 곳이다 보니 약함과 박탈과 배척이 언제라도 우리에게 닥쳐온다는 것이다. 그런 상황에 처할 때 우리는 저주와 사망을 복과 생명으로 반전시키는 방식으로 반응해야 한다.

좋은 것들과 힘든 것들

앞의 두 목록을 "좋은 것들"과 "힘든 것들"로 생각하는 것도 예수님의 가르침을 이해하는 한 방법이다. 욕구 충족과 부와 성공과 인정은 과연 좋은 것들이며, 그 반대 것들은 견디기 힘들다. 그런데 세상 사람들은 좋은 것들에서 근원적인 "위로"눅 6:24를 얻으려 한다. 위로로 번역된 헬라어 단어 "파라클레시스"는 "파라클레테"이신 성령께서 우리에게 주시는 위로와 만족에도 똑같이 쓰인다. 요 14:26; 15:26; 16:7 물론 신자도 비신자처럼 자신이 직업으로 삼은 분야에서 성공하려 하지만, 세상의 현실관에서는 성공 없는 삶이란 전혀 견딜 수 없고 무의미하다. 세상 사람들의 마음과 정체성은 전적으로 성공에 있어, 그것을 자랑하고 거기서 최고의 의미와 위로를 얻는다. 렘 9:23-24 그래서 좋은 것들이 사라지고 힘든 것들이 대신 들어서면 삶이 사실상 끝난 셈이다.

　　예수님이 비유로 든 나사로와 부자 이야기가 좋은 예다. ^{눅 16:19-}
³¹ 나사로 "하나님이 나를 도우신다"는 뜻는 예수님의 모든 비유에서 이름이
나오는 유일한 인물이다. 그분이 그렇게 하신 이유는 내세에서만
볼 수 있는 보이지 않는 실재를 지적하시기 위해서다. 세상 관점에
서 보면 가난한 사람은 익명의 다수 가운데 하나일 뿐이며 그의 묘
지를 아는 사람도 없다. 반면에 부자는 이름이 알려지고 무덤도 거
창하게 꾸며진다. 그런데 죽고 나서는 나사로는 천국에 올라가고
부자는 지옥에 갔다. 이로써 "가난한 사람은 으레 무명하고 부자는
개개인이 중시되던 상황이 서로 역전된다."[5]

　　여기서 생생히 드러나는 사실이 또 있다. 부자에게 이름이 없
음은 부富가 그의 전부였기 때문이다. 그의 정체감은 권력을 중심으
로 형성되었다. 부자라는 사실을 빼면 그는 아무도 아니었다. 부를
제하면 즉 좋은 것들이 없어지면 남는 자아가 없었다. 반면에 나사
로의 삶에는 힘든 것들이 참 많았지만 분명히 그는 신앙과 덕의 사
람이 되었다. 힘든 것들 덕분에 하나님께로 떠밀려 자신의 실상을
보게 되었는지도 모른다.

　　하나님을 믿지 않으면 좋은 것들을 받아도 그것이 우리를 속박
하거나 실망시키거나 어떻게든 덫으로 변한다. 데이비드 포스터 월
리스^{David Foster Wallace}의 말마따나 참되신 하나님 이외의 다른 것을
숭배하면 "그것이 당신을 산 채로 삼켜 버린다."[6]

인간이 "하나님의 형상대로" 창조되었다는 성경 말씀에는 우리를 하나님의 영광을 대면하고 반사하는 거울처럼 창조하셨다는 의미도 있다. 창 1:27 즉 우리는 그분을 예배하고 섬기고 기쁘시게 하면서 그분을 닮아 가야 한다. 우리 영혼이 엉뚱한 것을 "대면하고" 하나님보다 다른 것을 더 사랑하면, 자기 본연의 창조된 모습에 어긋날 뿐 아니라 우주의 순리에도 어긋난다. 결과는 매번 세상이 기대하고 추구하는 것의 반대다. 시간이 가면 밝혀지듯이 권력은 결국 약해지고 하나님 없는 성공은 오히려 실패다. "주리는 자를 좋은 것으로 배불리셨으며 부자는 빈손으로 보내셨도다."눅 1:53

힘든 것들과 최고의 것들

좋은 것들도 하나님 없이 받으면 저주로 변한다. 반대로 힘든 것들을 받아도 하나님을 믿으면 겉으로 보기에는 저주였던 것이 오히려 복으로 변한다. 이런 반전은 누가복음 16장이 가르쳐 주듯이 현세에 이루어지지 않는 경우가 많다. 그래도 대다수 그리스도인은 그간의 힘든 것들을 돌아보면, 하나님이 약함과 고통을 통해 자신의 삶에 복을 이루셨음을 알 수 있다. 그래서 그리스도인은 힘든 것들을 자청하지 않고 정말 힘들게 여기면서도, 다음과 같은 위대한 진리로 무장되어 있다. 하나님을 믿는 믿음으로 받으면 힘든 것들이 최고의 것들로 이어진다는 것이다.

J. K. 롤링Rowling이 "실패의 유익"이라는 제목으로 하버드대학

교 졸업식 축사에서 제시한 역동은 흔히 아는 내용들이다. 즉 인간의 본성, 자신의 장단점, 몸담을 직업 분야 등에 대한 교훈같이 장래의 성공의 발판이 될 중요한 교훈은 실패를 통해서만 터득된다는 것이다. 그러나 하나님 나라에 약속된 것은 그보다 훨씬 차원이 높다.

예수님은 믿음으로 살아가는 그분의 제자들에게는 힘든 것들이 최고의 것들로 이어진다고 약속하신다. 그 내용도 그분이 명시하셨다.

힘든 것들	최고의 것들
가난한 자	하나님의 나라가 너희 것임이요
주린 자	배부름을 얻을 것임이요
우는 자	웃을 것임이요
미움받는 자	하늘에서 너희 상이 큼이라

예수님이 첫 번째로 지목하신 최고의 것은 하나님 나라 자체다. 그리스도를 믿는 순간 누구나 그 나라의 시민이 된다.^{골 1:13; 엡 2:9; 빌 3:20} 베드로전서 1장 4절 말씀처럼 영광의 "유업"이 우리를 기다리고 있다는 뜻이다. 바울이 말했듯이 현세의 고난 즉 힘든 것들은 우리 내면과 영혼을 새롭게 하여, "지극히 크고 영원한 영광의 중

한 것을 우리에게 이루게" 한다. ^{고후 4:17} 말만 들어도 기대감이 절로 든다.

성경이 말하는 "영광"에는 아름다움과 중요성과 위대함과 권력이 포함된다. 힘든 것들이 있어 우리는 하나님을 더 의지하게 되며, 그리하여 지금부터 연단을 통해 사랑과 희락과 화평과 오래 참음과 자비와 겸손과 절제가 더 깊어진다. 내세에 영광스럽고 아름답게 완성될 성품이 현세에 이미 전조를 보이는 것이다. 하나님 나라 시민에게는, 바울이 우리가 아는 그 무엇보다도 '지극히 크다'고 표현한, 즉 우리의 상상을 뛰어넘는 미래의 영광이 보장되어 있다.

예수님이 마지막으로 지목하신 최고의 것은 박해받는 자에게 "하늘에서" 주어질 "큰 상"이다. 여기서 우리는 '실패의 교훈'이니 '전화위복'이니 하는 세상의 평범한 지혜의 한계를 뚫고 비상한다. 흔히들 하는 그런 말은 날마다 사람들에게 닥쳐오는 많은 처참한 비극 앞에서 아무런 소용이 없으며, 오히려 고난을 경시한다. 게다가 우리가 겪는 많은 힘든 것들은 너무도 끔찍해서 실제로 현세의 비용편익 분석을 적용해서는 결코 상쇄될 수 없다.

그런데 "하늘" 곧 천국이 있다면 어떨까? 천국은 지상 생활의 가장 경이로운 순간보다도 무한히 더 만족스럽고 영광스러운 "사랑의 세상"이다. 아빌라의 테레사^{Teresa of Ávila}가 남긴 유명한 말에 그것이 이렇게 대비되어 나타난다. "천국에서 보면, 가장 비참한 생조차도 불편한 여관에서 지내는 하룻밤처럼 보일 것이다."[7] 그녀는 "비참한

생을 천 번을 산다 해도"라고도 얼마든지 말할 수 있었을 것이다.

이생이 다하면 우리가 당했던 많은 섬뜩한 악에 대해 보상이 이루어질 뿐 아니라, 순리대로 모든 힘든 것들이 더 큰 선과 영광을 낳을 것이다. 예수님이 우리를 위해 그러셨듯이 우리도 그분께 충성하는 마음으로 힘든 것들을 감수한다면 말이다. 약해지는 경험을 통해 우리는 다른 방식으로는 결코 얻지 못할 힘을 얻는다. 완전한 기쁨"웃음"과 "배부름"이야 그분을 대면하는 날에나 누리겠지만, 자신보다 그리스도와 타인들을 위해 살수록 이미 이생에서도 새롭고 더 깊은 만족을 경험할 수 있다. C. S. 루이스는 다음과 같이 믿었다.

> 이 원리는 삶 전체를 속속들이 관통한다. 자신을 내려놓으면 참자아를 얻는다. 자신의 목숨을 잃으면, 오히려 목숨을 구원받는다. 죽음을 받아들이라. 날마다 당신의 야망과 애틋한 소원에 대하여 죽으라. 마침내 온몸의 죽음까지도 존재의 모든 세포로 받아들이라. 그러면 영생을 얻는다. 아무것도 남겨 두지 말라. 아직 놓아 보내지 않았다면 아무것도 정말 당신 것이 아니다. 아직 죽지 않았다면 당신 안의 그 무엇도 부활하지 못한다. 자신을 구하면 장기적으로 미움과 외로움과 절망과 분노와 파멸과 부패밖에 얻지 못한다. 그러나 그리스도를 구하면 그분은 물론이고 덤으로 모든 것도 함께 얻는다.[8]

그래서 그리스도인은 깨닫는다. 예수님 안에서는 올라가려면 내려가야 하고, 참된 권력에 이르려면 권력을 버리고 섬겨야 하고, 참으로 부자가 되려면 가진 모든 것을 아낌없이 베풀어야 하며, 영원히 행복해지려면 자신의 행복보다 남의 행복을 구해야 함을 말이다. 바로 그렇게 예수님은 세상을 구원하시고 당신의 삶을 변화시키셨다. 이제 그것이 우리의 세계관이자 세상을 살아가는 방식이 된다.

† "하나님은 그것을 선으로 바꾸사"

부활을 적용해서 우리를 삶의 질곡과 역경에 직면하도록 돕는 말씀은 예수님의 산상수훈만이 아니다. 창세기의 큰 부분을 차지하는 야곱과 요셉의 이야기는, "하나님을 사랑하는 …… 자들에게는 모든 것이 합력하여 선을 이루느니라"라는 성경의 가장 유명한 약속을 예증하는 최고의 사례 가운데 하나다. 롬 8:28

야곱은 형 에서를 노골적으로 편애하는 아버지 밑에서 고생했다. 아버지의 축복에 따라오는 사랑과 유산을 얻어 내려고 그는 거짓말과 술수를 동원하여 남들을 조종했다. 그런데 그 역시 가정을 이룬 뒤에 자녀에게 동일한 고통을 입혔다. 아들 요셉을 열한 형보다 더 사랑하여 노골적으로 편애한 것이다. 그 결과 형들은 울분과 시기심에 사무쳤고 요셉의 자아상도 망가졌다. 잘난 척하는 요셉의 교만은 자기가 최고라는 꿈으로 표출되었다. 아버지조차 그 꿈을

불쾌하게 여겼을 정도다. ^{창 37:10}

요셉의 삶에 이루어진 하나님의 반전

결국 형들은 요셉을 아랍인 무역상들에게 몰래 팔았고, 그들은 애굽에서 그를 바로의 경호대장에게 되팔았다. 노예가 된 데다 강간 누명까지 쓴 요셉은 왕의 지하 감옥에 죄수로 갇혀 생명의 위협마저 느꼈다. 그러나 그 캄캄한 곳 깊은 데서 그는 점차 변화되었다. "옥에 갇혀 있는 동안 주님의 말씀이 요셉을 단련했다. ^{시 105:19} ...... 이렇게 하나님은 요셉에게 환경을 통해 그분을 신뢰하게 하셨다."⁹ 자신과 주변 사람들의 삶을 파멸에 빠뜨릴 뻔했던 그의 교만도 꺾였다.

바로의 꿈을 해석해 준 재능 덕분에 요셉은 감옥에서 풀려나 애굽왕국의 총리로 부상했다. 거기서 기아 구호 정책을 펴서 큰 기근으로 굶주리던 수많은 백성뿐 아니라 자기 집안까지 구원했다. 그와 형들의 재회 과정을 기록한 창세기 42-45장을 보면 형들은 회개했고 마침내 그들은 화해했다.

야곱이 죽고 나자 형들은 요셉이 자기들에게 계속 원한을 품을까 두려워 그를 찾아갔으나 그는 이렇게 대답한다.

두려워하지 마소서 내가 하나님을 대신하리이까 당신들은 나를 해하려 하였으나 하나님은 그것을 선으로 바꾸사 오늘과 같이 많은 백성의 생명을 구원하게 하시려 하셨나니.^{창 50:19-20}

요셉은 형들을 두둔하지 않았다. 그를 '해하려 했으니' 그들의 죄는 고의였다. 그러나 하나님의 경륜 가운데 그들의 악행은 오히려 요셉의 망가진 성품을 치유하고 그를 큰 인물로 세우는 도구로 쓰였다. 또 하나님은 그들의 행위를 통해 가나안에 있던 요셉을 다른 곳으로, 즉 넓게는 세상과 좁게는 자기 집안을 위해 그가 최고의 선을 행할 수 있는 곳으로 옮기셨다. 예수님처럼 요셉도 "패함으로써 승리했다."[10] 큰 인물이 되어 많은 백성의 생명을 구원하는 데 기여한 요셉의 '부활'은 애굽의 감옥에서 애초의 모든 희망과 행복이 죽었기 때문에만 가능했다.

요셉은 자신의 삶 전체를 "당신들은 나를 해하려 하였으나 하나님은 그것을 선으로 바꾸사"라는 말로 요약했다. 자신도 모르게 예수님의 구원의 틀을 자신에게 적용한 것이다. 하지만 우리는 예수님을 믿으면 누구나 그분의 죽음과 부활에 믿음으로 연합된다는 사실을 안다. 골 2:12; 롬 6:4; 엡 2:6 그래서 예수님의 삶의 역설적 틀은 우리 자신의 삶과 역사를 이해하는 열쇠가 된다.

이것이 우리에게 얼마나 놀라운 자원인지 잠시 생각해 보라. 높은 산에 올라가면 지나온 길이 훨씬 잘 보인다. 저 아래 골짜기에서는 발길을 돌리다 길을 잃을 수도 있었지만, 위에서 보면 그간의 경로와 앞으로 갈 길이 한눈에 들어온다. 우리 삶도 '골짜기'에서는 앞뒤가 잘 보이지 않는다. 특히 낙담과 실패와 고난이 닥쳐올 때는 더한데, 이럴 때 우리는 낙관론과 비관론의 연속선상에서 대처하는 경향이 있다.

낙관론자는 환난을 일시적인 비정상 상태로 본다. 그래서 일이 잘 풀릴 것이고, 기본적으로 세상은 안전한 곳이며, 제대로 살면 다 잘될 것이라고 확신한다. 상황이 반전될 때까지 '숨 고르기'를 하는 셈이다. 반대로 비관론자는 세상을 암담한 곳으로 본다. 그들의 인생관은 이러하다. "삶이란 고달프다. …… 다르게 말하는 사람은 무언가를 팔려는 것이다."[11] "인간은 배신하게 마련이다. 사람을 믿을 수 없고 삶도 믿을 수 없다." 비관론자가 보기에 삶에 환난이 닥치는 현실은 비정상이 아니라 오히려 정상이다. 복음의 관점이 없으면 삶의 골짜기에서 고난을 대하는 태도가 이 연속선상 사이를 왔다 갔다 한다. 이것 아니면 저것이다. 삶이란 좋은 것이며 따라서 하나님도 선하시든지, 아니면 삶이란 나쁜 것이며 따라서 하나님도 악하거나 아예 존재하지 않는다.

그러나 요셉은 하나님의 도움으로 골짜기를 벗어나 위에까지 올라갔다. 그러자 낙관론자와 비관론자가 어찌 보면 둘 다 옳지만 가장 근본적인 데서 틀렸다는 것이 보였다. 고난은 정상이 아니며 하나님은 선하신 분이다. 여기까지는 낙관론이 옳다. 주님이 지으신 세상에는 본래 악과 고난과 죽음이 없었으며, 그분은 만물을 도로 바로잡으시려고 역사를 운행하시는 중이다. 그 일을 이루시려고 십자가에서 기꺼이 무한한 대가를 치르셨다. 반면에 고난은 비정상도 아니다. 인류가 하나님을 떠났기 때문에 이제 세상은 아주 어두운 곳이 되었다. 이 점은 비관론이 옳다. 착하게 산다 해서 당연히 삶의 형편이 좋아지는 것은 아니다. 예수님의 경우도 그랬다.

인간의 시각만으로는 양쪽을 합칠 수 없지만, 하나님의 감화를 입은 요셉의 시각으로는 그것이 가능했다. 그래서 그는 "삶은 고통의 연속이다"라고 말하면서도 또한 "하나님은 선하시다"라고 고백한 셈이다. 그가 이를 터득한 것은 하나님의 선하심이 대개 역경과 약함의 경험을 통해 우리에게 임하기 때문이고, 또 그 선하심이 장차 고난과 악을 영원히 종식시킬 것이기 때문이다.

야곱의 삶에서 팔을 엇바꾸신 하나님

요셉의 이야기 끝부분에서 야곱의 일생도 결말을 맞는다. 요셉은 아버지가 죽기 직전, 두 아들을 아버지 앞에 데리고 가서 장남 므낫세와 차남 에브라임에게 축복해 줄 것을 청한다. ^{창 48:1-22} 이 두 아들은 애굽에서 애굽 여인에게서 태어났다. 그래서 야곱과 요셉이 죽고 나면 이스라엘 백성이 요셉의 자녀를 야곱의 법적 상속자에서 제외시키자고 말할 소지가 있었다. 이 문제를 확실히 매듭짓고자 요셉은 야곱의 축복을 받아 두고 싶었다.

요셉과 두 아들이 오자 야곱은 하나님의 언약을 들려주었다. 그분이 야곱의 후손에게 땅과 복을 주시겠다고 약속하신 내용이다. ^{3-4절} 이어 야곱은 비록 므낫세와 에브라임이 애굽에서 태어났지만 자신의 후손 중에 들어 자신의 유산을 나누어 받을 것이라고 말했다. ^{창 48:5-7} 원하던 바였기에 요셉은 마음이 흡족했다.

그래서 그는 두 아들과 함께 아버지에게 다가가되 므낫세를 야곱의 오른손 쪽에 두고 에브라임을 왼손 쪽에 두었다. 오른손은 더 큰 영광의 자리로 간주되었다. 요셉은 장자가 집안의 머리로서 더 큰 복을 받기를 바랐다. 그런데 야곱은 일부러 팔을 엇바꾸어 에브라임의 머리에 오른손을 얹음으로써 일동을 깜짝 놀라게 했다. ^{14절} 요셉은 못마땅했으나 아버지의 시력 감퇴나 어쩌면 치매 기운으로 인한 단순한 실수려니 생각했다. 그래서 말렸다. 풀어 쓰자면 이렇다. "아버지, 혼동하셨습니다. 이쪽이 더 큰 복을 받을 아들입니다. 이쪽이 맞고 저쪽은 아닙니다." ^{18절} 그러나 야곱은 이런 식으로 되받았다. "요셉아, 내가 어련히 알아서 한다. 네가 아니라고 한 아들이 사실은 맞다." ^{19절} 야곱은 아들의 만류와 문화적 규범을 둘 다 물리치고 맏이보다 둘째를 더 축복했다.

"그의 아우가 그보다 큰 자가 되고 그의 자손이 여러 민족을 이루리라" ^{19절}라고 말한 것으로 보아, 물론 야곱은 하나님께 받은 통찰을 예언한 것이다. 그러나 눈여겨볼 점이 있다. 히브리서 11장 21절에 보면 요셉의 두 아들을 축복한 일을 야곱의 일생에서 최고의 신앙 행위로 선정했다는 것이다. "믿음으로 야곱은 죽을 때에 요셉의 각 아들에게 축복하고 그 지팡이 머리에 의지하여 경배하였으며." 이 사건에 두 아이의 장래에 대한 예언을 넘어 그보다 훨씬 깊은 의미가 담겨 있다는 뜻이다.

야곱은 '팔을 엇바꾸시는' 하나님의 원리를 마침내 깨달았다. 그런 식으로 주님은 큰 자와 높은 지위에 대한 세상의 통념을 뒤엎으신다. 그래서 야곱도 모든 아버지의 자랑거리인 장남을 더 크게 축복하지 않음으로써, '팔을 엇바꾸시는' 하나님 방식의 은혜와 구원을 가리켜 보였던 것이다. 그것은 세상의 방식과는 늘 상충된다. 세상의 경륜에서는 먼저 된 자가 먼저 되고 나중 된 자가 나중 되지만, 복음의 경륜에서는 먼저 된 자가 나중 되고 나중 된 자가 먼저 된다. 인간이 보기에는 심히 미련하지만, 이것이 세상에 역사하시는 하나님의 방식을 이해하는 열쇠다. 번번이 하나님은 세상 기준으로 볼 때 더 약한 사람들을 통해 세상에 역사하신다.

이는 단지 '하나님이 약자 편에 서시기를 좋아하시기' 때문이 아니다. 그분 자신과 그분이 세상을 구원하시는 방식이 그 속에 깊이 배어 있다. 복음서에 보면 메시아 예수님이 세상에 오셔서 처음 누운 곳은 여물통이었고 부모도 가난했다. 그분은 정당도 없었고 군대도 없었다. 번번이 그분은 소외층과 매춘부와 세리와 이교도와 여자와 아이를 제자로 택하신 반면, 사회적 인사이더와 도덕군자와 종교인과 흠잡을 데 없는 사람은 물리치셨다. 마침내 최고의 행위로 세상을 구원하실 때도 묵묵히 채찍질을 당하고 죽으셨다. 구원이 이루어진 방식은 처음부터 끝까지 세상의 논리와는 정반대다. 하나님의 행동은 언제나 예상을 벗어난다. 그분은 '엉뚱한 아들'에게 손을 얹어 세상의 제도를 따돌리신다.

그래서 이 사건은 야곱의 신앙과 일생에서 가장 중대한 시점이다. 결국 요셉처럼 그도 삶을 돌아보면서 약해져야 강해지는 역설의 틀을 짚어 냈고, 부재하시는 듯 보일 때도 늘 자신의 곁에 계셨던 하나님을 깨달았다. 한 주석가는 창세기 48장 본문에 대해 이렇게 썼다. "여기 은근한 역설이 있다. 젊었을 때 야곱은 이와 비슷한 상황에서 속임수를 썼었다. 다시 장남 몫의 복이 차남에게 넘어가는데, 이번에는 불의한 간계나 쓰라린 뒷맛이 없다. 이는 잠잠한 순응과 신앙을 보여 주는 좋은 예다."[12]

평생 동안 야곱은 자신이 하나님을 '도와드려야만' 목적을 이룰 것 같았다. 그래서 잔꾀를 써서 거짓말했고 영향력과 권력을 쟁취하려 했다. 이 모두가 아버지의 복을 받기 위해서였다. 그런데 알고 보니 그것은 완전히 틀렸고, 하나님은 연약한 가운데서 충실할 때 복을 주시는 분이었다.

그래서 죽음의 목전에서 야곱은 요셉에게 하나님의 방식인 값없는 은혜를 그리고 직관에 반하는 구원을 받아들이라고 넌지시 타일렀다. 한때는 "이는 다 나를 해롭게 함이로다"[창 42:36]라고 했던 그가 이제 일생을 돌아보며 더는 그렇게 말하지 않았다. 그것은 "모든 것이 합력하여 내게 악을 이루느니라"와도 같은 말이었다. 그때는 하나님이 사사건건 배후에서 자신을 해롭게 하시고 비참하게 하시는 것만 같았다.

그러던 그가 이제 하나님이 '출생부터 지금까지 나를 기르셨고 그분의 사자가 나를 모든 환난에서 건지셨다'고 고백했다. 48:15-16 이전에 했던 말과 행동과는 정반대다. 이제 그는 타국으로 도주한 일, 라반에게 속은 일, 라헬과 일찍 사별한 일, 요셉을 잃었던 일 등 그간의 고난을 기억하면서도 그때마다 자신을 '기르시고 모든 환난에서 건지신' 하나님을 당당히 증언했다. 그분이 배후에서 사랑으로 자신에게 선을 이루어 주셨음을 깨달은 것이다.

† 고난을 통한 기쁨

당신의 슬픔을 낭비하지 말라

대반전의 틀은 시편에도 분명히 나타난다. 구약에서 누누이 확언하듯이 하나님은 고난의 때에 자기 백성을 버리지 않으신다. 시편 30편 1-5절이 단적인 예다. 시편 기자는 "내가 주께 부르짖으매 나를 고치셨나이다"2절라고 썼다. 이어 그는 회중을 향해 '여호와를 찬송하라'고 말하면서 그 이유를 "저녁에는 울음이 깃들일지라도 아침에는 기쁨이 오리로다"라고 밝힌다. 4-5절 슬픔 후에 기쁨이 온다고 단언한 것이다.

그런데 구약에 암시된 것이 그것 말고도 더 있다. 바로 슬픔에도 불구하고가 아니라 슬픔을 통해서 오는 기쁨이다. "눈물을 흘리며 씨를 뿌리는 자는 기쁨으로 거두리로다 울며 씨를 뿌리러 나가는 자는 반드시 기쁨으로 그 곡식 단을 가지고 돌아오리로다."^{시 126:5-6} 인상적인 은유다. 뿌려지는 씨는 눈물과 울음이다. 눈물을 심어 기쁨을 거두는 것이다.

울고 슬퍼하는 방식에도 열매를 맺는 방식이 따로 있다는 뜻이다. 열매에는 더 깊은 행복도 포함된다. 이 세상을 살아가면서 울 일을 피할 수는 없다. 하지만 우리는 눈물을 씨로 뿌리는가? 슬픔을 낭비하는가, 아니면 제대로 우는가? 농부가 씨를 한 곳에만 몽땅 부으면 수확을 기대할 수 없다. 마찬가지로 비통한 심정을 쏟아 내기만 해서는 우리 삶이나 주변 사람들의 삶에 열매를 맺지 못할 수 있다. '울며 씨를 뿌리러 나간다'는 말에는 단순히 슬픔을 쏟아 내는 것 이상의 의미가 있다. 우리는 눈물을 낭비하지 말고 씨로 뿌려야 한다.

정확히 어떻게 눈물을 씨로 뿌리는지는 시편 126편에 나와 있지 않지만, 어쩌면 굳이 밝힐 필요가 없었는지도 모른다. 시편 전체에 '애통'의 기도가 가득하다. 그 수많은 예를 보면 사람들이 고통과 고난을 하나님께 가져가 그분의 임재 안에서 기도로 풀어낸다. 그리하여 분노와 자기연민과 절망에 빠지지 않는다. 그런 데 빠지면 그것이 마음에 독소로 작용해서 우리는 더 지혜롭고 나아지는 게 아니라 더 독하고 완고해질 수 있다.

기쁨을 낳는 슬픔이 있다. 왜 그리고 어떻게 그럴 수 있는지는 신약으로 넘어가야 명확해진다.

형언할 수 없는 기쁨

성경에서 이 틀을 고난에 가장 명확히 적용한 책은 아마 바울이 기록한 고린도후서일 것이다. 바울 일행이 아시아에서 겪었던 큰 시련과 역경을 첫 장에 다음과 같이 기술했다.

> 형제들아 우리가 아시아에서 당한 환난을 너희가 모르기를 원하지 아니하노니 힘에 겹도록 심한 고난을 당하여 살 소망까지 끊어지고 우리는 우리 자신이 사형 선고를 받은 줄 알았으니 이는 우리로 자기를 의지하지 말고 오직 죽은 자를 다시 살리시는 하나님만 의지하게 하심이라. 고후 1:8-9

이 연약함에서 새로운 힘과 확신과 용기가 나왔다. 자신의 능력이 아닌 하나님을 의지할 때만 누릴 수 있는 평안이 나왔다. 그런데 바울의 눈물에서 자라난 열매는 그것만이 아니다. 그는 독자들에게 "모든 위로의 하나님이시며 우리의 모든 환난 중에서 우리를 위로하사 우리로 하여금 하나님께 받는 위로로써 모든 환난 중에 있는 자들을 능히 위로하게 하시는 이시로다"라고 말했다. 고후 1:3-4

바울은 고난당했기 때문에 하나님께 위로받을 수 있었다. 이 위로는 "구체적으로 나타나는 하나님의 은혜와 개입"으로써[13] 다른 곳에는 "모든 지각에 뛰어난 …… 평강"이라고 표현했다. 빌 4:7 환난만이 우리를 떠밀어 하나님을 의지하게 할 수 있고, 바로 이를 계기로 위로를 주신다. 이 위로는 말씀에 선포한 내용과 약속을 우리 마음에 깨우쳐 주심으로써 하나님의 임재와 사랑과 능력을 실감하게 하시는 성령의 역사다. 요 16:12-14

그런데 일단 이 위로를 받았으면 혼자만 간직하고 있어서는 안 된다. "우리가 환난당하는 것도 너희가 위로〔를〕 …… 받게 하려는 것이요 …… 이 위로가 너희 속에 역사하여 우리가 받는 것 같은 고난을 너희도 견디게 하느니라."고후 1:6 바울은 자신에게 나쁜 일들이 벌어진 이유 가운데 하나는 하나님이 자신을 통해 다른 사람들의 삶을 도우시기 위해서였다고까지 결론지었다. 삶을 변화시키고 연단하고 풍요롭게 하는 하나님의 위로를 그들도 똑같이 누릴 수 있도록 말이다. 바울은 연약한 가운데서 강하게 되었으나 이는 자신만을 위한 것이 아니라 수많은 사람을 위한 것이었다.

고린도후서 4장 8-9절에서는 바울이 더 깊이 들어가, 하나님의 주권 아래서 슬픔이 어떻게 기쁨을 낳을 수 있는지를 설명했다. 그는 "우리가 사방으로 욱여쌈을 당하여도 싸이지 아니하며 답답한 일을 당하여도 낙심하지 아니하며 박해를 받아도 버린 바 되지 아니하며 거꾸러뜨림을 당하여도 망하지 아니하고"라고 썼는데, 이런 놀라운 복원력은 어디서 나오는 것일까?

그러므로 우리가 낙심하지 아니하노니 우리의 겉사람은 낡아지나 우리의 속사람은 날로 새로워지도다 우리가 잠시 받는 환난의 경한 것이 지극히 크고 영원한 영광의 중한 것을 우리에게 이루게 함이니 우리가 주목하는 것은 보이는 것이 아니요 보이지 않는 것이니 보이는 것은 잠깐이요 보이지 않는 것은 영원함이라.^{고후 4:16-18}

그는 겉으로는 몸이 늙고 '낡아졌지만' 속으로는 날마다 새로워지고 강해졌는데, 이것은 특히 환난을 거치면서 이루어진 일이다. 고린도후서 11장 23-29절에 바울이 열거한 내용을 보면 그가 환난을 꽤 겪었음을 알 수 있다. 그중에 투옥과 적어도 다섯 차례의 공개 태형과 구타도 있었다. 그런데 무한히 알차고 영원한 영광에 비하면 이 모두는 "잠시 받는 …… 경한 것"에 불과했다. 그 영광이 자신을 위해 예비되어 있음을 바울은 알았다.

바울이 고난 중에도 결코 낙심하지 않은 데는 두 가지 이유가 있다. 하나는 고난이 그를 새로워지게 했기 때문이다. 고난 덕분에 그는 더욱 그리스도를 닮아 가 하나님에게서 기쁨을, 그분의 사랑에서 평안을, 그분의 부르심에서 의미를 발견했다. 또한 흔들리거나 빼앗길 수 없는 것들에 마음의 닻을 내렸다. 그는 또 사랑과 희락과 화평과 오래 참음과 겸손과 절제 등 성령의 열매에서 자라 갔다.^{갈 5:22-23} 그런데 바울 안에 이런 것들을 가장 많이 결실하게 한 것은 바로 환난이었다. 환난을 통해 자신의 실상을 깨닫고 하나님을 의지한 덕분이었다.

아울러 고난은 미래의 영원한 영광을 그에게 이루게 했다. "이루게 함"으로 번역한 단어는 고난으로 영광을 얻어 낸다는 뜻이 아니라 경작 과정을 뜻한다. 사람을 점점 더 잘 준비시켜 무언가를 받아 누리게 하는 수단이라 할 수 있다. 바울의 말은 고난이 지금 자신의 속사람을 새로워지게 할 뿐 아니라 상상을 초월하는 기쁨과 영광을 누리도록 자신을 준비시키고 있다는 뜻이다. 그것이 어떻게 가능할까? 그다음 구절에 나와 있다. 이렇게 새로워지고 준비되려면 눈에 보이는 것이 아니라 "보이지 않는 것"에 주목해야 한다.

이것은 바울이 앞서 고린도후서 3장 18절에서 한 말과 연결된다. 즉 우리는 "예수 그리스도의 얼굴에 있는 하나님의 영광"을 육안이 아니라 믿음으로 볼 수 있다. ^{고후 4:6; 5:7} 그분이 우리를 위해 이루신 일 즉 복음을 묵상하면 된다. 그분의 아름다움과 영광을 흠모하고 기이하게 여길수록 그것이 우리를 그분의 "형상으로 변화하여 영광에서 영광에 이르게" 한다. ^{3:18} 고난 중에도 이처럼 눈에 보이는 것_{악이 있는} 곳이 아니라 그리스도의 위대하심과 영광과 그분이 우리에게 해 주신 일에 주목할 때, 우리는 그분의 형상으로 변화된다. 거기서 비롯되는 내면의 기쁨은 환경의 변화에 좌우되지 않는다.

앞서 보았듯이 존 오웬은 고린도후서의 이 본문들을 주해하면서 지금 여기서 예수님의 영광을 '믿음으로 볼 수 있다'고 설명했다. 오웬도 최소한 바울만큼이나 많은 환난을 겪었다. 그의 첫 아내와 열한 자녀가 모두 그보다 먼저 죽었다. 1662년 내려진 대추방령 _{영국 국교회에서 비국교도를 추방한 왕령-옮긴이} 때문에 그도 다른 청교도 목사들과 함께 교회에서 쫓겨나 실직자가 되었다. 이 모든 시련 중에 그를 지탱시켜 준 것이 고린도후서 3장과 4장에 하신 약속이었다. 그는 연약했기에 기도했고, 다른 방법으로는 결코 알 수 없었을 즐거움과 기쁨을 기도 중에 얻었다. 그래서 그는 이렇게 고백했다. "그분에 대한 막연한 생각으로 만족한다면 우리에게 변화의 능력이 임하지 않는다. 그러나 전심으로 그분을 붙들고 자나 깨나 그분을 생각하고 그분을 …… 즐거워하면 …… 그분에게서 영적 능력이 흘러나와 우리 마음을 정결하게 하고, 더 거룩하게 하고, 은혜로 굳게 하고, 때로 우리를 한없이 영광스러워 형언할 수 없는 기쁨으로 충만하게 한다."[14]

그야말로 슬픔에서 나오는 기쁨이다. 이것이 시편 126편에서 주신 약속임을 오웬도 알았다. 그는 "그러므로 사랑과 즐거움을 동반한 믿음으로 그리스도를 생각하면, 그런 생각은 단 하나도 헛되이 낭비되지 않는다. 이 씨를 뿌리는 사람은 곡식 단을 가지고 돌아온다"라고 덧붙였다.[15]

"내 능력이 약한 데서 온전하여짐이라"

고린도후서 끝부분에 바울은 슬픔과 약함이 더 큰 기쁨과 힘을 낳을 수 있는 정도가 아니라 다른 방도로는 이 선한 것들을 얻을 수 없다고 역설했다. 병명을 밝히지 않았지만 바울의 삶에 만성 통증이 있었다. 그는 이 "가시"를 없애 달라고 기도했으나 하나님은 "내 은혜가 네게 족하도다 이는 내 능력이 약한 데서 온전하여짐이라"
라고 응답하셨다. ^{고후 12:9} 바울이 되돌아보며 깨달았듯이 고난만이
그를 "자만하지 않게" 해 주었다. ^{7절} 우리도 약해지는 경험을 통해
결국 하나님의 은혜에 의지하지 않고는 내면의 겸손과 지혜와 기쁨
과 힘에 이를 수 없다.

이렇듯 슬픔과 약함은 기쁨과 힘을 낳을 수 있다. 멋진 개념이
다! 그런데 바울은 정말 그렇게 될 것을 어떻게 확신했을까? 그가
답을 밝혀 놓았다. 온갖 시련을 언급한 후에 그는 자신과 동역자들
에 대해 이렇게 말했다.

우리가 항상 예수의 죽음을 몸에 짊어짐은 예수의 생명이 또한 우리
몸에 나타나게 하려 함이라 우리 살아 있는 자가 항상 예수를 위하여
죽음에 넘겨짐은 예수의 생명이 또한 우리 죽을 육체에 나타나게 하
려 함이라 그런즉 사망은 우리 안에서 역사하고 생명은 너희 안에서
역사하느니라 …… 주 예수를 다시 살리신 이가 예수와 함께 우리도
다시 살리사 너희와 함께 그 앞에 서게 하실 줄을 아노라. ^{고후 4:10-12, 14}

슬픔이 기쁨을 낳고 연약한 가운데서 강하게 된다는 이 원리가
효력을 발함은 예수님이 죽은 자 가운데서 다시 살아나셨기 때문이
다. 바울은 그분의 부활이 실제로 있었던 일이기에, 불의와 죽음을
반전시키는 구속^{救贖}과 생명이 곧 역사의 의미가 되었다고 말했다.

그리스도인에게는 시편 기자들의 경우보다 답이 훨씬 더 분명하다. 세계사의 중심 사건인 예수님의 고난은 기쁨에 밀려난 정도가 아니라 기쁨을 낳았다. 그분은 우리 대신 고뇌하며 통곡하셨고 우리 대신 형벌을 받으셨다. 궁극의 눈물을 씨로 뿌려 궁극의 기쁨을 거두신 것이다. 그분의 눈물과 피가 우리를 구원했다. 우리를 위한 그분의 눈물과 고난을 기억하기에 이제 우리가 울고 슬퍼하는 방식도 달라진다.

우리는 슬퍼하되 해결되지 않은 죄책감은 없다. "내게 고난이 있지만 하나님이 나를 버리시는 것이 아님을 안다. 이미 예수님이 나를 위해 십자가에서 버림받으셨기 때문이다."

우리는 슬퍼하되 자기연민과 분노에 빠지지 않는다. "그분이 감당하신 슬픔은 훨씬 더 심하고 부당하여 나로서는 영영 헤아릴 수 없다. 이 모두가 나를 위해서임을 안다! 그러니 나도 그분을 위해 이 더 작은 고난쯤은 감당할 수 있다."

우리는 슬퍼하되 조바심을 내지는 않는다. "제자들이 그분의 고난과 죽음을 이해하지 못했듯이 이 고난도 나는 이해할 수가 없다. 하지만 그분이 그 속에서 역사하여 기쁨과 구원을 이루셨듯이 어떻게든 이 속에도 역사하고 계심을 안다."

그분의 눈물이 기쁨을 낳았다는 사실에 주목하면, 우리도 슬픔 때문에 절망과 원망과 파멸에 빠지지 않을 수 있다. 그래서 슬픔은 우리 안에 연단과 인내와 겸손과 사랑과 지혜를 낳는다. 롬 5:1-5

그분의 약함과 고난당하심이 진정한 힘과 영광에 이르는 유일한 길이듯이, 우리도 회개하고 죄책과 죄를 인정하는 것만이 최고의 확신과 영예, 그리스도 안에서 만유의 주께서 우리를 기뻐하시고 받아 주신다는 지식에 이르는 유일한 길이다.

12 。부활 예수, '끝'이 아닌 '새 시작'을 향해 역사를 이끄신다

건축자가 버린 돌이
집 모퉁이의 머릿돌이 되었나니
이는 여호와께서 행하신 것이요
우리 눈에 기이한 바로다.
시편 118편 22-23절

두려움이 엄습하는 순간에도 어떻게 희망을 품을 수 있을까? 이 책을 쓰는 현재 코로나19가 한창 확산 중이다. 그런데 그뿐만이 아니라 다른 여러 가지 "대규모 위기"가 나란히 고개를 들고 있다고 생각하는 사람이 많다.[1] 팬데믹은 그중 하나일 뿐이다. 목숨을 심각하게 위협하는 이 바이러스를 박멸하려면 많은 장애물을 극복해야 하고, 몇 년이 걸릴 수도 있다. 그나마 이번 것이 끝나기 전에 다른 팬데믹이 터지지 않는다면 말이다.

세계화와 기술 발전은 이런 전염병의 위험을 더욱 증가시킬 뿐이다. 이 책을 몇 년 후에 읽는다면 이번에 닥친 두려움은 아마 물러갔겠지만, 어쩌면 다른 위기의 때가 앞에 놓여 있을 수도 있다.

경기 불황이나 공황은 주기적으로 반복된다. 대다수 서구 국가에 정치적 양극화가 과거 어느 때보다 심해졌고 앞으로도 수십 년은 이대로 지속될 전망이다. 인종 불의에 맞선 시위의 물결과 사회 변화를 요구하는 목소리가 이렇게 뜨거웠던 적은 없었다. 그런데 앞서 보았듯이 앞으로 나아갈 길에 대한 합의는 별로 없다.

이 책을 쓰는 나도 현재 세상에 퍼져 있는 두려움과 비관과 불안이 조만간 불식되리라고 생각하지는 않는다. 희망이 없이는 아무도 살 수 없는데 어떻게 희망을 얻을 것인가? 이는 비단 개인의 문제만이 아니다. 미래에 대한 희망이 없다면 사회는 어떻게 생존할 것인가? 수 세기 동안 서구 문화에는 미래에 대한 희망이 상당히 있었다. 역사가 진보하리라는 신념은 문명이 발달하는 데 크게 한몫했다. 그러나 근래에 그 희망이 점점 쇠퇴했고, 거기에 함축된 의미는 심각하다.

† '역사의 진보와 희망' 개념은 원래 기독교에서 발원했다

오래전부터 미국에는 각 세대의 경제적, 기술적, 사회적, 개인적 삶이 이전 세대보다 나아지리라는 신념이 있었다. 그러나 대다수의 다른 문화에는 역사가 선형線形으로 진보한다는 이런 개념이 없었다. 중국, 바빌로니아바벨론, 힌두, 그리스, 로마 등 모든 고대 문화는 그것과는 견해가 달랐다. 일부는 역사가 순환한다고 보았고, 일부는 역사가 과거의 황금시대로부터 서서히 쇠퇴한다고 보았다.

순환 모델은 아주 흔했다. 이 견해에 따르면 역사는 대화재大火災로 끝나고 다시 시작되기를 주기적으로 되풀이한다. 그리스인들은 이를 "팔린게네시아"라는 단어로 표현했다. 고대 노르웨이 신화에는 미래에 "라그나뢰크"라는 대전투가 일어나 그때 많은 신과 모든 인간이 죽고 새로운 신들과 새로운 인류로 천지가 다시 개벽한다고 믿었다. 유교에서는 음과 양이라는 두 원시 에너지의 조합을 통해 세상이 끊임없이 다시 생성된다고 보았다. 그런가 하면 헤시오도스와 오비디우스 같은 고대 시인들은 인류 역사가 황금시대에서 백은시대를 거쳐 현재에 이르기까지 장기적으로 계속 쇠퇴한다고 말했다.

역사가 계속 진보하는 쪽으로 움직여 인간의 상태가 향상된다는 개념은 아예 존재하지 않았다.[2]

그런데 기독교가 등장하면서부터 달라졌다. 로버트 니스벳 Robert Nisbet이 *History of the Idea of Progress*진보 개념의 역사에 말했듯이, 기독교 사상가들 덕분에 "진보 개념은 서구에서 대규모의 헌신적인 추종 세력과 더불어 다른 식으로는[기독교 신념이 없이는] 불가능했을 막강한 위력을 확보했다."[3] 그리스인도 인간의 지식이 축적되면 인간의 상태가 한동안은 꽤 향상된다고 보았지만, 그것은 대화재와 대화재 사이에 일어나는 일일 뿐이었다. 반면에 기독교 철학자들은 "진보 개념에 새로운 속성들을 부여하여, 이전의 이교들에 없던 영적인 힘을 지닐 수밖에 없게 했다."[4]

이런 새로운 속성들은 매우 강력하여 계속해서 이어졌다. 그리스도인들은 인류가 단일체로서 공통의 영광스러운 숙명을 향해 나아가고 있다고 믿었다. 그들은 세상이 여러 번 다시 시작된다고 믿지 않고, 한 번의 최후 심판이 있어 그 후에는 모든 것이 바로잡힌다고 믿었다. 이 놀라운 종결부는 역사적 필연이다. "인류사 처음부터 존재해 오랜 세월 전개되어 온 어떤 구도"가 거기서 절정에 달하기 때문이다. 이 모두를 주관하시는 하나님이 모든 시대를 그 종결부쪽으로 이끌어 나가신다. 끝으로, 어쩌면 가장 중요하게 그리스도인들이 "믿는 미래는 …… **내세**와 대비되는 **현세** 지향적이었다." 그들은 다른 종교처럼 단순히 천국이나 내세를 믿은 것이 아니라 "왕으로 다시 오실 그리스도로 말미암아 …… **이 땅에** 이루어질 행복한 황금시대"를 고대했다.⁵

역사가 진보한다는 개념은 이렇듯 서구 세계에서만 깊이 뿌리 내려 사람들의 사고와 삶에 활기를 더해 주었다.

진보 개념의 역사에서 그다음 중요한 단계는 유럽의 계몽주의로, 이때 기독교의 희망이 세속화되었다. 대략 1750년부터 1900년까지 서구 문화의 많은 대표적 사상가가 종교 일반과 특히 기독교를 등졌다. 그러면서도 그들은 역사의 진보에 대한 신념만은 버리지 않았다. 마르퀴 드 콩도르세,^{Marquis de Condorcet} 오귀스트 콩트,^{Auguste Comte} 카를 마르크스,^{Carl Marx} 존 스튜어트 밀,^{John Stuart Mill} 허버트 스펜서^{Herbert Spencer} 같은 다양한 사상가가 "진보 개념의 세속화" 과정에 착수했다. "진보 개념을 오랫동안 이어 온 하나님과의 관계에서 떼어 내서, 순전히 자연적 원인으로 시동되고 유지되는 역사 과정으로 탈바꿈시킨 것이다."⁶

이렇게 역사에 대한 희망을 기독교 신앙이라는 문맥에서 분리시키자 당장은 그 희망이 더 공고해지는 듯했다. 성경의 가르침에 따르면 역사는 하나님의 주관하에 있으며, 그분이 역사를 완전한 평화와 정의와 기쁨과 생명이라는 결말 쪽으로 이끌고 계신다. 하지만 성경은 모든 차세대 사람들마다 이전 세대보다 더 큰 번영과 평화와 안락과 복지를 누린다고는 가르치지 않는다. 기독교적 희망의 특성인 "선형"이란 갈수록 더 좋은 시대가 끊임없이 연속된다는 뜻이 아니다. 그런데 역사에 대한 희망의 세속화된 버전은 바로 그것을 약속했다.

세속적 진보 개념은 19세기를 살았던 세 인물의 사상을 통해 절정에 달했다. 게오르크 빌헬름 프리드리히 헤겔Georg Wilhelm Friedrich Hegel은 세계 역사를 일련의 굵직한 상승 단계로 보았다. 이전 시대의 상반 세력들이 합을 이루면 새 단계가 출현한다. 한 시대의 두 힘이 서로 싸우다 화해하면 새 시대로 나아가는데, 이 새 시대와 과거의 관계는 "성인과 아이의 관계, 식물과 씨앗의 관계와도 같다."[7] 카를 마르크스도 역사가 노동자프롤레타리아와 소유주부르주아 사이에서 벌어지는 계급투쟁을 통해 필연적으로 더 많은 사람에게 더 정의로워지는 쪽으로 나아간다고 보았다. 끝으로, 찰스 다윈Charles Darwin은 모든 생명체가 생물학적 적응 과정을 통해 진보한다고 생각했다. 이 개념에서 나온 그럴듯한 추론이 바로 사회도 진화하여 갈수록 더 나아진다는 것이었다. 당시에 대다수 사람이 실제로 그렇게 추론했다.[8]

그래서 서구 사회는 역사에 대한 자신만만한 희망을 품고 20세기 초로 순항하여 진입했다. 미래가 과거보다 나아지고 자녀의 삶이 부모의 삶보다 나아지리라고 모두들 그렇게 믿었다.

† 세속적 진보 개념의 한계와 쇠퇴

그러나 20세기 초부터 현시대에 이르기까지 세속적 진보 개념은 쇠퇴해 왔다. 니스벳이 설명했듯이 역사에 대한 세속적 희망은 몇 가지 전제에 기초해 있었는데, 그중에 "서구 문명이 고상하다 못해 우월하다는 확신"과 "이성에 대한 그리고 이성만으로 얻어 낼 수 있는 과학 지식과 학문에 대한 믿음"도 있었다.[9] 하지만 이런 신념은 20세기 초부터 혹독한 시험대에 놓였다.

1900년부터 1950년 사이에 제1, 2차 세계대전뿐 아니라 세계적인 독감 유행병과 대공황까지 발생했다. 그런 일이라면 진보한 인간 이성과 발전된 서구 문명이 마땅히 막았어야 하는데 막지 못했다. 많은 계몽주의 사상가가 종교를 등지고 과학으로 전향한 이유는 종교가 독단과 분쟁과 전쟁과 폭력을 낳는다고 생각했기 때문이다. 반면에 이성과 과학은 우리에게 어떻게 더불어 잘 살아갈 것인지에 대한 합의를 가져다주리라는 것이었다. 계몽주의 사상가들은 전쟁이라든지 인종과 계급의 착취야말로 더없이 비합리적인 일이므로, 합리적인 인간이라면 누구나 그렇게 보고 동의하리라 믿었다.

하지만 두 번의 세계대전과 되풀이된 인종 학살로 분명해졌듯이, 폭력과 압제를 낳는 것이 인간 본성 안의 무엇이든 간에 이성과 과학으로는 그것을 변화시킬 수 없었다.

어떤 사람들은 세계대전을 두 번이나 겪고 나서야 비로소 세속적 진보 개념에 대한 믿음을 버렸다. 영국의 유명한 작가 H. G. 웰스

Wells는 1922년에 《H. G. 웰스의 세계사 산책*A Short History of the World*》
을 썼다. 제1차 세계대전의 여파로 이미 많은 사람의 믿음이 흔들렸
지만, 웰스는 이성과 과학에 대한 희망을 고수하며 이렇게 역설했
다. 우리에게 서로를 파괴할 능력을 준 과학이 또한 평화와 정의를
증진할 역량과 위력도 줄 것이라고 말이다.

> 과학은 〔인류에게〕 여태까지 없었던 위력을 가져다주었다. 그동안 과학
> 적 방법은 대담한 사고, 철저히 명쾌한 진술, 엄격한 비판을 거친 기
> 획 등을 통해 인간에게 통제 불능의 위력을 주었는데, 이제는 이런 위
> 력을 통제할 수 있다는 희망까지 준다. ······ 인간의 위대함은 아직 여
> 명기에도 이르지 못했다. ······ 그런데도 우리는 지금의 인류가 기상
> 천외한 꿈을 실현하고도 남을 것이며 나아가 연합과 평화를 이룰 것
> 인지 의심할 수 있을까? ······ 우리의 후손이 여태 우리가 알던 어떤
> 왕궁이나 동산보다도 찬란하고 아름다운 세상에서 승승장구하여 끝
> 없는 모험과 성취를 구가할 것을 말이다.[10]

웰스는 제1차 세계대전을 막지 못한 과학과 이성의 실패를 일
축하면서 더 과학적인 방법만이 해법이라고 역설했다. 방금 인용한
자못 서정적인 대목은 그의 책 결말부인데, 여기에 인간의 이성과
선함, 그리고 이를 통해 필연적으로 진보하리라는 세속적 믿음이 정
확히 표현되어 있다.

그러나 1939년쯤에는 웰스도 결국 그런 믿음을 잃기 시작했다. 거기에 반대되는 압도적인 증거를 보았기 때문이다. 그래서 그는 이렇게 썼다.

주택을 무자비하게 파괴하고, 멀쩡한 사람을 살벌하게 수색해 추방하고, 무방비 상태의 도시를 폭격하고, 어린이와 힘없는 양민을 잔인하게 학살하거나 회복할 수 없는 상처를 입히고, 강간과 추잡한 능욕을 일삼고, 무엇보다 거의 사라진 듯 보였던 심신을 조직적으로 고문하고 위협하는 일이 세상에 다시 모습을 드러냈다. 이로써 내 정신세계는 완전히 무너지기 직전까지 갔다.[11]

웰스는 숨을 거두기 직전인 1945년 8월에 마지막으로 *Mind at the End of Its Tether*벼랑 끝에 몰린 사고라는 짤막한 책을 썼다. 그 글을 집필하던 시점에는 아직 원자 폭탄 투하와 나치의 죽음의 수용소 등 제2차 세계대전 당시 벌어진 참상이 백일하에 드러나기 전이었다. 그런데도 그 책의 골자는 인류가 지구상 최고의 종으로서 실패했으며, 다른 종이 우리를 대신할 때까지 많은 세기 동안 미래는 암담하리라고 기술했다. "일련의 사건이 지식인 관측자들에게 떠안긴 자각은 인류의 이야기가 이미 끝났고, 자칭 자랑스러운 호모 사피엔스가 …… 소진되었다는 것이다. …… 인류는 다른 동물에게 자리를 내주어야 한다. 인류에게 점점 더 시시각각 다가오는 운명에 맞서려면 더 적합한 동물이 필요하다."[12]

제3차 세계대전이 발발하지 않았는데도 20세기 중반부터 진보 개념에 회의적인 시각이 확산되었다. 장 폴 사르트르Jean-Paul Sartre와 알베르 카뮈Albert Camus 같은 실존주의 작가들의 작품에서 보듯이 인류에 대한 전망은 문학에서도 더 어두워졌다. 카뮈의 소설 《페스트 The Plague》에 그려진 인간의 삶은 죽음과의 싸움에서 끝없는 패배의 나락으로 떨어진다.

1960년대 초에 "탈구조주의" 또는 "포스트모더니즘"이라는 신사조가 출현했다. 서구 지식층이 포스트모더니즘으로 돌아선 현상을 가장 잘 요약한 책은 단연 장 프랑수아 리오타르Jean-François Lyotard 의 《포스트모던의 조건The Postmodern Condition》일 것이다. 그는 모든 사건을 설명해 줄 뿐 아니라 우리의 모든 문제에 해답까지 제시한다는 "거대 담론"인 "메타내러티브metanarratives"를 우리 시대가 더는 수용하지 않는다고 역설했다. 리오타르가 보기에 서구 문화의 근본적 거대 담론은 과학을 통한 해방이었는데, 그가 제대로 논증했듯이 이 내러티브는 어떻게 위장하든 실패작임이 20세기에 밝혀졌다. 진보적 색채를 띠어 사회주의로 치닫든 아니면 보수적 색채를 띠어 파시즘으로 치닫든 마찬가지다.[13]

그러나 리오타르는 과학의 진보에 대한 세속적 희망만이 아니라 모든 종류의 진보에 대한 신념까지 함께 비판했다. 그런 신념은 권력자들이 권력을 유지하는 방편에 불과하다는 것이었다. "국가는

'국민'을 길들여 직접 통제하려 할 때마다 자유라는 내러티브에 호소한다. …… 그들을 진보 노선으로 몰아가기 위해서다."[14] 니스벳도 똑같이 보았다. "필연적으로 전개되는 진보를 막을 수 없다는 개념은 …… 유토피아를 꿈꾸는 정치적이고 인종차별적인 절대 권력의 목적에도 이용될 수 있다."[15]

예를 들어 공교육을 관장하는 진보 정부가 모든 인간이 자신을 성性적으로 규정하고 표현할 수 있어야 한다고 주장한다면, 이는 백인의 아주 서구적이고 개인주의적인 정체성 인식을 만인에게 강요하는 것이다. 이렇게 함으로써 그들은 더 전통적인 인간관과 성 관념이 "심리적으로 건강하지 못한" 데다 "사회적 억압"으로 작용한다며 이를 주변으로 밀쳐 낸다. 이것이야말로 국가의 강압적인 권력행사가 아니고 무엇인가? 과학적 진보라는 미명하에 국가에게 유리한 집단은 부각시키고 불리한 집단은 소외시키는 행태가 아니고 무엇인가?

그런데 이 모든 일을 하면서 만일 역사의 흐름을 막을 수 없기에 역사의 이런 진보도 필연이라는 개념을 내세운다면, 그러면 우리가 권력을 축적하는 형태가 당연히 정당해 보인다. 진보의 흐름에 따르는 것뿐이기 때문이다.

그 세대의 포스트모던 사상가가 전부 그랬듯이 리오타르도 좌익과 우익예컨대 소련과 나치 독일 양쪽의 모든 만행이 역사의 진보라는 미명하에 자행되었다고 보았다. 미셸 푸코Michel Foucault는 1961년작

《광기의 역사History of Madness in the Classical Age》와 1966년작 《말과 사물 The Order of Things》 같은 저작을 통해 헤겔과 마르크스 그리고 그들의 진보주의와 완전히 결별했다. 푸코가 본 것은 연속되는 상승 단계가 아니라 새 시대가 이전 시대와 다르되, 특히 누가 권력을 더 가졌고 덜 가졌는가에서 다르되, 반드시 이전 세대보다 더 낮지는 않은 일련의 단절이었다.[16]

† 희망의 소생?

서구 학계와 지식층은 대부분 역사의 진보에 대한 희망을 잃고 있지만, 대중 차원에서는 특히 두 가지 사회적 장에서 그런 희망이 꽤 되살아났다. 첫 번째 장은 진보 정치의 영역이다. 지난 20년간 정치 좌익에 선 많은 사람이 자유주의라는 용어를 버리고 자신들을 가리켜 진보라 칭했다. 특히 미국 민주당이 자기네 정책을 정당화하거나 다른 정책에 반대하는 데는 다음과 같은 전제가 깔려 있다. 역사가 민주당에서 말하는 정의로운 사회 쪽으로 움직이고 있어 이를 막을 수 없다는 것이다.

버락 오바마Barack Obama는 대통령 시절 테러에 관해 한 연설에서 "친애하는 국민 여러분, 나는 우리가 이 사명에 성공할 것을 확신합니다. 역사가 우리 편이기 때문입니다"라고 말했다.[17] 데이비드 그레이엄David Graham이 〈애틀랜틱Atantic〉 기사에 이 표현을 분석하면서 지적했듯이, 오바마는 "역사가 우리 편"이라는 문구를 15회, "역사에 역행한다"라는 말을 최소 13회 썼다. 그의 각료와 공보관도 두 문구를 16회나 썼다. 클린턴 전 대통령도 똑같은 표현을 20-30회 썼고 그의 각료가 더 보탰다.

국민에게 먹힌다는 증거가 없이는 정치가는 그런 어법을 쓰지 않는다. 역사가 더 자유롭고 정의로운 사회를 향해 진보한다는 개념은 이렇듯 정치 좌익에서 다시 고개를 쳐들었다. 민주당 지도층은 그들 마음에 들지 않는 정책에는 "퇴보"라는 딱지를 붙였고, 그들과 생각이 통하는 사람들에 대해서는 "시대를 앞서간다"라고 표현했다.[18] 이 모든 어법은 역사가 필연적으로 자유와 번영과 계몽을 증대하는 쪽으로 나아간다는 세속 신념을 소생시키기 위한 것이다. 하나님이나 그 어떤 종교적 영향력도 없이 저절로 말이다.

정치 외에도 세속적 진보 개념을 되살리려 해 온 또 다른 장은 과학기술의 세계다. 마거릿 오마라Margaret O'Mara는 〈뉴욕 타임스New York Times〉에 "기술만능주의라는 신앙"에 관해 이렇게 썼다. "이는 과학기술과 그 기술자들이 미래를 구축하고 있다는 신념이다. …… 실리콘 밸리에 따르면 모든 책상에 컴퓨터를 설치하고 통신망에 연결해 주면 사회의 각종 실패와 불의를 해결할 수 있다."[19] 기술 업계의 제품 마케팅 문안을 보면 "세상을 변화시킨다"라는 자신만만한 주장이 단골로 등장하며, 자신들이 필연적 진보 노선에 서 있기에 아무도 이런 변화에 항거할 수 없다는 도발적 발언도 직지 않다.

하지만 이런 목소리는 많은 반론에 부딪치고 있다. 반론의 근거는 20세기 중반의 세계대전이나 유태인 대학살이 아니라, 해결이 요원해 보이는 현재의 많은 문제가 바로 기술 발전에서 기인했다는 사실이다. 점점 악화되는 기후 변화도 그중 하나고, 또 하나는 과학 기술을 통한 경제 세계화 때문에 무서운 팬데믹이 더 빠르게 확산할 가능성이 높아졌다는 것이다. 팬데믹은 아마 앞으로도 생겨날 텐데, 이후에는 치사율이 코로나19보다 훨씬 높은 10퍼센트라면 어떻게 되겠는가?

제임스 크라이어James Krier와 클레이튼 질레트Clayton Gillette가 "옹호하기 쉽지 않은 기술만능주의"라는 기사에 지적했듯이, 현대의 기술 변화는 너무 빨라서 그 악영향이 드러날 때는 이미 회복이 불가능하고, 또 너무 광범위해서 결과가 대참사급이다. 그들이 언급한 발암 물질과 기후 변화는 두 가지 예에 불과하다.[20] 〈뉴욕 타임스〉의 캐라 스위셔Kara Swisher 같은 기술 비평가들은 다른 위험으로 SNS와 대형 IT 기업을 꼽는다. 그녀가 꾸준히 경종을 울리고 있듯이, 초대형 IT 기업들은 뉴스 산업을 초토화하여 시민들에게 무엇을 믿어야 될지 모르는 문화적 상황을 초래했다. 또 그들은 프라이버시를 완전히 박탈하고 감시 국가가 사용하기 좋은 온갖 도구를 출시했고, 소수에게 부가 더 편중되는 쪽으로 많은 소매업계를 바꾸어 놓았다.[21]

21세기도 4분의 1이 저물어 가는 지금, 이렇듯 문화적 희망의 상실은 정치 분야와 과학기술 분야의 미사여구에도 불구하고 엄연한 현실이며 계속 확산 중이다. 미래를 낙관하는 시나리오는 공상과학 영화에도 더는 나오지 않는다. 젊은 층일수록 결혼하거나 출산하거나 투표할 소지가 훨씬 낮은데, 이 모두가 희망을 잃었다는 지표다. Z세대에 대한 모든 연구에서 보듯이 그들은 이전 세대들에 비해 미래와 자신에 대해 훨씬 비관적이다.

1972년에 작고한 하버드의 저명한 과학자 할로 섀플리Harlow Shapley는 서구 문명을 파멸시킬 수 있는 요인을 다섯 가지로 꼽았다.[22] 그중 넷은 핵전쟁이나 테러, 기근이나 식량 부족, 기후나 지형의 재앙, 역병이나 팬데믹이다. 그는 기술 발전이 우리에게 도움이 된 분야는 식량 문제뿐이라고 지적했다. 나머지 세 분야에서는 크라이어와 질레트의 예측대로 기술 발전이 오히려 위험한 미래에 대한 전망을 악화시켰다.

흥미롭게도 섀플리는 우리를 파멸시킬 수 있는 다섯 번째 요인을 "권태"로 보았다. 니스벳의 설명에 따르면 권태는 진보에 대한 희망을 잃을 때 깊어지는데, 그다음에는 권태 자체도 진보를 더욱 저해한다. "[권태라는] 심리 상태의 사회·문화적 의미는 평소의 가치와 노력과 자유와 의무에 대한 냉담함이 점차 광범위해지고 만성화된다는 것이다. 그래서 현재는 부조리하고 부적절하고 사악한 사람들로 이루어진 장으로 변한다. 과거와 물론 미래도 어쩔 수 없이 마찬가지다." 이어 니스벳은 "G. K. 체스터턴Chesterton이 썼듯이 …… 하나님을 그만 믿으면 그 결과는 아무것도 믿지 않는 것이 아니라 아무거나 다 믿는 것이다"라고 덧붙였다. [23]

† 세속적 희망에 대한 비판

진보에 대한 세속적 희망은 한때 우리 문화의 원동력으로 대단한 위력을 발휘했는데, 왜 실패했을까? 서구의 진보 개념에는 실패할 수밖에 없는 두 가지 생태적 결함이 있었다. 내 표현으로 하나는 인간 본성의 문제고, 또 하나는 궁극적 소멸의 문제다.

첫째는 인간 본성의 문제다. 서구 진보주의는 지식이 증가할수록 삶도 향상되리라는 논리를 폈다. 하지만 거기에는 인간이 지식을 만인의 유익을 위해 바르게 사용하리라는 전제가 깔려 있었다. 미래에 대한 세속적 희망은 발전된 지식이 한 집단이나 국가의 권력과 부를 증진하고자 다른 집단이나 국가를 희생시키는 데는 결코 쓰이지 않으리라고 넘겨짚었다. 인간의 본성이 기본적으로 선하다고 전제한 것이다.

H. G. 웰스는 이런 전제를 주장하는 대표적인 화신이었다. 제1차 세계대전에서 과학적 방법의 열매가 남을 해치는 데 쓰였음은 그도 인정했다. 그래서 그가 제시한 해법은 무엇이었던가? 더 철저한 과학적 방법이었다. 제1차 세계대전이 가한 폭력은 명쾌한 논리적 사고가 부족한 비합리적 행동이었을 뿐이며, 따라서 이성과 교육이 더

확충되면 문제가 해결되리라고 본 것이다. 그러니 제2차 세계대전 때는 말 그대로 그의 "정신세계"가 "무너질" 만도 했다. 현대의 연구 중심 대학교를 창시했고 문화적으로나 과학적으로나 선진국으로 인정받던 독일이 그 우수한 지식을 파멸에 썼으니 말이다.

세속 논리에 있는 결함을 드러내려면 아우슈비츠의 참사를 보며 이렇게 묻는 것도 한 방법이다. "이런 일이 왜 벌어졌는가? 나치는 왜 이렇게 했는가?"

H. G. 웰스가 1922년 무렵 가지고 있던 관점대로라면, 그것은 나치가 과학적 방법과 인간 이성의 지시에 따르지 못했기 때문이다. 하지만 나치가 비합리적 사고의 피해자였다는 이 대답은 그 사건이 악한 일이었음을 놓친 것이다. 마르크스주의의 견해도 갈래만 다를 뿐 기본적으로 동일하다. 카를 마르크스가 보기에 인간은 사회 권력과 구조적 힘의 산물이며, 범죄자는 제도적 불의 때문에 죄를 저지르는 것이다. 그는 모든 인간이 경제 생산의 수단을 평등하게 소유하면 범죄와 빈곤이 종식되리라고 믿었다.[24] 그러나 아우슈비츠의 집단 학살이 사회 권력의 피해자들 때문이었다는 말 역시 그 사건이 악한 일이었음을 경시한다. 아예 인간의 악이라는 범주 자체를 없애 버린다.

또 하나 가능한 대답은 나치가 단순히 다른 사람보다 더 악한 인간들이었다는 것이다. 그들은 도덕적으로 '나머지 우리'보다 열등했다. 우리라면 워낙 착하고 점잖아서 그런 일을 하지 않을 것이다.

그들이 인간 이하라서 우리보다 못났던 것뿐이다. 하지만 우리 입에서 이런 말이 나오는 순간 깨닫게 되는 사실이 있다. 나치도 바로 그 논리로 유태인 살육을 정당화했다는 것이다. 나치는 유태인을 열등하고 악한 민족 집단으로 보고 머릿속에서 그들의 인간성을 말살했고, 그리하여 그들에게 가하는 폭력을 합법화했다. 아우슈비츠의 가해 세력이 우리보다 도덕적으로 열등하다고 말하는 순간, 우리도 똑같이 인간성을 말살하는 과정에 들어선다. 같은 이유로 그들은 유태인을 배척하고 소외시켜 파멸로 몰아갔다.

앞서 던진 질문에 대한 성립 가능한 답은 하나뿐이다. 아우슈비츠는 인간 본성의 중대한 결함 때문에 발생했다. 우리 안에 무언가가 뒤틀리고 잘못되어 있다. 우리는 이기심에 휘둘리기 쉽고 아주 잔인한 일도 저지를 수 있다. 데이비드 세실David Cecil 경은 이 비참한 결함을 제2차 세계대전 후에 이렇게 요약했다. "진보 철학의 허튼소리가 우리에게 가르친 대로라면 인간의 야만적인 원시 상태는 우리 뒤에 남겨졌다. …… 하지만 이 야만성은 우리 뒤가 아니라 우리 안에 있다."[25]

이런 판단의 소설 버전을 제2차 세계대전 이후에 나온 윌리엄 골딩William Golding의 1954년작 《파리 대왕Lord of the Flies》에서 볼 수 있다. 이 소설은 무인도에 갇힌 한 무리의 영국 소년들의 이야기다. 1857년에 나온 《산호섬The Coral Island》 같은 이전 소설들에는 아직 세속적 희망의 낙관적 전제가 깔려 있었던 만큼, 난파된 소년들이 사회의 악영향에서 벗어나 목가적 낙원을 창조하는 것으로 그려진다. 그러나 《산호섬》을 명백히 오마주한 골딩의 소설에는 사뭇 다른 그림이 제시된다. 소년들이 패거리로 나뉘어 폭력을 행사한다. 서로 추격하여 죽인다.

이 소설은 오랜 세월 서구를 그토록 지배했던 장 자크 루소^{Jean-Jacques Rousseau}의 견해를 논파한다. 루소에 따르면 인간 자체는 순수하고 선한데 사회가 착취를 가르쳐 우리를 망가뜨린다. 그러나 골딩은 이미 우리의 본성에 있는 악이 사회로 표출되는 것이라고 반박한다. 무^無에서 새로운 사회를 건설한다 해도 악은 우리를 따라올 수밖에 없다.

BBC 라디오 전시^{戰時} 토론 프로그램 〈브레인 트러스트^{Brain Trust}〉의 단골 출연자였던 C. E. M. 조드^{Joad}는 사회주의자에다 무신론자 철학 교수였다. 그러다 제2차 세계대전 이후부터 그는 그리스도를 믿게 되었다. 그가 저서 *The Recovery of Belief*^{되찾은 믿음}에 밝혔듯이, 그와 그의 동료 모두는 인간의 악한 행동을 마르크스나 프로이트에 기대어 설명했다. 인간의 잔인성은 심리적, 사회적 "부적응"이었다. 그의 지식인 세계에서는 "악, 죄, 사악함" 같은 단어를 "애써 피한" 반면 "부적응 행동"이나 "공격 본능" 같은 표현을 선호했다. 인간은 환경만 바뀌면 갱생되어 이기적이고 잔인한 행동에서 벗어날 수 있다는 것이었다. 루소나 마르크스와 조금도 다를 바 없이 조드도 한 인간을 데려다가 "최적의 환경 속에 두고 …… 과하지 않은 자존감을 심어 주고, 억압하거나 제약하지 않고, 신중을 기해 죄책감이나 열등감을 주입하지 않으면, 그는 장성하여 …… 건강하고 밝고 유능하고 균형 잡히고 용감한 성인이 된다"고 믿었다.[26]

조드는 "현대 사상에 만연해 있던" 이 견해가 인간을 제2차 세계대전에 준비시켜 주지 못했다고 말했다. 그가 "젊었을 때 경솔하게 받아들였던" 인간악에 대한 현대적 관점은 "인류의 상태가 나아지는 듯 보이던 …… 금세기 첫 14년 동안에는" 개연성이 있었을지 모르지만, 이제 인간의 선과 이성과 진보를 믿는 이런 관점은 "지난 40년간 일어난 사건들로 인해 완전히 개연성을 잃었다."[27] 그는 과학이 인간을 향상시킨 게 아니라 원하는 것을 쟁취할 능력만 향상시켰음을 깨달았다. "과학은 …… 목표가 아니라 수단이다. 인간의 욕망을 더 추구하는 수단이다."[28]

결국 조드가 덧붙인 개인적 소회는 이것이다.

우리가 원죄의 교리를 배격했기에 좌익의 우리는 늘 실망 일색이었다. 합리적이기를 거부하는 인간들 …… 실현되지 않는 진정한 사회주의, 많은 국가와 정치가의 행동, 무엇보다 전쟁이 되풀이된다는 사실이 우리를 실망시켰다.[29]

다시 말해 세속적 진보 개념은 인류를 가로막는 진보의 장애물이 인간 바깥에 있다고 전제했다. 기술 지식과 교육과 사회 정책만 충분히 갖추어지면, 우리가 자연계를 통제하고 질병과 기근과 전쟁과 빈곤과 인종차별과 침체를 극복할 수 있다는 것이다. 그러나 역사에서 이미 입증되었듯이 지식이 늘어도 그것이 무섭게 악용되어 우리의 상황을 악화시킬 수 있다. 진보의 가장 큰 장애물은 정작 우리 안에 있기 때문이다.

두 번째로 세속적 진보 개념의 큰 문제점이 또 있다. 본래 기독교적 개념의 역사의 진보란 역사가 종말을 향해서만 아니라 역사 너머의 선한 무엇을 향해 진행되고 있다는 것이었다. 역사를 통틀어 인류 최고의 모든 동경과 희망은 장차 새로워질 하나님의 세상에서 완성되고 성취될 것이다. 그런데 세속적 진보 개념은 이 물질세계 너머의 것이라면 무엇도 믿지 않는다. 우리 개개인만 죽어서 무無가 될 뿐 아니라 인류 문명 자체도 결국 흔적조차 없이 사라진다는 뜻이다. 다시 말해서 세속적 희망은 지극히 한시적인 진보에 그친다. 거기서는 인류 역사가 실제로 완전히 소멸할 운명으로 전제되어 있다.

C. S. 루이스는 핵전쟁 가능성이 대두되던 1948년에 "원자 시대의 삶에 관하여"라는 짤막한 수필을 썼다. 많은 사람이 원자 폭탄으로 자칫 "문명 자체가 완전히 파멸될 것"을 무서워한다고 쓴 뒤에, 그는 이렇게 되물었다. "원자 폭탄이 있기 전에는 문명의 최후 미래를 어떻게 보았기에 그러는가? …… 인류의 모든 노력이 결국 어떻게 될 것이라 생각했는가? 과학 지식이 조금이라도 있는 사람이면 거의 누구나 정답을 안다. …… 이야기 전체가 무로 끝날 것이다."[30]

이어 그는 이렇게 덧붙였다. "자연이 존재의 전부라면, 즉 하나님도 없고 자연 바깥의 어딘가에 사뭇 다른 종류의 삶도 없다면" 전체 인류 문명은 결국 태양의 사멸과 함께 사멸할 것이다. 그래서 결국 알고 보면 인류는 "우연히 명멸한 불빛이었고 …… 문명 전후의 무한한 죽음의 영원한 세월에 비하면 순간에 불과했으며 …… 그나마 이를 기억할 사람조차 아무도 없을 것이다."[31]

브라이언 그린Brian Greene의 책 *Until the End of Time*시간의 종말까지에도 똑같은 메시지가 나온다. 그는 루이스와 달리 신앙이 없지만 전하는 메시지는 똑같다. 만일 인간의 삶이 우주 역사의 아주 짧은 한순간에 불과하며 우리가 선악 간에 어떻게 살든 결국 하나도 달라질 게 없다면, 의미 있는 삶이 어떻게 가능하겠는가? 그린은 영화 〈애니 홀Annie Hall〉에 등장하는 아홉 살짜리 앨비 싱어를 소환한다. 장차 우주가 붕괴하여 인류 문명이 전부 파괴될 것을 깨달은 앨비는 학교 숙제를 할 이유가 없다고 생각한다. 물론 관객을 웃기려는 장면이지만 그린은 우리를 그냥 놓아주지 않는다. 웃고 넘어갈 문제가 아니라는 것이다. 그린의 말마따나 자신이 내일 죽을 것을 안다면 숙제는 당연히 무의미해진다. 마찬가지로 세상이 당장 불타 없어질 것을 안다면 예술, 정치, 가정 등 우리가 그토록 중시하는 모든 것도 무의미하고 허무해진다. 이어 그는 "인류의 즉각적 멸망이 삶을 무의미하게 한다면 그 종말이 멀다 해도 결과는 똑같아야 한다"라고 논증했다.[32]

우리는 "상징적 초월성" 즉 우리의 행위가 우리의 작품이나 자녀의 삶에 살아남는다는 개념에서 위안을 얻으려 한다. 그러나 사실은 당신이 선량하게 살든 잔인하게 살든 결국 아무것도 달라지지 않는다. 궁극적 소멸을 우리의 종말로 알고 있으면, 그 지식을 웬만큼 억눌러도 그것이 삶에 스며들어 의미를 앗아 간다. 푸코가 옳다면 역사는 단절에서 단절로 휙휙 건너뛸 뿐 결코 향상되지 않으며, 마침내 태양계와 함께 사라진다. 어쩌면 기후나 핵의 재앙 때문에 그보다 일찍 끝날 수도 있다. 역사는 과연 "어떤 바보가 하는 이야기로, 음향과 분노만 가득할 뿐 의미는 전혀 없다."[33]

이 물질세계가 존재의 전부라면 그린과 루이스의 논지대로 결국 우리의 모든 사랑과 인격과 성취는 무로 끝난다. 그런데 그린과 달리 루이스가 우리를 그 결론으로 데려가는 이유는 그것에 의문을 품게 하기 위해서다. 그는 이렇게 썼다.

> 만일 의미심장한 선율이 순전히 환상임을 당신이 알고 기억한다면, 음악을 아주 진지하게 계속 즐길 수 없다. 음악을 좋아하는 이유가 오직 당신의 신경계가 그것을 좋아하도록 비합리적으로 조정되어 있기 때문이라면 말이다. 가장 저열한 의미에서 여전히 "좋은 시간"을 보낼 수야 있다. …… 그러나 당신의 감정과 실제로 살아가는 우주 사이의 가망 없는 부조화가 느껴질 수밖에 없다.[34]

루이스가 우리의 감정과 우주관 사이의 부조화를 말함으로써 우리에게 보여 주려는 바는 이것이다. 실제로 세속 세계관은 사람이 마음속으로 정말 붙들 수 있는 무엇이 못 된다는 것이다. 그가 지적했듯이, 우리 안의 모든 것이 물질적 원인에서 비롯되었다면 사랑과 심지어 도덕적 신념도 사실은 여태까지의 생존에 유리하게 작용한 생물학적 요인의 산물일 뿐이다. 하지만 정말 그렇게 믿는 사람이 있을까? 아니, 그렇게 믿는 것이 가능할까? 루이스의 말은 이렇게 이어진다. "만일 여자의 인격과 성품의 모든 아름다움이 원자의 충돌과 …… 유전자의 작용에서 비롯된 잠깐의 우연한 문양임을 당신이 안다면^{또한 계속 기억한다면} 가장 저열한 동물적 의미에서를 제외하고는 그 여자와 사랑에 빠질 수 없다."

루이스가 논증했듯이 실제적 차원에서는 아무도, 우리가 물질에 불과하며 결국 소멸로 끝날 것이라는 신념을 일관되게 품고 살아갈 수 없다. 그래서는 우리에게 희망이 없다.

하나님이 없는 한에는 그렇다.

그러나 역사를 끝이 아닌 새 시작을 향해 이끄시기로 약속하신 하나님이 계시다면 달라진다. 새로 시작될 그 세상에서는 마침내 죽음과 악이 완전히 궤멸되고 정의와 평화가 온전히 실현된다. 그 징후가 바로 예수님의 부활이다.

† 진정한 희망을 주는 기독교

기독교는 유례없는 자원을 제공해 문화적 희망을 되살린다. 지금 말하는 것은 개인의 희망, 내세의 삶에 대한 희망이 아니라 공동의 희망, 사회적 희망, 사회와 인류의 미래에 대한 희망, 역사의 바른 방향에 대한 희망이다. 니스벳을 위시한 여러 사람이 지적했듯이 역사의 진보와 희망이라는 개념은 원래 기독교에서 발원했다. 그 수원으로부터 끊어진 서구 사회에 냉소와 권태가 확산되는 것은 당연한 일이다. 기독교가 제공하는 자원은 우리 문화에 희망을 되살릴 수 있는데, 지금부터 그것이 무엇인지 살펴보자. 희망을 주는 기독교의 자원은 합리적이고, 완전하고, 현실적이고, 실효성이 있다.

기독교의 희망, 합리적이다

우선 1장에서 꽤 자세하게 논했듯이 그리스도의 부활이 실제로 있었던 일이라는 역사적 증거는 매우 탄탄하다. 이로써 기독교의 희망은 기타 모든 종류의 희망과는 달라진다.

톰 라이트의 말처럼 그리스도의 부활의 증거는 역사학자들과 과학자들의 설명을 요한다. 그냥 무시할 수 없는 문제다. 그는 "기존의 패러다임에 들어맞지 않는 요소가 발견되면 …… 패러다임을 바꿀 수도 있다는 것이 내가 이해하는 과학적 방법이다"라고 썼다. 기존 패러다임으로 설명되지 않는다는 이유만으로 부활의 증거를 배제할 것이 아니라 "더 큰 전체"인 새로운 패러다임 안에 그 증거까지 통합해야 한다.[35] 목격자들이 예수님의 부활을 증언했고, 수많은 유대인의 세계관이 하룻밤 사이에 송두리째 바뀌었다. 이것을 설명할 만한 역사적으로 개연성 있는 대안을 내놓지 못한다면, 이는 더 과학적인 것이 아니라 오히려 과학에서 더 멀어지는 것이다.

그래서 라이트가 지적했듯이 예수님의 부활을 믿는 믿음은 "모든 역사와 과학을 배격하는 또는 …… 별개의 진공 상태에 놓여 있는 맹신이 아니다." 경험적 실재와 완전히 동떨어져 있는 그런 믿음이 아니다. 오히려 "예수님이 죽은 자 가운데서 다시 살아나셨음을 믿는 믿음은 이른바 역사와 이른바 과학을 초월하면서 동시에 포괄한다."[36]

다양한 종류의 서구 진보주의는 역사가 '개인의 자유, 계층 간의 평등, 경제적 번영, 과학기술로 인한 평화와 정의' 등을 증대하는 쪽으로 진행된다고 믿는다. 그러나 이 모든 견해는 검증 가능한 가설이 아니라 '그랬으면 좋겠다는' 희망이다. 경험적 세계에 입각하지 않은 신념이다. 반면에 그리스도의 부활은 경험적 세계에서 나온 강력한 증거로 뒷받침되며, 세상을 새롭게 하실 하나님이 존재하신다는 매우 합리적이고 이성적인 희망을 제공한다. 여전히 믿음을 요하기는 하지만 말이다.

기독교의 희망, 완전하다

모든 종교는 인간에게 내세의 삶에 대한 희망을 제공해 왔다.

장차 우리는 영혼으로 낙원에 살거나, 영적인 요소만 우주의 영혼과 합일하거나, 그 밖의 형태로 계속 영적으로 존재한다는 등 가르침은 다양하다. 그래서 물질세계가 끝나서 소멸되어도 우리는 존속된다. 이와는 완전히 대조적으로 우리의 세속 문화는 사상 최초로 구성원들에게 개인도 세계 역사도 모두 궁극적 소멸로 끝난다고 말한다. 인격체인 우리도 결국 문명과 더불어 무로 돌아간다는 것이다.

타 종교들은 물질이 중요하지 않고 결국 영혼만 존재한다고 가르친다는 점에서 어쩔 수 없이 '이원론적'이다. 세속주의의 유물론은 더 말할 것도 없다. 영혼이나 초자연적 실재란 존재하지 않고, 모든 것이 과학적이고 물리적인 원인에서 비롯되었다고 믿기 때문이다. 그런데 기독교만은 양쪽 모두와 다르다. 기독교에서 제시하는 희망은 순전히 영적인 천국의 미래가 아니다. 예수님의 부활은 헬라어로 "아라본"과 "아파르케" 즉 미래의 물리적 부활에 대한 보증금과 첫 열매다. 그때는 물질세계도 새로워진다. 정의가 거하는 그 세상에서는 모든 눈물이 사라지고, 죽음과 파멸이 영영 추방되며, 이리가 어린양과 함께 눕는다. 이 세상이 고쳐지고 새롭게 되어 사망과 썩어짐의 굴레에서 해방된다는 말롬 8:18-23을 시적으로 아름답게 표현하면 그렇게 된다.

개개인이 부활할 뿐 아니라 물질세계까지 새롭게 된다고 말하는 종교는 기독교 외에는 없다. 그래서 인간 사회는 궁극적으로 소멸되는 것이 아니라 고대하던 목표인 완전한 번영과 사랑과 정의와 평화에 이르게 되어 있다. 이 희망은 단순한 희망 사항이 아니라 역사에 근거해 있으며, 그 징후가 바로 부활하신 그리스도시다. 부활하신 그분은 자신이 "영^{유령}"이 아니라고 말씀하셨다.^{눅 24:39} 미래의 우리는 다른 세상에 영으로 존재하는 것이 아니라 부활하고 새롭게 되어 이 세상에 존재한다.

이보다 완전한 희망은 있을 수 없다. 그리스도의 부활이 우리에게 약속하는 것은 단지 잃어버린 삶에 대한 미래의 위로가 아니라 잃어버린 삶의 회복이자 무한히 그 이상이다. 늘 갈구하면서도 결코 얻지 못했던 바로 그 세상과 삶이다.

기독교의 희망, 현실적이다

헤겔의 철학은 서구 사상에 지대한 영향을 미쳤는데, 그는 역사가 "변증법"을 통해 진행된다고 가르쳤다. 이는 시대마다 상반 세력들이 더 크고 새로운 합에 도달한다는 이론으로, 모든 시대가 이전 시대보다 나으며 역사가 일련의 단계를 부단히 거치면서 상승한다는 뜻이다. 하지만 지난 세기에서 보듯이 이는 전혀 비현실적이다. 기독교에서 제시하는 인류 역사와 사회의 숙명은 무한히 더 위대하고 경이로우면서도 또한 현실적이다.

예수님의 죽음과 그 후의 부활을 보면 하나님의 전혀 다른 모델이 보인다. 성경의 "패러다임대로 세계 역사를 이해하면 헤겔의 변증법이나 니체와 푸코의 잇단 단절로 귀착되지 않는다. …… 성경의 역사관은 선형이 아니라 V자형이며, 예수 그리스도의 성육신과 죽음과 부활이 그 전형이다."[37]

이 땅에 오신 예수님의 삶은 일련의 상승 단계가 아니었다. 그분은 영광을 버리고 오셔서 죽으셨다. 그런데 그 하강이 이전보다 더 높은 상승으로 이어졌다. 이제 그분은 일반 세계만 아니라 구원받은 백성도 다스리시기 때문이다. 고난과 하강을 통해서만 그분은 우리를 구원하시고 상승하실 수 있었다. 이는 헤겔이 말한 대등한 상반 세력들의 통합이 아니다. 예수님은 거룩함과 죄를, 생명과 죽음을 "합하신" 것이 아니라 죽음을 통해 죄와 죽음을 멸하셨다. 그렇다고 그분의 삶과 사역은 포스트모더니즘에서 말하는 임의의 연속된 단절도 아니다. 그분은 어둠을 통과하여 결국 우리를 더 환한 빛에 이르게 하신다.

역사가 놀라운 숙명 쪽으로 가고 있기는 하지만, 시대마다 계속 더 나아지는 승승장구를 통해서는 아니다. 하나님이 일하시는 방식은 그렇지 않다. 인간의 삶도 그렇게 돌아가지 않는다. 으레 그렇듯이 고난과 역경을 통해 우리는 성장하고, 비로소 자신의 실상에 눈뜨고, 마침내 본연의 존재가 된다. 개인만 아니라 사회도 마찬가지다. "우리가 하나님의 나라에 들어가려면 많은 환난을 겪어야 할 것이라."[행 14:22]

세속적 진보 개념은 고지식하고 비현실적이었다. 사회의 기초를 각 세대가 이전 세대보다 번영과 평화와 정의를 더 많이 누리리

라는 전제에 두는 것은 잘못이다. 그런가 하면 포스트모더니즘의
대안은 모든 희망을 앗아 간다. 그러나 기독교는 냉소적이지 않으
면서도 현실적인 눈으로 역사를 보게 해 준다.

기독교의 희망, 실효성이 있다

끝으로 기독교가 이야기하는 희망은 실생활에도 통한다. 신약
에 "희망hope; 소망, 바람"이라는 단어는 두 가지 방식으로 쓰인다. 희
망의 대상이 인간과 우리 자신일 경우에는 그 희망은 늘 상대적이
고 불확실하다. 남에게 돈을 빌려 줄 때 우리는 돌려받기를 희망한
다. 눅 6:34 파종하고 타작할 때는 풍성한 수확물을 희망한다. 고전 9:10[38]
원하는 결과를 얻어 내려고 우리는 최선의 방법과 가장 현명한 실행
을 선택한다. 그러면서 자신과 타인에게 '내가 다 해결했고' 통제하
고 있다고 주장한다. 하지만 사실은 그렇지 않다. 그럴 수가 없다.
'그랬으면 좋겠다는' 상대적 희망일 뿐이다.

그러나 희망의 대상이 인간이 아니라 하나님이면, 그 희망은
확신과 실상과 충분한 증거를 의미한다. 히 11:1 하나님께 두는 희망
이란 그분이 당신의 계획을 인정해 주셨으면 하는 불안하고 불확실
한 바람이 아니라 그분만이 믿을 만한 분이고 나머지는 다 실망을
줄 수밖에 없다는 인식이다. 시 42:5, 11; 62:10 그분의 계획이 무한히 지
혜롭고 선하다는 고백이다.

내가 예수님의 부활을 믿는다면 이로써 다음 사실을 명확히 증

명할 수 있다. 즉 선하심과 능력을 겸비하신 하나님이 계셔서 어둠을 빛으로 바꾸시고, 그분의 영광과 우리의 유익과 세상의 선을 위해 인내로 계획을 이루시는 중이다. 엡 1:9-12; 롬 8:28 기독교의 희망은 내 삶과 행복을 더는 인간의 자원에 걸지 않고 그분 안에서 안식한다는 뜻이다.

어떻게 하면 그렇게 될까? 암을 진단받은 사람이 의료진과 치료법에 어느 정도 희망을 두는 것은 당연하다. 그러나 주로 의지해야 할 대상은 하나님이다. 그가 확신할 수 있거니와 그를 향한 그분의 계획과 뜻은 언제나 선하고 온전하며 롬 8:28 그의 불변하는 숙명은 부활이다. 마음의 희망을 주로 의술에 두면 경과가 나쁠 때 암담해질 것이다. 그러나 마음의 희망을 주님께 두면 그는 흔들리거나 뽑힐 수 없는 산처럼 굳건해진다. 시 125:1 이사야 40장 31절에 보면 "여호와를 앙망하는 자"는 불안하게 버티는 것이 아니라 늘 '새 힘을 얻고' 심지어 '독수리처럼 날개 치며 올라간다'고 했다. 하나님께 희망을 두면 '달음박질해도 곤비하지 않으며 걸어가도 피곤하지 않다.'

J. R. R. 톨킨Tolkien의 3부작 《반지의 제왕》의 마지막 편에 저항과 참된 희망 사이의 차이를 설명했다. 위험하고 악한 땅을 통과하는 고달픈 여정에서 샘 갬지는 자신의 주인인 프로도를 보호한다. 감옥인 탑에서 순전히 의지력으로 프로도를 구한 적도 있다. 나중에 샘이 잠들려 하는데 하늘에 반짝이는 하얀 별 하나가 보인다.

아름다운 별이 그의 심금을 울렸다. 적막한 땅에서 위를 올려다보던 그에게 문득 희망이 되살아났다. 맑고 서늘한 빛줄기처럼 그에게 파고드는 생각이 있었다. 결국 그림자 산맥은 지나가는 작은 것에 불과하고 그 너머에 영원한 빛과 높다란 아름다움이 있다는 것이었다. 탑에서 그가 부르던 노래는 희망이라기보다 저항이었다. 그때는 자신을 생각하고 있었으니 말이다. 그런데 이제 한순간 자신의 운명과 심지어 주인의 운명까지도 더는 걱정되지 않았다. 그는 덤불 밑으로 도로 기어가 프로도 곁에 누워서 두려움을 모두 떨치고 깊은 단잠에 빠져들었다.[39]

인간에게 두는 상대적 희망과 하나님께 두는 틀림없는 희망의 차이를 정확히 포착했다. 탑에서 샘은 자신의 계획과 용기에 희망을 두었다. 물론 극기나 응어리진 분노로도 당분간은 위기를 헤쳐나갈 수 있다. 그러나 진정한 용기는 기쁨에 겨워 자신을 망각할 때 찾아온다. 진정한 용기는 다음과 같은 깊은 확신에서 찾아온다. 이 땅에서 우리는 작은 구석의 어둠에 잠시 갇혀 있으나, 하나님의 우주는 빛과 높다란 아름다움을 품은 광활한 곳이며 바로 거기가 우리의 확실한 최종 숙명이다. 예수님 덕분에 그렇다. 그분은 우리를 그 빛과 아름다움으로 인도하시려는 일념에 모든 영광과 즐거움을 버리고 깊은 어둠으로 뛰어드셨다. 덕분에 우리는 "저녁에는 울음이 깃들일지라도 아침에는 기쁨이 오리로다"[시 30:5]라는 말씀을 실제로 누릴 수 있다.

예수님은 죽음과 부활을 통해 그것을 우리에게 확보해 주셨다. 이 확신이 우리 안에 거하면 당장의 운명, 현 상황의 결과는 더는 우리를 괴롭힐 수 없다. 자신을 바라보면 저항하게 되지만 그분을 바라보면 희망이 솟는다.

버려진 그 벽돌이
전혀 새로운 세상의 머릿돌이 되었네.

노엘 폴 스투키, 1977

¤

에필로그

'가장 깊은 흑암을
통과하신 예수'께
마음의 닻을 내리라

시편 118편 21-23절의 인상적인 은유는 오랜 세월 많은 사람에게 깊은 울림을 주었다.

> 주께서 내게 응답하시고 나의 구원이 되셨으니
> 내가 주께 감사하리이다
> 건축자가 버린 돌이
> 집 모퉁이의 머릿돌이 되었나니
> 이는 여호와께서 행하신 것이요
> 우리 눈에 기이한 바로다.

시편의 다른 수많은 시처럼 118편도 어떤 사람이 적에게 빙 둘러싸인 채 하나님께 구원을 부르짖는 기도다.^{11-14절} 이 경우 적은 이스라엘의 권력 실세인 "건축자"들이었다. 그들이 버린 "돌"은 이스라엘의 왕이나 주님 자신이나 어쩌면 하나님 말씀의 진리였을 수 있다. 이사야 28장 15-16절에 하나님의 "시험한 돌"을 버리고 온갖 거짓을 따르는 지도자들과 통치자들이 언급된다.

그런데 사도들이 신약에 명백히 밝혔듯이 이 모두는 예수 그리스도를 가리키는 예표였다.^{롬 9:30-32} 그분은 통치자들과 실세에게 버림받으셨으나 그 버려짐과 죽음을 통해 성령께서 거하시는 새롭고 살아 있는 신령한 집의 머릿돌이 되셨다.^{벧전 2:6-10; 엡 2:20} 이 살아 있는 성전에 새로운 창조세계의 위력이 담겨 있다. 그것은 반문회요 대안 인류다. 그것이 계속 자라나서 마침내 온 땅이 새롭게 되고 하나님의 영광으로 충만해질 것이다.^{계 21-22장} 사도행전 4장 10절에 베드로가 암시했듯이, 버림받은 돌이신 예수님을 하나님이 신원해 주신 "기이한" 일이 바로 부활이다.¹

가수 노엘 폴 스투키^{Noel Paul Stookey}는 이 위력적인 개념에 기초하여 1977년에 이런 노랫말을 썼다. "버려진 그 벽돌이 전혀 새로운 세상의 머릿돌이 되었네."² 한마디로 말해서 그것이 이 책의 주제며, 여태까지 내가 역설해 온 성경의 핵심 메시지다. 예수님은 구원을 이루시고자 버림받고 약해지고 슬픔을 겪으셨다. 그러나 약함에도 불구하고가 아니라 약함을 통해 미래를 현재 속으로 들여오셨고, 우리를 통해 전혀 새로운 세상을 건설하는 일을 시작하신다.

스투키가 제대로 보았듯이 흑암과 저주를 빛과 복으로 바꾸어 놓는 이 대반전의 메시지는 두렵고 슬픈 암흑기에 능히 우리를 지탱해 준다.

그대의 모든 꿈이 들어맞아 가고
그대의 비전이 되살아날 때
기억하라 사랑이여, 그대를 지켜 준
그대 마음으로 배운 그 진리를.

버려진 그 벽돌이

전혀 새로운 세상의 머릿돌이 되었네.[3]

복음이 우리에게 주는 약속은 우리의 신앙으로 세상을 정복한
다는 것이 아니다. "믿는 사람들은 군병 같으니"[4]라는 메시지도 그
것이 아니거니와 여기 대반전을 더 잘 살려 낸 찬송가가 있다. "부딪
는 검과 요란한 북소리로 아니라 사랑과 자비의 행위로 천국은 임하
나니."[5]

성경에 부활을 우리의 희망으로 지목하는 데가 또 있다. 시편
에서 가장 어두운 시라 불려 온 88편이다.

여호와여 오직 내가 주께 부르짖었사오니
아침에 나의 기도가 주의 앞에 이르리이다
여호와여 어찌하여 나의 영혼을 버리시며
어찌하여 주의 얼굴을 내게서 숨기시나이까
내가 어릴 적부터 고난을 당하여 죽게 되었사오며
주께서 두렵게 하실 때에 당황하였나이다
주의 진노가 내게 넘치고
주의 두려움이 나를 끊었나이다
이런 일이 물같이 종일 나를 에우며
함께 나를 둘러쌌나이다
주는 내게서 사랑하는 자와 친구를 멀리 떠나게 하시며

내가 아는 자를 흑암에 두셨나이다. 시 88:13-18

시편에 고통으로 절규하는 애통의 시가 많은데, 대부분은 다만 얼마라도 희망의 여운을 남기며 끝을 맺는다. 그런데 88편은 시종 기자의 비탄과 임박한 죽음만을 토로하다가, 하나님이 자기를 버리셨고 "흑암이 내 가장 가까운 친구가 되었나이다"18절, NIV라는 말로 끝나 버린다. 실제로 시 중간부에 그는 이렇게 쓰라리게 묻기까지 한다. "유령(죽은 자)들이 일어나 주를 찬송하리이까 주의 인자하심을 무덤에서 …… 선포할 수 있으리이까."10-11절 그야말로 절망이다.

그런데 신약은 여기에 대반전으로 답한다. 죽은 자들이 일어나 찬송할까? 그렇다! 주의 인자하심이 무덤에서 선포될까? 물론이다!

여기에 당신의 희망이 있다.

예수님이 참으로 버림받으셨기에 당신은 버림받지 않는다. 버림받았다고 느껴질 뿐이다. 겟세마네 동산에서 최악의 흑암이 그분을 덮쳐올 때, 그분은 이를 아시면서도 당신을 버리지 않으시고 당신을 위해 죽으셨다. 최악의 흑암인 그분의 흑암 속에서 당신을 버리지 않으신 예수 그리스도께서 왜 지금 당신의 흑암 속에 당신을 버리시겠는가?

십자가의 예수 그리스도야말로 말 그대로 친구라고는 흑암뿐이었다. 그렇게 그분은 당신의 죗값을 치르셨다. 그래서 당신은 당신의 흑암 속에 하나님이 여전히 친구로 함께 계심을 확실히 안다.

그분은 당신을 버리지 않으셨다. 그분은 이미 상환된 빚을 또 갚으라고 하실 분이 아니다. 당신의 죗값을 치르신 예수님이 지금도 당신을 사랑하신다.

부활이 다가오고 있음을 알면 그리고 계속 기억하면 당신은 극도의 흑암에 빠지지 않는다. 내가 아는 한 여성은 만성 질환이 있는데, "많이 아프신 것 같은데 좀 어떠세요?"라고 누가 물을 때마다 늘 이렇게 답한다. "부활로 치료되지 못할 정도는 아닙니다." 맞는 말이다. 당신도 임박한 부활을 알면 극도의 흑암에 빠질 수 없다.

한 주석가는 시편 88편 주해를 이렇게 마무리했다. "이 시에서 보듯이 흑암은 신자에게도 임할 수 있다. 당신이 구원받지 못했다는 뜻이 아니다. 흑암은 무고한 사람에게도 임할 수 있다. 당신이 길을 잃었다는 뜻이 아니다. 이런 일은 현세가 지속되는 한 언제고 발생할 수 있으며, 내세가 되어야만 완전히 없어진다. 흑암이 닥쳐와도 당신은 그 이유조차 모를 수 있다. 그러나 답이 있고 목적이 있다. 결국은 당신도 알게 된다."[6]

○

감사의 말

하나님의 도우심을 먼저 감사한다면 너무 경건해 보인다 하겠
지만 그럴 수밖에 없다. 물론 지금까지 내가 쓰고 전한 모든 책과 설
교가 하나님이 계획하신 일이라고 믿는다. 그분은 인간 몫의 책임을
침해하지 않으시면서도 "모든 일을 그의 뜻의 결정대로 일하시는 이"
시다. 엡 1:11 매사에 하나님의 선한 이유가 무수히 많으나 대개는 그것
이 숨겨져 있는데, 이번에는 일부 이유가 평소보다 더 잘 보였다.

브라이언 타트가 내게 《팀 켈러의 예수, 예수*Hidden Christmas*》의 자매편 성격으로 부활절에 대한 책을 펴내자고 제안했다. 그래서 예수님의 부활에 대한 집필에 착수했는데, 하필 그때 코로나19 팬데믹이 터졌고 나는 췌장암 진단을 받았다. 새뮤얼 존슨Samuel Johnson의 말마따나 이런 일 앞에서는 "신기하게도 생각이 깊어지게 마련"이다. 이런 암흑기에 글을 쓰노라니 예수님의 부활에 담긴 위로와 능력이 내게 새로운 깊이를 띠었다. 이 책이 나의 다른 책들보다 낫다는 말은 아니다. 그것은 독자들이 판단할 몫이다. 다만 이 책을 쓰면서 하나님의 인도하심과 도우심을 가장 많이 느꼈다.

지난 세월 나의 집필을 가능하게 해 준 여러 친구와 동료에 대한 감사와 고마움은 책이 한 권씩 더해질 때마다 더욱 깊어진다. 영국 컴브리아주 앰블사이드의 레이 레인과 질 레인 부부, 플로리다 팜비치가든스의 재니스 워스 등 우리 부부에게 멋진 거처와 작업 공간을 내준 사람들이 있다. 출판 쪽에서는 편집자 데이비드 맥코믹과 저작권 대리인 브라이언 타트가 늘 팀을 이루어 주었다. 그들의 도움 덕분에 그동안 펭귄출판사 계열에서 스무 권 이상의 책을 펴낼 수 있었다. 이들 둘은 어느 저자에게나 환상의 조합이다.

주

서문

1. Martin Luther King Jr., "I Have a Dream" (연설문, Washington, DC, 1963년 8월 28일),
www.americanrhetoric.com/speeches/mlkihaveadream.htm.

프롤로그

1. 미래를 이토록 낙관적으로 바라보는 사조가 서구 역사에서 어떻게 전개되었는지는 이
책 12장에서 자세히 다루었다.

2. Pew Research Center, "Once Again, the Future Ain't What It Used to Be," 2006년 5월
2일, 1, www.pewresearch.org/wp-content/uploads/sites/3/2010/10/BetterOff.pdf.

3. Steven Pinker, *The Better Angels of Our Nature: Why Violence Has Declined* (New York:
Viking Books, 2011). 스티븐 핑커, 《우리 본성의 선한 천사》(사이언스북스 역간). Steven
Pinker, *Enlightenment Now: The Case for Reason, Science, Humanism, and Progress* (New
York: Viking Books, 2018).

4. Yuval Noah Harari, *Homo Deus: A Brief History of Tomorrow* (New York: Harper, 2017),
1-2. 유발 하라리, 《호모 데우스》(김영사 역간). 다음 웹사이트에 이 인용문이 실려 있다.
https://medium.com/thrive-global/the-new-human-agenda-d0ae506779a.

5. Pew Research Center, "Once Again, the Future Ain't," 1-2.

6. Kim Parker, Rich Morin, & Juliana Horowitz, "Looking to the Future, Public Sees an American Decline on Many Fronts," Pew Research Center, 2019년 3월 21일, https://tinyurl.com/yxcdd4vw.

7. Andrew Sullivan, "The World Is Better Than Ever. Why Are We Miserable?" *New York*, 2018년 3월 9일, https://nymag.com/intelligencer/2018/03/sullivan-things-are-better-than-ever-why-are-we-miserable.html.

8. Jürgen Habermas, *An Awareness of What Is Missing: Faith and Reason in a Post-Secular Age* (Malden, MA: Polity Press, 2010). 특히 18-19쪽을 참고하라.

9. Rod Dreher, "The Germs That Destroyed an Empire," *The American Conservative*, 2020년 4월 24일, www.theamericanconservative.com/dreher/roman-empire-plague-germs-kyle-harper.

10. 리처드 개핀은 전통적인 표준 조직신학들을 개괄적으로 다루면서 부활보다 십자가와 속죄에 더 많은 부분을 할애했다. 다음 책 12쪽에 있는 긴 각주 2를 참고하라. Richard B. Gaffin, *Resurrection and Redemption: A Study of Paul's Soteriology* (Phillipsburg, NJ: Presbyterian and Reformed, 1987). 리처드 개핀, 《부활과 구속》(엠마오 역간).

11. Sam Allberry, *Lifted: Experiencing the Resurrection Life* (Phillipsburg, NJ: Presbyterian and Reformed, 2012), 15-16.

12. Christopher Watkin, *Michel Foucault* (Phillipsburg, NJ: Presbyterian and Reformed, 2018), 81.

13. J. R. R. Tolkien, *The Silmarillion* (Boston: Houghton Mifflin, 1977), 31. J. R. R. 톨킨, 《실마릴리온》(씨앗을뿌리는사람 역간). 인용된 표현은 이 유명한 신화 소설에서 몇몇 확실한 "그리스도를 상징하는 인물들" 중 하나인 간달프를 묘사한 말이다.

§ PART 1

1. 인생 단 하나의 희망, 다시 사신 예수

1. H. Richard Niebuhr, *The Kingdom of God in America* (Middletown, CT: Wesleyan University Press, 1988), 193. 자유주의 기독교가 역사적 기독교와는 현저히 다른 종교임을 포괄적이고 신랄하게 비판한 내용은 다음 책을 참고하라. J. Gresham Machen, *Christianity*

and Liberalism (1923; new ed., Grand Rapids, MI: Wm. B. Eerdmans, 2009). 잔 그레셈 메이천, 《기독교와 자유주의》(크리스챤출판사 역간).

2. 최근의 한 예로 다음 기사를 참고하라. Eliza Griswold, "Richard Rohr Reorders the Universe," *The New Yorker*, 2020년 2월 2일, www.newyorker.com/news/on-religion/rechard-rohr-reorders-the-universe.

3. John Updike, "Seven Stanzas at Easter," *Collected Poems* 1953-1993 (1993; 2nd ed., New York: Alfred A. Knopf, 2012), loc. 769-787, Kindle.

4. 다음 책을 참고하라. James D. G. Dunn, *Jesus Remembered: Christianity in the Making*, 제1권 (Grand Rapids, MI: Wm. B. Eerdmans, 2003), 855. 제임스 던, 《예수와 기독교의 기원》 (새물결플러스 역간).

5. Tom Holland, *Dominion: How the Christian Revolution Remade the World* (New York: Basic Books, 2019), 6. 톰 홀랜드, 《도미니언》(책과함께 역간).

6. N. T. Wright, *The Resurrection of the Son of God: Christian Origins and the Question of God*, 제3권 (Minneapolis: Fortress Press, 2003). 톰 라이트, 《하나님의 아들의 부활》(CH북스 역간). 그리스인은 육체가 영혼의 감옥이며, 죽을 때 비로소 영혼이 해방된다고 보았다. 그래서 내세는 "일방통행로"다. 즉 영혼은 육체로 돌아오지 않는다. 죽은 자는 다시 살아나지 않는다(81-84쪽 참조). 예수님 당시에 유대인들의 신앙이었던 "제2성전 유대교"에 관한 자세한 고찰은 85-208쪽을 참고하라.

7. Wright, *The Resurrection of the Son of God*, 699-700. 톰 라이트, 《하나님의 아들의 부활》 (CH북스 역간). "유대교의 부활 신앙은 (그리스도가 부활하셨다는) 믿음이 유대교 정황 내에서 자생적으로 생겨날 수 있는 가능성을 배제한다. 초대 그리스도인들에게 이 믿음이 어떻게 생겨났느냐고 묻는다면 그들은 두 가지로 답할 것이다. …… 예수님의 무덤이 비어 있다는 것과 …… 그분이 다시 살아서 사람들에게 나타나셨다는 것이다"(686쪽). "대략 BC 150년에서 AD 150년 사이에 많은 메시아 운동이 있었지만 모두 창시자의 비명횡사로 끝났다. 이때 목숨을 건진 추종자들에게 남은 길은 운동을 포기하거나 다른 메시아를 찾아내거나 둘 중 하나였다. 물론 죽은 선지자의 추종자들이 계속해서 그를 참선지자로 믿을 수는 있다. …… 그러나 명색이 하나님의 나라를 세운다는 자칭 메시아의 경우에는 그것이 불가능하다. 메시아가 죽었다가 살아나리라고 믿은 사람은 전무했다. 아무도 그런 상황을 예상하지 못했다. 이미 처형된 사람을 끝까지 메시아로 믿는다는 것은 결코 있을 수 없는 일이었다"(700쪽).

8. "첫 행에 추가된 '장사 지낸 바 되셨다가'라는 말은 …… 다음 사실을 강조해 준다. 시신을 무덤에 뉘였으므로 이후의 부활도 단지 '영적인' 현상이 아니라 객관적 실재라는 것이다. 바울 자신에게야 이 요점이 부수적인 것이지만, 빈 무덤에 관한 이야기들의 사실성은 이렇듯 초대 기독교의 신앙고백으로도 입증된다." Gordon D. Fee, *The First Epistle to the Corinthians* (Grand Rapids, MI: Wm. B. Eerdmans, 1987), 725. 고든 피, 《NICNT 고린도전서》(부흥과개혁사 역간).

9. 다음 책을 참고하라. Craig A. Evans, *Jesus and the Remains of His Day: Studies in the Evidence of Material Culture* (Peabody, MA: Hendrickson, 2015), 109-145.

10. Peter J. Williams, *Can We Trust the Gospels?* (Wheaton, IL: Crossway, 2018), 134.

11. Williams, *Can We Trust the Gospels?*, 134-135.

12. 다음 책을 참고하라. Josephus, *Jewish Antiquities* 4.219. 요세푸스, 《요세푸스: 유대 고대사》(생명의말씀사 역간). 다음 책에 인용되어 있다. Williams, *Can We Trust the Gospels?*, 134, 주 7.

13. 개연성이 없는데도 실제로 수백 명이 동시에 환상을 볼 수 있다고 주장한 작가들도 있다. 그러나 다음 기사를 참고하라. Gary Habermas, "Explaining Away Jesus' Resurrection: The Recent Revival of Hallucination Theories," *Christian Research Journal* 23, no. 4 (2001): 26-31,47-49, www.researchgate.net/publication/228846841_Explaining_Away_Jesus'_Resurrection_the_Recent_Revival_of_Hallucination_Theories.

14. Wright, *The Resurrection of the Son of God*, 413. 톰 라이트, 《하나님의 아들의 부활》(CH북스 역간). 부활의 이 중대한 역사적 증거를 정리하여 제시한 또 다른 대표적 저서로 다음 책을 참고하라. Michael R. Licona, *The Resurrection of Jesus: A New Historiographical Approach* (Nottingham, UK: Apollos, 2010). 마이클 R. 리코나, 《예수의 부활》(새물결플러스 역간).

15. Wright, *The Resurrection of the Son of God*, 707, 주 63. 톰 라이트, 《하나님의 아들의 부활》(CH북스 역간).

16. John Polkinghorne, *The Faith of a Physicist* (Princeton, NJ: Princeton University Press, 2016), 115.

17. Wright, *The Resurrection of the Son of God*, 605. 톰 라이트, 《하나님의 아들의 부활》(CH북스 역간).

18. Polkinghorne, *Faith of a Physicist*, 114.

19. N. T. Wright, *Surprised by Scripture: Engaging Contemporary Issues* (New York: HarperOne, 2014), 46. 톰 라이트, 《시대가 묻고 성경이 답하다》(IVP 역간).

20. 부활 내러티브들에 묘사된 예수님에 근거하여 이 증거를 잘 요약한 내용과 그것이 기존의 어떤 세계관과도 공통분모가 없다는 점에 관해서는 다음 자료를 참고하라. N. T. Wright, "Resurrection Narratives," *Dictionary for Theological Interpretation of the Bible*, Kevin J. Vanhoozer 편집 (Grand Rapids, MI: Baker Books, 2005), 675-766.

21. Wright, *Surprised by Scripture*, 46, 50. 톰 라이트, 《시대가 묻고 성경이 답하다》(IVP 역간).

22. Wright, *Surprised by Scripture*, 59. 톰 라이트, 《시대가 묻고 성경이 답하다》(IVP 역간).

23. Wright, *Surprised by Scripture*, 58. 톰 라이트, 《시대가 묻고 성경이 답하다》(IVP 역간).

24. 다음 책을 참고하라. Alister E. McGrath, *The Territories of Human Reason: Science and Theology in an Age of Multiple Rationalities* (Oxford: Oxford University Press, 2019).

25. 20세기의 정통 유대교 학자 핀카스 라피데는 흥미로운 사례다. 그는 부활의 증거를 살

핀 후에 "나는 예수님의 부활을 제자 공동체의 날조가 아니라 역사적 사건으로 받아들인다"라고 결론지었다. 하지만 예수님의 부활이 실제로 있었던 일이라는 자신의 결론에도 불구하고 기독교로 개종하지는 않았다. 인용한 말은 다음 책에 나온다. Pinchas Lapide, *Jewish Monotheism and Christian Trinitarian Doctrine* (Eugene, OR: Wipf and Stock, 203), 59. 아울러 다음 책도 참고하라. Pinchas Lapide, *The Resurrection of Jesus: A Jewish Perspective* (Minneapolis: Augsburg Fortress, 1982).

26. Gustav K. Wiencke, *Luther's Works*, 제43권, *Devotional Writings* II (Philadelphia: Fortress Press, 1968), 133-134.

27. Wiencke, *Luther's Works*, 123.

28. 루터가 기록한 다음 대목은 꼭 요즘에 쓴 말처럼 들린다. "구약에 하나님이 친히 명하시기를 나환자를 공동체에서 격리시켜 성 밖에 살게 함으로써 전염을 예방하게 하셨다〔레 13-14장〕. 그렇다면 우리도 이 위험한 역병 앞에서 똑같이 해야 한다. 모든 감염자에게 타인과 떨어져 지내든지 신속히 격리 치료를 받게 해야 한다. 앞서 누누이 지적했듯이 이럴 때일수록 감염자를 곤경 속에 버려두지 않고 돕는 것이 우리의 본분이다. 그리하여 역병이 일찍 멎으면 그 개인에게만 아니라 사회 전체에 혜택이 돌아간다. 반대로 개인을 방치하여 남들까지 감염되면 사회 전체로 퍼질 수 있다. 이곳 비텐베르크에 창궐한 전염병은 바로 불결한 환경에서 기인했다. 다행히 공기는 아직 맑고 깨끗하지만, 누군가의 게으름이나 부주의 때문에 감염된 사례도 더러 있다. 이처럼 마귀는 우리 가운데 공포를 조장하여 패주하게 하고는 쾌재를 부른다. 하나님, 그의 뜻을 꺾으소서! 아멘." Wiencke, *Luther's Works*, 133-134.

29. Wiencke, *Luther's Works*, 121.

30. Wiencke, *Luther's Works*, 121.

31. Wiencke, *Luther's Works*, 121.

32. Wiencke, *Luther's Works*, 137.

§ PART 2

2. 예수 부활, '미래의 창조세계'를 '오늘 여기'에 들여놓다

1. 이 책의 중심 주제는 예수님의 부활이 단지 극적인 기적이 아니라 미래의 하나님 나라를 출범시켰다는 것이다. 장차 그 나라에서는 만물이 하나님의 영광을 위해 복종하으

로써 새롭게 되고 치유될 것이다. "새로운 창조세계"가 되는 것이다. 이 나라는 두 개의 "축"으로 이루어진다. 첫째로, 하나님의 영광이 이제 하늘의 영역에서 땅으로 임했다. 단지 가끔씩 일시적으로 나타나거나 심지어 성전의 지성소에 머무는 게 아니라 하나님의 백성 안으로 들어왔다. 둘째로, 부활하실 때 예수님은 미래의 새로운 창조세계를 현재의 세상 속에 들여놓으셨다. 그래서 죄와 사망의 시대인 옛 세상이 이제 새 세상(엡 1:21)과 겹쳐졌다. 인간의 역사 안에 두 시대─흑암과 죄의 현시대 그리고 빛과 선으로 충만한 장차 올 시대─가 지금 공존하는 것이다. 각 인간은 계속 현시대의 지배 아래에 남아 있을 수도 있고(엡 2:1) 장차 올 시대로 옮겨질 수도 있다(갈 1:4; 골 1:13). 하나님 나라는 이미 임했으나 또한 역사의 종말에 완성될 것이다. 부활하신 그리스도와 믿음으로 연합할 때 우리도 믿음으로 '그리스도와 함께 살리심'을 받아, 그 천국의 실재에 그리고 미래의 하나님 나라의 능력과 삶에 부분적으로나마 실질적으로 참여한다. 그러므로 예수님의 부활을 이해한다는 것은 곧 어떻게 이 새 생명이 들어와서 (1) 우리를 개인적으로 변화시키고, (2) 교회라는 "하나님 나라의 공동체"를 새로 탄생시키고, (3) 우리에게 이미 지금부터 세상을 재편하고 쇄신할 능력을 주는지를 이해하는 것과 같다.

성경 곳곳에 "이미 그러나 아직"의 하나님 나라 개념이 공관복음처럼 자주 언급되지는 않지만, 구속사의 골격에 대한 이런 기본적 이해는 성경의 다른 기자들이 기록한 책에도 등장한다. 요한복음의 경우 나라라는 단어가 거의 쓰이지 않는 대신 예수님이 가져오신 영생이 거듭 거론된다. 그런데 사실상 영생이란 유대인들이 고대하던 종말의 부활 생명이 지금 역사 속에 들어온 상태다. 바울 서신에도 나라라는 단어는 많이 나오지 않지만, 그의 표현으로 "이 세상"이 지속되는 동안에도 "오는 세상"의 그리스도의 통치는 이미 시작되었다(엡 1:21). 그에 따르면 믿는 우리는 현세대에서 건짐받아(갈 1:4) 장차 올 세대의 열매인 새로운 피조물이 되었다(고후 5:17; 6:2). 이렇듯 바울도 "두 시대의 중첩"을 가르친다. 요컨대 신약의 모든 기자가 전제하는 근본적 사실이 있으니, 곧 하나님 나라가 "이미" 이 땅에 임했으나 "아직" 만물을 새롭게 할 만큼 완성되지는 않았다는 것이다.

기독교의 구원을 개인이 용서받는 차원을 넘어 만물이 새롭게 되는 것까지로 보는 이런 통전적 이해는 20세기 초중반에 네덜란드의 두 신학자인 게하더스 보스와 헤르만 리델보스가 특히 발전시킨 것이다. 굳이 이 점을 밝히는 이유가 있다. 성경의 가르침에 관한 이런 이해를 지난 20여 년 동안 톰 라이트 같은 작가들이 대중화하다 보니, 다음과 같이 생각하는 독자가 많아졌기 때문이다. 즉 이런 성경적 사상의 틀을 근래의 작가들만 간파했고 이전의 신학자들은 놓쳤다고 말이다. 사실은 바울의 이런 성경적 사상의 틀이 이미 다음 책에 대표적으로 진술되어 있다. Geerhardus Vos, *The Pauline Eschatology* (1930; 2nd ed., Grand Rapids, MI: Wm. B. Eerdmans, 1972), 36-39. 게하더스 보스, 《바울의 종말론》(좋은씨앗 역간). 다음 책도 참고하라. Geerhardus Vos, *The Kingdom of God and the Church* (Nutley, NJ: Presbyterian and Reformed, 1971), "Recapitulation," 102-103. 게하더스 보스, 《하나님 나라와 교회》(CH북스 역간). 두 "시대"에 대한 바울의 사상을 광범위하게 연구한 책으로는 다음을 참고하라. Herman Ridderbos, *Paul: An Outline of His Theology*, John Richard DeWitt 번역 (Nutley, NJ: Presbyterian and Reformed, 1972), 44-90. 헤르만 리델보스, 《바울 신학》(솔로몬 역간). 공관복음에 나타난 하나님 나라에 관한 가르침을 고찰한 책으로는 다음 둘을 참고하라. Herman Ridderbos, *The Coming of the Kingdom* (Philadelphia: Presbyterian and Reformed, 1962). 헤르만 리델보스, 《하나님 나라》(솔로몬 역간). George Eldon Ladd, *Jesus and the Kingdom* (New York: Harper and Row, 1964). 조지 엘딘 래드, 《하나님 나라》(CH북스 역간). 이런 초기의 책들을 예로 드는 이유는 근래에 동일한 주제를 다룬 좋은 책들이 더 없어서가 아니라, 보스와 리델보스의 대다수 오래된 책들과 달리 근래의 책들은 대체로 하나님 나라와 새로운 창조 세계의 개념을 형벌 대속과 법적 칭의에 대한 종교개혁의 가르침과 대항시키기 때문이다. 이 두 전통이 서로 맞설 필요가 없는 이유에 대한 자세한 설명을 보려면 다음 중 요한 책을 참고하라. Michael Horton, *Justification: New Studies in Dogmatics*, 제1-2권 (Grand Rapids, MI: Zondervan Academic, 2018).

2. Geerhardus Vos, *The Kingdom of God and the Church*, 102. 게하더스 보스, 《하나님 나라와 교회》(CH북스 역간).

3. 하나님 나라의 구조에 대한 이런 "도해"는 내가 알기로 본래 게하더스 보스가 《바울의 종말론》에 처음 그렸다. 나의 두 도표도 거기에 대폭 기초했다. Geerhardus Vos, *The Pauline Eschatology*, 38쪽을 참고하라. 게하더스 보스, 《바울의 종말론》(좋은씨앗 역간). 이 기본 구조는 성경을 이해하는 데 매우 중요하며, 성경 각 권 기자에 따라 표현은 달라도 신약 성경 전체에 전제되어 있다. 공관복음에는 나라라는 단어가 주를 이루는 반면, 바울은 동일한 가르침을 시대라는 말로 전달했다(개역개정에는 "세대"나 "세상"으로 옮겨져 있다 - 옮긴이). 즉 그리스도의 초림과 재림 사이에 두 시대가 겹쳐진다는 것이다. 바울의 두 시대 교리에 대한 보스의 대표적 진술은 *The Pauline Eschatology*, 36-41쪽에 나온다.

4. 다음 책을 참고하라. Francis Schaeffer, *True Spirituality* (Wheaton, IL: Tyndale, 1971), 134. 프랜시스 쉐퍼, 《진정한 영적 생활》(생명의말씀사 역간).

5. 다음 책을 참고하라. John Stott, *The Contemporary Christian* (Downers Grove, IL: InterVarsity Press, 1992), "The Now and the Not Yet," 375-392. 존 스토트, 《시대를 사는 그리스도인》(IVP 역간).

6. 예수님이 "첫 열매"라는 말은 "그리스도의 부활이 하나의 독립된 사건이 아니라 무언가 더 경이로운 일을 **보증**한다"라는 선포다(강조 추가). 이 말을 비롯해 이번 문단의 인용구 가운데 성경을 제외한 것은 모두 다음 책에 나온다. Roy E. Ciampa & Brian S. Rosner, *The First Letter to Corinthians*, The Pillar New Testament Commentary (Grand Rapids, MI: Wm. B. Eerdmans, 2010), 761.

7. 이번 단락의 개념에 대해서는 다음 중요한 책을 참고하라. Herman Ridderbos, *Paul: An Outline of His Theology* (Grand Rapids, MI: Wm. B. Eerdmans, 1975). 헤르만 리델보스, 《바울 신학》(솔로몬 역간). 예수님이 새로운 창조세계의 첫 열매요 처음 나신 이라는 내용은 53-57쪽에 나온다. "바울이 선포한 그리스도의 부활은 구속사적 의미에서 명실상부한 새 시대의 도래를 뜻하며, 따라서 법적이거나 윤리적이거나 실존적인 범주에서만 이해해서는 안 된다"(55쪽).

8. John White, *The Fight: A Practical Handbook for Christian Living* (Downers Grove, IL:

InterVarsity Press, 1976), 88-89. 존 화이트, 《믿음이 이긴다》(생명의말씀사 역간). 인용된 찬송가는 새뮤얼 W. 갠디(Samuel W. Gandy)가 지은 것이다.

9. Jonathan Edwards, "Heaven Is a World of Love," *The Sermons of Jonathan Edwards: A Reader*, Wilson H. Kimnach, Kenneth P. Minkema & Douglas Sweeney 편집 (New Haven, CT: Yale University Press, 1999), 242-272. 조나단 에드워즈, 《조나단 에드워즈 대표 설교 선집》(부흥과개혁사 역간).

10. George Herbert, "Time" (1633). 다음 책을 참고하라. *The English Poems of George Herbert*, Helen Wilcock 편집 (Cambridge, UK: Cambridge University Press, 2007), 432.

11. Douglas J. Moo, *The Letters to the Colossians and to Philemon*, The Pillar New Testament Commentary (Grand Rapids, MI: Wm. B. Eerdmans, 2008), 432. 더글러스 무, 《PNTC 골로새서 빌레몬서》(부흥과개혁사 역간).

12. Rebecca Manley Pippert, *Out of the Saltshaker and Into the World*, 2nd ed. (Downers Grove, IL: InterVarsity Press, 1999), 52-54. 레베카 피펏, 《빛으로 소금으로》(IVP 역간).

13. "골로새의 거짓 교사들은 온갖 천상의 영들에 대한 오래되고 만연한 두려움을 이용하여, 자신들의 규율 지향적인 절차를 따라야만 신자가 그런 영들의 권세로부터 해방될 수 있다고 주장했다." 이에 대응하여 바울은 하나님이 그리스도를 십자가로 보내 죄 문제를 결정적으로 최종 해결하심으로써, 그 악한 영들이 우리에게 휘두를 수 있는 권세를 모두 제하셨다고 역설했다. 이 승리는 그리스도의 부활과 승천으로 경축되고 만천하에 드러났으며, 신자는 바로 그것을 자신의 것으로 붙들어야 한다. Moo, *Letters to the Colossians*, 216. 더글러스 무, 《PNTC 골로새서 빌레몬서》(부흥과개혁사 역간).

14. Horton, *Justification*, 제2권, 257, 275.

15. John Bunyan, *The Pilgrim's Progress: A Norton Critical Edition*, Cynthia Wall 편집 (New York: W. W. Norton, 2009), 32-33. 존 번연, 《천로역정》.

16. John Murray, *The Epistle to the Romans* (Grand Rapids, MI: Wm. B. Eerdmans, 1968), 156-57. 존 머리, 《로마서 주석》(아바서원 역간).

17. Murray, *Epistle to the Romans*, 156-157. 존 머리, 《로마서 주석》(아바서원 역간).

18. Eric Nelson, *The Hebrew Republic: Jewish Sources and the Transformation of European Political Thought* (Cambridge, MA: Harvard University Press, 2011). 넬슨은 민주공화국이 세속화의 결과로 생겨난다는 통념을 논박했다. 오히려 16세기와 17세기의 그리스도인 학자들은 당대에 맞는 정치사상을 찾고자 히브리 율법을 연구했다. 하버드대학교 출판부는 이 책을 이렇게 소개했다. "넬슨은 히브리의 복고가 유럽 정치 이론에 불러온 변화를 세 가지로 파악했다. 공화정만이 정당한 정권이라는 논리, 국가가 강제로라도 평등한 재산 분배를 유지해야 한다는 개념, 그리고 경건한 공화정에는 종교적 다양성이 용인되리라는 신념 등이다."

19. C. S. Lewis, *Present Concerns: Ethical Essays* (London: Fount Paperbacks, 1986), 20. C. S. 루이스, 《현안: 시대 논평》(홍성사 역간).

20. C. S. Lewis, *Mere Christianity* (New York: MacMillan, 1958), "The Invasion," 56. C. S. 루

이스, 《순전한 기독교》(홍성사 역간).

3. 예수 부활, 잃어버린 하나님 임재를 회복하다

1. 다음 글을 참고하라. Gordon J. Wenham, "Sanctuary Symbolism in the Garden of Eden Story," 출전: *I Studied Inscriptions from Before the Flood*, Richard S. Hess & David Toshio Tsumura 편집 (University Park, PA: Eisenbrauns, 1994). 다음 웹사이트에서 볼 수 있다. www.godawa.com/chronicles_of_the_nephilim/Articles_By_Others/Wenham-Sanctuary_Symbolism_Garden_of_Eden.pdf.

2. Augustine, *Confessions* 1:1. 아우구스티누스, 《고백록》.

3. C. S. Lewis, *Perelandra* (New York: Macmillan, 1965), 19. C. S. 루이스, 《페렐란드라》(홍성사 역간).

4. Alec Motyer, *Philippian Studies: The Richness of Christ* (Chicago: InterVarsity Press, 1966), 58.

5. Jeremy Treat, *Seek First: How the Kingdom of God Changes Everything* (Grand Rapids, MI: Zondervan, 2019), 19-20.

6. Treat, *Seek First*, 20-21.

7. 이번 사례와 관련한 정보는 다음 두 책에 나온다. Barry Hankins, *Francis Schaeffer and the Shaping of American Evangelicalism* (Grand Rapids, MI: Wm. B. Eerdmans, 2008), 특히 1-3장인 "The Making of an American Fundamentalist," "The Making of a European Evangelical," "L'Abri," 1-73. Charles E. Cotherman, *To Think Christianly: A History of L'Abri, Regent College, and the Christian Study Center Movement* (Downers Grove, IL: IVP Academic, 2020), 13-47.

8. Cotherman, *To Think Christianly*, 17.

9. Frank Schaeffer, *Crazy for God: How I Grew Up as One of the Elect, Helped Found the Religious Right, and Lived to Take All (or Almost All) of It Back* (Cambridge, MA: Da Capo Press, 2007), 21.

10. Francis Schaeffer, *The Church at the End of the 20th Century* (Wheaton, IL: Crossway, 1994), "Revolutionary Christianity," 100-101. 프랜시스 쉐퍼, 《20세기 말의 교회》(생명의말씀사 역간).

11. Schaeffer, *Crazy for God*, 21-22.

12. Geerhardus Vos, *Kingdom of God and the Church* (Nutley, NJ: Presbyterian and Reformed, 1971), 87. 게하더스 보스, 《하나님 나라와 교회》(CH북스 역간).

13. Vos. *Kingdom of God and the Church*, 87-88. 게하더스 보스, 《하나님 나라와 교회》(CH 북스 역간). 게하더스 보스는 그리스도의 부활 이후로 "하나님 나라의 권능이 …… 역사 하며, 그 나라의 삶이 …… 가시적 교회라는 그 나라의 유기체로 표현된다"고 가르쳤다 (87쪽). 하나님 나라의 초자연적 권능이 세상에 나타나는 주된 장소는 교회 안이다. 그러나 보스는 "그렇다고 비가시적 하나님 나라가 반드시 가시적 교회를 통해서만 표출 되는 것은 아니다"라고 덧붙였다. 온 세상을 새롭게 하는 것이 목적인 만큼 그 나라는 "인간의 삶 전체에 …… 침투하도록 되어 있다"는 것이다(87쪽). 그가 서둘러 강조했듯 이, 예수님의 가르침은 "이런 결과를 이루기 위해 인간 삶의 모든 영역을 가시적 교회 에 종속시켜야 한다"는 게 아니었다. 보스에 따르면 그리스도인 개개인이 "과학 …… 예술 …… 가정 …… 정부 …… 무역과 산업의 영역"에서 일할 때 "해당 영역을 철저히 하나님의 영광이라는 원리의 지배하에" 두면, "그때 우리는 하나님 나라가 나타났다고 진정으로 말할 수 있다"(87-88쪽). "기독교 정부와 기독교 예술과 기독교 과학 등을 가시 적 교회와 분리하는 것이 바람직하지만, 그런 것들이 하나님 나라에 참으로 속해 있다 면 비가시적 교회인 그 나라의 거듭난 삶에서 열매로 맺히기 마련이다"(88-89쪽).

14. Vos. *Kingdom of God and the Church*, 89. 게하더스 보스, 《하나님 나라와 교회》(CH북 스 역간).

15. Michael Horton, "N. T. Wright Reconsiders the Meaning of Jesus's Death," The Gospel Coalition, 2016년 10월 10일, www.thegospelcoalition.org/reviews/the-day-the-revolution-began.

16. 하나님의 거룩하심과 영광을 본 이사야는 자신이 "망하게 되었도다"라고 말했다. "파 멸에 떨어졌다"(NIV), "구제불능이다"(ESV)라고 옮긴 역본도 있는데, 히브리어 원어를 직역하면 멸망당했다는 뜻이다.

17. C. S. Lewis, "The Weight of Glory," *Theology*, 1941년 11월, www.wheelersburg.net/Downloads/Lewis%20Glory.pdf.

4. 복음의 역사, 늘 인간의 직관에 반하게 움직였다

1. 다음 책의 제목의 일부다. Gregory K. Beale, *Redemptive Reversals and the Ironic Overturning of Human Wisdom* (Wheaton, IL: Crossway, 2019). 이번 장의 논증에 빌의 책이 중요한 역할을 했다. 아울러 다음 책도 참고하라. Christopher Watkin, *Michel Foucault* (Phillipsburg, NJ: Presbyterian and Reformed, 2017), "Introducing the Cruciform 'Great Reversal,'" 77-138.

2. Beale, *Redemptive Reversals*, 21.

3. Beale, *Redemptive Reversals*, 22.

4. 다음 책을 참고하라. Robert Alter, *The Art of Biblical Narrative*, 2nd ed. (New York: Basic Books, 2011). "실제로 …… 창세기 전체에서 장자권의 철칙이 반전된다"(5쪽).

5. Beale, *Redemptive Reversals*, 91.

5. 반전의 절정, 그분이 우리와 자리를 맞바꾸시다

1. Richard B. Hays, *The Moral Vision of the New Testament: A Contemporary Introduction to New Testament Ethics* (New York: HarperCollins, 1996), 89. 리처드 헤이스, 《신약의 윤리적 비전》(IVP 역간).

2. Hays, *Moral Vision of the New Testament*, 89-90. 리처드 헤이스, 《신약의 윤리적 비전》 (IVP 역간).

3. Hays, *Moral Vision of the New Testament*, 90. 리처드 헤이스, 《신약의 윤리적 비전》(IVP 역간).

4. Hays, *Moral Vision of the New Testament*, 90. 리처드 헤이스, 《신약의 윤리적 비전》(IVP 역간).

5. "본질상 '역설이란 기표와 기의의 차이다.' 모든 역설은 세 가지 기본 요소로 이루어진 다. (1) 의미의 층이 둘 이상이다(각각 제삼자와 직접 대상자가 그 대상이다). (2) 한 층의 의미 는 다른 층과 반대된다(전자는 외관상의 의미고 실재는 그와 반대되는 후자다). (3) 제삼자나 직 접 대상자 중 한 쪽은 …… 놀라게 되어 있다." Gregory K. Beale, *Redemptive Reversals and the Ironic Overturning of Human Wisdom* (Wheaton, IL: Crossway, 2019), 22.

6. "하나님이 계시하시는 방식의 특징은 감추어져 있음, 반전, 의외성이므로 …… 독선이 나 독단은 들어설 자리가 없다." 헤이스는 "우리의 감성이 이 내러티브를 통해 빚어지 면 …… 자신을 너무 심각하게 대하지 않으면서도 …… 자신을 점검하는 법을 배우게 된다"라고 결론지었다. Hays, *Moral Vision of the New Testament*, 90. 리처드 헤이스, 《신약의 윤리적 비전》(IVP 역간).

7. 잘 요약된 내용을 보려면 다음 책을 참고하라(이번 장의 많은 참조 구절도 거기서 따왔다). Donald Guthrie, *New Testament Introduction* (Downers Grove, IL: InterVarsity Press, 1970), 90-91. 도날드 거스리, 《신약 서론》(CH북스 역간).

8. Simon Gathercole, "The Gospel of Paul and the Gospel of the Kingdom," 출전: *God's Power to Save: One Gospel for a Complex World?*, Chris Green 편집 (Leicester, UK: InterVarsity Press, 2006), 138-154.

9. Gathercole, "Gospel of Paul," 143. 143쪽의 주 14와 주 15도 참고하라.

10. Gathercole, "Gospel of Paul," 149.

11. 짐작하는 대로, 실제로 있었던 내 이야기다.

12. Joseph Haroutunian 편집, *Calvin: Commentaries*, The Library of Christian Classics (Philadelphia: Westminster Press, 1958), 69.

§ PART 3

6. 내 틀과 범주로는 그분을 알아보지 못한다

1. 요한복음 20장에 나오는 예수님과 마리아의 만남의 다른 측면들에 대해 다음 책에 설명했다. Timothy Keller, *Encounters with Jesus: Unexpected Answers to Life's Biggest Questions* (New York: Dutton, 2013), "The First Christian," 82-102. 팀 켈러, 《팀 켈러의 인생 질문》(두란노 역간).

2. Josiah Conder, "'Tis Not That I Did Choose Thee" (찬송가), 1836.

3. 이 본문에 대한 나의 해석 노선은 다음 책에 잘 요약되어 있다. Andreas J. Köstenberger, *John*, Baker Exegetical Commentary on the New Testament (Grand Rapids, MI: Baker Academic, 2004), 569. 안드레아스 J. 쾨스텐버거, 《BECNT 요한복음》(부흥과개혁사 역간). "그녀의 반응은 지극히 당연하지만 역시 오해의 소산이었다. 아마 마리아로서는 구사일생으로 다시 만난 그분을 다시는 잃고 싶지 않았을 것이다. 하지만 승천하시기 이전의 예수님께 그렇게 매달려서는 안 된다. '그분이 그녀에게 영원히 거하실 방식은 그녀의 생각처럼 육으로가 아니라 …… 영으로이기' 때문이다(Lee 1995:42)."

4. 요한복음의 기자가 요한이라는 전통적 논증은 근거가 탄탄하다. 초대 교회 지도자들이 하나같이 이 복음서의 기자를 사도 요한으로 보았으며, 이레니우스(Ireneaus)도 그중 하나인데 그의 스승 폴리캅(Polycarp)은 요한의 제자였다. 현대에는 이 견해에 동의하지 않는 학자도 많으나 여기서 그런 논의로 들어갈 수는 없다. 전통적 견해를 훌륭하게 요약하고 변호한 내용을 보려면 다음 책을 참고하라. D. A. Carson, *The Gospel According to John* (Grand Rapids, MI: Wm. B. Eerdmans, 1991), 68-81. D. A. 카슨, 《PNTC 요한복음》(솔로몬 역간). 우리의 취지상 중요하게 주목할 점은, 사도 요한이 요한복음을 썼다고 보지 않는 사람들도 요한복음을 실제 사건들의 목격자가 썼다고 믿는다는 것이다. 이에 대해서는 다음 책을 참고하라. Richard Bauckham, *The Testimony of the Beloved Disciple: Narrative, History, and the Theology of the Gospel of John* (Grand Rapids, MI: Baker Academic, 2007).

5. Sir Arthur Conan Doyle, *Sherlock Holmes: The Complete Illustrated Novels* (New York:

University of Life Library, Carlisle Media, 2018), "The Sign of the Four," 170. 아서 코난 도일, 《네 사람의 서명》(현대문학 역간).

6. 인터넷에서 누구나 금방 확인할 수 있듯이 이야기의 주인공은 1859년 6월 30일에 나이아가라 협곡을 줄타기로 건넌 프랑스의 줄타기 곡예사 샤를 블롱댕(Charles Blondin)이다. 본문에 소개한 사건이 실제로 있었는지는 내가 확인할 수 없었다. 아주 다양한 버전으로 전해지는 것으로 보아 권위 있는 사료에서 온 것 같지는 않다. 그럼에도 이 이야기는 머리의 신념과 마음의 신뢰가 어떻게 다른지를 보여 주는 예화로 안성맞춤이다.

7. Bruce Milne, *The Message of John: Here Is Your King!*, The Bible Speaks Today (Downers Grove, IL: IVP Academic, 1993), 302. 브루스 밀른, 《요한복음 강해》(IVP 역간).

8. Milne, *Message of John*, 302. 브루스 밀른, 《요한복음 강해》(IVP 역간).

9. Richard Bauckham, *Jesus and the Eyewitnesses: The Gospels as Eyewitness Testimony*, 2nd ed. (Grand Rapids, MI: Wm. B. Eerdmans, 2017). 리처드 보컴, 《예수와 그 목격자들》(새물결플러스 역간).

10. Leon Morris, *The Gospel According to John*, The New International Commentary on the New Testament (Grand Rapids, MI: Wm. B. Eerdmans, 1995), 753.

11. C. S. Lewis, *The Horse and His Boy* (1954; illustrated ed., New York: HarperCollins, 2002), 175-176. C. S. 루이스, 《말과 소년》(시공주니어 역간).

7. 내 연약함이 곧 하나님과의 연결 고리다

1. 다음 책을 참고하라. Richard Bauckham, *Jesus and the Eyewitnesses: The Gospels as Eyewitness Testimony*, 2nd ed. (Grand Rapids, MI: Wm. B. Eerdmans, 2017), 170. 리처드 보컴, 《예수와 그 목격자들》(새물결플러스 역간). 보컴이 인용한 R. T. 프랜스(France)와 R. E. 브라운(Brown)도 이런 해석을 지지했다.

2. Miroslav Volf, *Exclusion and Embrace: A Theological Exploration of Identity, Otherness, and Reconciliation* (Nashville: Abingdon Press, 1996), 95-96. 미로슬라브 볼프, 《배제와 포용》(IVP 역간).

3. 다음 책을 참고하라. Equal Justice Initiative, *Lynching in America: Confronting the Legacy of Racial Terror*, 3rd ed. (연도 미상), https://eji.org/reports/lynching-in-america.

4. J. R. R. Tolkien, *The Two Towers* (New York: Houghton Mifflin Company, 1987), 848. J. R. R. 톨킨, 《두 개의 탑》(씨앗을뿌리는사람 역간).

5. Billy Graham, *Just as I Am: The Autobiography of Billy Graham* (San Francisco: HarperSanFrancisco, 1997), 25.

6. Graham, *Just as I Am*, 27.

7. Graham, *Just as I Am*, 29. "180도 전환"은 그레이엄의 자서전에서 전도자 모르드개 햄의 사역을 통해 그가 회심한 내용이 담겨 있는 장의 제목이다.

8. 루스 벨 그레이엄에 대한 이 설명은 빌리 그레이엄에게서 내가 직접 들었다. 인용된 루스 벨 그레이엄의 말은 인터넷에 많이 나오는데 faithinwriting.com/Tradition/Family/index.htm도 그중 하나다.

9. 헉슬리는 이렇게 덧붙였다. "내 경우, 무의미의 철학은 기본적으로 성 해방과 정치적 해방의 도구다." Aldous Huxley, *Ends and Means* (London: Chatto and Windus, 1946), 273.

10. C. S. Lewis, *Mere Christianity* (New York: MacMillan, 1958), "The Invasion," 33. C. S. 루이스, 《순전한 기독교》(홍성사 역간).

11. 이번 문단은 다음 책에 나오는 사도행전 9장에 대한 7월 22일분 묵상에 기초했다. D. A. Carson, *For the Love of God*, 제1권 (Wheaton, IL: Crossway Books, 1998).

12. Martin Luther, *The Freedom of a Christian*, Mark D. Tranvik 번역 (Minneapolis: Fortress Press, 2008), 62-63.

13. 다음 두 책을 참고하라. D. Bruce Hindmarsh, *The Evangelical Conversion Narrative: Spiritual Autobiography in Early Modern England* (Oxford, UK: Oxford University Press, 2008). D. Bruce Hindmarsh, *The Spirit of Early Evangelicalism: True Religion in the Modern World* (Oxford: Oxford University Press, 2017).

14. D. M. Lloyd-Jones, "Intorduction," 출전: William Williams, *The Experience Meeting* (Vancouver, BC: Regent College Publishing, 2003), 5.

15. 질문의 표현을 내가 현대어로 다듬었다. 다음 책에서 원문을 볼 수 있다. William Williams, *The Experience Meeting*, 34-36, 39-41.

§ PART 4

8. '마음 깊은 곳'에서부터 온 삶이 생명을 입다

1. D. Martyn Lloyd-Jones, *God's Ultimate Purpose: An Exposition of Ephesians 1:1 to 23* (Grand Rapids, MI: Baker Book House, 1978), 71. 마틴 로이드 존스, 《에베소서 강해1(1:1-23)》(기독교문서선교회 역간). 이번 장 전체의 개념 가운데 많은 부분에 대해서 로이드 존스의 이 설교집과 다음 책을 함께 참고하라. D. Martyn Lloyd-Jones, *God's Way of*

Reconciliation: Studied in Ephesians Chapter 2 (Grand Rapids, MI: Baker Book House, 1972). 마틴 로이드 존스, 《에베소서 강해 2(2:1-22)》(기독교문서선교회 역간).

2. 다음 책에 나오는 예화다. Lloyd-Jones, *God's Way of Reconciliation*, 90. 마틴 로이드 존스, 《에베소서 강해 2(2:1-22)》(기독교문서선교회 역간).

3. Lloyd-Jones, *God's Way of Reconciliation*, 103. 마틴 로이드 존스, 《에베소서 강해 2(2:1-22)》(기독교문서선교회 역간).

4. Isaac Watts, "Come Ye That Love the Lord" (찬송가), 1649. 우리말 통일찬송가 249장 〈주 사랑하는 자 다 찬송할 때에〉 3절의 가사다. 천국 생활의 현재성이라는 저자의 취지를 살리기 위해 원문을 직역했다(옮긴이).

5. Achibald Alexander, *Thoughts on Religious Experience* (Edinburgh: Banner of Truth Trust, 1967), xvii. 아치볼드 알렉산더, 《영적 체험》(지평서원 역간).

6. 기도를 통한 그리스도인의 체험을 아주 상세히 논한 다음 책을 참고하라. Timothy Keller, *Prayer: Experiencing Awe and Intimacy with God* (New York: Penguin Books, 2014), 143-186. 팀 켈러, 《팀 켈러의 기도》(두란노 역간).

7. Suzanne MacDonald, "Beholding the Glory of God in the Face of Jesus Christ: John Owen and the 'Reforming' of the Beatific Vision," 출전: *The Ashgate Research Companion to John Owen's Theology*, Kelly M. Kapic & Mark Jones 편집 (Surrey, UK: Ashgate, 2012), 142.

8. 중심 출처는 다음 책이다. John Owen, *Meditations and Discourses on the Glory of Christ* (1684). 이것은 오웬의 마지막 간행물이었다. 몸이 약해져 죽어 가는 동안, 그는 그리스도의 영광을 보리라는 약속으로 돌아가 이를 실천함으로써 죽음을 준비했다. 나도 똑같이 하고 있다. 이 작품의 가장 좋은 버전으로 다음 세 종의 책이 있다. John Owen, *The Glory of Christ: His Office and Grace* (Fearn, Ross-shire, Scotland: Christian Heritage Books, 2015) (현대 영어로 고친 무삭제판). 존 오웬, 《그리스도의 영광》(지평서원 역간). John Owen, *The Glory of Christ*, R. J. K. Law 축약 (Edinburgh: Banner of Truth, 1994) (현대어 축약판). John Owen, *The Works of John Owen*, 제1권, William H. Goold 편집 (Edinburgh: Banner of Truth, 1965), 274-464 (원문).

9. Owen, *Glory of Christ: His Office and Grace*, *The Works of John Owen*, 44-45. 존 오웬, 《그리스도의 영광》(지평서원 역간).

10. Owen, *Glory of Christ: His Office and Grace*, 44-45. *The Works of John Owen*, 44-45. 존 오웬, 《그리스도의 영광》(지평서원 역간).

11. Owen, *Glory of Christ: His Office and Grace*, 49. *The Works of John Owen*, 44-45. 존 오웬, 《그리스도의 영광》(지평서원 역간).

12. Owen, *Glory of Christ: His Office and Grace*, 49 *The Works of John Owen*, 44-45. 존 오웬, 《그리스도의 영광》(지평서원 역간).

13. 다음의 대표적인 설교를 참고하라. Thomas Chalmers, "The Expulsive Power of a New Affection." 다음 웹사이트에서 볼 수 있다. www.monergism.com/thethreshold/sdg/

Chalmers,%20Thomas%20-%20The%20Expulsive%20Power%20of%20a%20New%20Af.pdf.

14. "죽이는" 단계에 대한 대표적인 자료는 다음 책이다. John Owen, *The Works of John Owen*, 제6권, William H. Goold 편집 (Edinburgh: Banner of Truth, 1967), "On the Mortification of Sin in Believers," 2-88. 존 오웬, 《죄 죽이기》(CH북스 역간). "살리는" 단계에 대한 대표적인 자료는 다음 두 책이다. John Owen, *The Works of John Owen*, 제7권, William H. Goold 편집 (Edinburgh: Banner of Truth, 1967), "On the Grace and Duty of Being Spiritually Minded." John Owen, *Meditations and Discourses on the Glory of Christ.*

15. 예수님을 '그 전체가 사랑스러우신 분'(아 5:16)으로 묵상하는 법에 관한 존 오웬의 본보기에 관해서는 다음 책을 참고하라. John Owen, *Communion with the Triune God*, Kelly M. Kapic & Justin Taylor 편집 (Wheaton, IL: Crossway, 2007), 181-182. 존 오웬, 《교제》(복있는사람 역간).

16. Richard B. Hays, *The Moral Vision of the New Testament: A Contemporary Introduction to New Testament Ethics* (New York: HarperOne, 1996), 1-2. 리처드 헤이스, 《신약의 윤리적 비전》(IVP 역간).

17. 이번 문단의 모든 인용구는 다음 책에 나온다. Hays, *Moral Vision of the New Testament*, 2. 리처드 헤이스, 《신약의 윤리적 비전》(IVP 역간).

18. Hays, *Moral Vision of the New Testament*, 209. 리처드 헤이스, 《신약의 윤리적 비전》(IVP 역간). 헤이스는 "도덕 지침의 해석 양식"을 "규율"과 "원리"와 "패러다임"과 "상징적 세계" 네 가지로 꼽았다. 그가 정의하는 "상징적 세계"란 성경이 어떻게 구체적으로 "우리에게 현실 해석의 틀이 되는 인식 범주들을 창출하는가", 성경이 어떻게 인간의 상태와 본성을 보여 주는가, 성경이 어떻게 하나님의 성품을 그려내는가 등이다(209쪽). 나는 "상징적 세계" 대신 "세계관"이라는 용어를 쓸 것이다. 후자가 더 쉽게 와닿는 표현이라 생각되어서다.

19. Hays, *Moral Vision of the New Testament*, 197-198. 리처드 헤이스, 《신약의 윤리적 비전》(IVP 역간).

20. Elisabeth Elliot, *Passion and Purity* (Grand Rapids, MI: Baker, 2013), 73. 엘리자베스 엘리엇, 《열정과 순결》(좋은씨앗 역간).

21. Elliot, *Passion and Purity*, 73. 엘리자베스 엘리엇, 《열정과 순결》(좋은씨앗 역간).

22. Hays, *Moral Vision of the New Testament*, 202. 리처드 헤이스, 《신약의 윤리적 비전》(IVP 역간).

23. Hays, *Moral Vision of the New Testament*, 203. 리처드 헤이스, 《신약의 윤리적 비전》(IVP 역간).

24. Hays, *Moral Vision of the New Testament*, 197. 리처드 헤이스, 《신약의 윤리적 비전》(IVP 역간).

25. Hays, *Moral Vision of the New Testament*, 197. 리처드 헤이스, 《신약의 윤리적 비전》

(IVP 역간).

26. 대반전을 윤리의 기초로 본 또 다른 사상가는 듀크대학교 교수였던 고(故) 알렌 버히다. 다음 책을 참고하라. Allen Verhey, *The Great Reversal: Ethics and the New Testament* (Grand Rapids, MI: Wm. B. Eerdmans, 1984). 알렌 버히, 《신약성경 윤리》(솔로몬 역간). 그러나 그리스도인의 도덕에서 예수님의 부활을 중시한 가장 유명하고 영향력 있는 사상가는 올리버 오도노번이다. 특히 다음 고전에서 이를 볼 수 있다. Oliver O'Donovan, *Resurrection and Moral Order: An Outline for Evangelical Ethics*, 2nd ed. (Grand Rapids, MI: Wm. B. Eerdmans, 1994). 그의 기본 논제에 따르면 "기독교 윤리는 예수 그리스도의 부활에 근거해 있기에"(13쪽) 우리가 "도덕주의자나 반율법주의자"가 될 수도 없거니와(11쪽) 그렇다고 모종의 추상적 "중도"가 제시된 것도 아니다(12쪽). 하나님이 예수님의 육체를 다시 살려 구속하심으로써—그냥 그분의 영혼만 하늘로 올려 가신 것이 아니라—창조 질서가 새롭게 인정되었다. "그리스도가 부활하시기 전에는 …… 창조세계가 실패작이 아닌가 하는 의문이 가능했다. 피조물이 끊임없이 자멸의 행동을 취하고 자신과 더불어 나머지 창조세계까지 말살하려 하니, 하나님의 작품에 구제 불능의 결함이 있다는 뜻은 아닐까? 그리스도께서 죽은 자 가운데서 다시 살아나시기 전에는 …… 창조세계의 구속(救贖)이 아니라 창조세계로부터 구속되기를 혹시 바랄 수도 있었다. …… 복음을 부활 없이 전하면 …… 가운데가 빠진 채 십자가와 승천이 함께 와해되어 영지주의적 피안에 대한 상징으로 변한다. (그러나 그분의 부활 이후에는 알다시피) 인간의 지상 생활이 하나님께 중요하다. 거기에 질서를 부여하신 분이 그분이다. …… 그것을 깨달으면 다음 사실도 이해할 수 있다. …… 즉 우리는 모든 무질서해지려는 것을 배격해야 하지만, 또한 질서를 부정하지 않으면서도 이 질서를 넘어서는 삶을 지향해야 한다"(14-15쪽). 이어지는 오도노번의 논증을 보면, 부활 중심의 윤리는 계몽주의적 합리주의와 종교적 이원론의 중대 과오를 둘 다 비켜 간다. 계몽주의는 신앙이나 계시에 의지하지 않고 도덕 기준을 정하려던 시도였다. 우리의 이성으로 자연계를 관찰하여 도덕 원리("자연법"이라고도 한다)를 식별해야 한다는 것이었다. 하지만 타락한 현 상태의 자연으로부터는 결코 도덕 가치를 읽어 낼 수 없다. 애니 딜라드는 《자연의 지혜》(민음사 역간)에 동물의 잔인성과 통상적 진화 과정의 폭력성을 생생히 묘사했다. Annie Dillard, *Pilgrim at Tinker Creek* (New York: HarperCollins, 1974). 계시의 도움 없이 인간의 이성으로 자연을 관찰하기만 해서는 "도덕 질서"를 귀납적으로 발견할 수 없다. 다른 한편으로 웬만한 종교는 다 이원론적이라서 영을 선하게 보고 물질을 악하게 본다. 이원론에서 생각하는 구원은 이 물질세계를 영구히 벗어나 순전히 영적인 낙원에서 영생하는 것이다. 반면에 예수님의 부활은 본래의 창조세계가 선함을 인정할 뿐 아니라 우리에게 성령의 능력까지 입혀 준다. 덕분에 우리는 하나님의 도덕 지침에 순종하는 가운데, 타락한 세상의 단절된 관계들을 부분적으로나마나 진정으로 치유해 나간다.

9. '은혜'의 새 자아를 입고 경청하다

1. "인종"이란 우열의 위계를 정하기 위해 기존의 민족 개념을 인종별 명칭—"백인, 흑인, 황인"—아래에 포괄한 현대의 구성 개념이다. 이런 논지를 나도 알고 있으며, 그 학문에서 우리가 배울 것이 많다고 믿는다. 그러나 일각에서 역설했듯이, 그런 학문대로라면 오늘날 우리가 이해하는 의미로는 성경의 어떤 저자나 인물도 "인종차별주의자"라고 말할 수 없다. 인종차별주의가 현대의 산물인 만큼 성경의 어느 부분에도 적용될 수 없기 때문이다. 빌 멜론은 유독 강력한 형태의 문화적 인종차별주의가 현대에 생겨났다는 개념을 십분 존중하면서도, 인종차별주의와 "인종화"가 고대에도 존재했으며 특히 갈라디아서 2장의 베드로가 실제로 인종차별주의의 죄를 범했다고 논증한다. 다음 글을 참고하라. Bill Melone, "The Tribe of Ishmael: Whiteness and Christian Identity," *Mere Orthodoxy*, 2020년 3월 24일, https://mereorthodoxy.com/whiteness-christian-identity. 멜론에 따르면 "인종 개념을 근본적으로 규정하는 범주들은 위계적이고, 절대적이며, 정작 육체에서는 이탈되어 있다. 따라서 어떤 집단을 인종화한다는 것은 ⑴ 그 집단을 우열의 잣대로 보고, ⑵ 서로 완전히 분리되어 있어 섞일 수 없는 범주로 분류하며, 급기야는 ⑶ 상대의 정체를 실제의 육체에서 떼어 내 재가공하는 것이다. 그렇다면 베드로는 이방인을 이 세 가지 요소대로 봄으로써 그들을 '인종화했다'고 말할 수 있을까?" 멜론은 "그렇다"라고 답한다.

2. Herman N. Ridderbos, *The Epistle of Paul to the Churches of Galatia*, The New International Commentary on the Old and New Testament (Grand Rapids, MI: Wm. B. Eerdmans, 1953), 226.

3. John Oswalt, *The Book of Isaiah 40-66* (Grand Rapids, MI: Wm. B. Eerdmans, 1998), 547-548. 존 오스왈트, 《NICOT 이사야 2》(부흥과개혁사 역간).

4. Grant R. Osborne, *Revelation* (Grand Rapids, MI: Baker, 2002), 763.

5. Larry W. Hurtado, *Destroyer of the Gods: Early Christian Distinctiveness in the Roman World* (Waco, TX: Baylor University Press, 2016), 93. 래리 허타도, 《처음으로 기독교인이라 불렸던 사람들》(이와우 역간).

6. 다음 여러 책을 참고하라. Irwyn Ince, *The Beautiful Community: Unity, Diversity, and the Church at Its Best* (InterVarsity Press, 2020). Manuel Ortiz, *One New People: Models for Developing a Multiethnic Church* (InterVarsity Press, 1996). George Yancey, *One Body, One Spirit: Principles of Successful Multiracial Churches* (InterVarsity Press, 2003). 조지 A. 얀시, 《다문화 교회의 원리》(기독교문서선교회 역간). Efrem Smith, *The Post-Black and Post-White Church: Becoming the Beloved Community in a Multi-Ethnic World* (Josey-Bass, 2012).

7. 다음 두 책을 참고하라. David Swartz, *Culture and Power: The Sociology of Pierre Bourdieu* (Chicago: University of Chicago Press, 1998). David Swartz, *Symbolic Power, Politics, and Intellectuals: The Political Sociology of Pierre Bourdieu* (Chicago: University of Chicago Press, 2013).

8. Joel B. Green, *The Gospel of Luke, The New International Commentary on the New*

Testament (Grand Rapids, MI: Wm. B. Eerdmans, 1997), 550-551. 조엘 그린, 《NICNT 누가복음》(부흥과개혁사 역간).

9. "14절 상반절에 팔복과 비슷하게 선포된 복을 놓쳐서는 안 된다. 예수님이 말씀하시는 복된 상태란 보상을 기대하거나 바라지 않고 베풀었다는 사실 자체에 있다. 물론 14절 하반절에 나와 있듯이, 이 복은 종말에 하나님의 "갚음"의 형태로 임하지만, 예수님의 권고는 순수한 베풂을 하나님께 복을 받을 목적으로 하지 말라는 것이다. 누가가 이미 밝혔듯이, 인간의 베풂은 하나님의 무한한 자비를 감사하는 마음에서 흘러나온다(눅 6:36). 거기에 이제 그는 형편이 어려운 이들에게 이해타산 없이 베풀면 반드시 보상이 따른다고 덧붙인다." Green, *Gospel of Luke*, 554.

10. 다음 글을 참고하라. N. T. Wright, "Resurrection of the Dead," 출전: *Dictionary for the Theological Interpretation of the Bible*, Kevin J. Vanhoozer 편집 (Grand Rapids, MI: Baker Books, 2005), 676-678.

11. Gordon D. Fee, *The First Epistle to the Corinthians*, The New International Commentary on the New Testament (Grand Rapids, MI: Wm. B. Eerdmans, 1987), 233-234. 고든 피, 《NICNT 고린도전서》(부흥과개혁사 역간).

12. Kyle Harper, *From Shame to Sin: The Christian Tranformation of Sexual Morality in Late Antiquity* (Cambridge, MA: Harvard University Press, 2013), 89.

13. Hurtado, *Destroyer of the Gods*, 155-175. 래리 허타도, 《처음으로 기독교인이라 불렸던 사람들》(이와우 역간).

14. 하퍼가 지적했듯이 사도행전 15장에 사도들이 결정한 규례에 "포르네이아"가 포함되어 있다는 것은 이 단어가 그만큼 중요해 "육체에 대한 청지기 사명 전체를 하나로 압축하는 엄청난 위력을 지니고 있다"는 뜻이다. Harper, *From Shame to Sin*, 90.

15. C. S. Lewis, *Mere Christianity* (New York: MacMillan, 1958), 81. C. S. 루이스, 《순전한 기독교》 (홍성사 역간).

16. Anthony C. Thiselton, *The First Epistle to the Corinthians: A Commentary on the Greek Text*, New International Greek Testament Commentary (Grand Rapids, MI: Wm. B. Eerdmans, 2000), 474.

17. "유대교의 신이 자신이 선택한 백성을 향해 느끼신 사랑은 무심한 [이교] 신들이 보여 준 무엇과도 달라서 오랜 세월 이방인들의 시기심을 불러일으켰다. …… 이제 …… 그리스도께서 오심으로써 …… 유대인만이 '하나님의 자녀'이던 시대는 끝났다." Tom Holland, *Dominion: How the Christian Revolution Remade the World* (New York: Basic Books, 2019), 86. 톰 홀랜드, 《도미니언》(책과함께 역간). 홀랜드가 이 책 전체에 제시했듯이 하나님과 그분 백성의 서로 사랑하는 관계는 동양 종교들에도 없었고(신이 사실상 비인격체이므로) 서구 종교들에도 없었다(신들이 너무 변덕스럽고 인간사에 무관심했으므로).

18. C. S. Lewis, *The Problem of Pain* (New York: HarperCollins, 1996), 157. C. S. 루이스, 《고통의 문제》(홍성사 역간).

19. Lewis, *Problem of Pain*, 157-158. C. S. 루이스, 《고통의 문제》(홍성사 역간).

10. 가난하고 약한 사람을 사랑하는 자리에 '능동적으로' 서다

1. 다음 설교를 참고하라. Jonathan Edwards, "Sermon Fifteen: Heaven is a World of Love," 출전: *The Works of Jonathan Edwards*, WJE Online, Jonathan Edwards Center, Yale University, http://edwards.yale.edu/archive?path=aHR0cDovL2Vkd2 FyZHMueWFsZS5lZHUvY2dpLWJpbi9uZXdwaGlsby9nZXRRdmplpmlY3QucGGw/ Yy43OjQ6MTUud2plbw==.

2. 이것이 I. 릴리어스 트로터의 저작의 중심 주제 중 하나다. 다음 책을 참고하라. I. Lillias Trotter, *Parables of the Cross* (Orland Park, IL: Oxvision Books, 2014).

3. Jonathan Edwards, "Christian Charity or The Duty of Charity to the Poor, Explained and Enforced," Bible Bulletin Board, www.biblebb.com/files/edwards/charity.htm.

4. J. G. McConville, *Deuteronomy: Apollos Old Testament Commentary* (Leicester, UK: 2002), 104. J. G. 맥콘빌, 《AOTC 신명기》(부흥과개혁사 역간).

5. 본래 모세 율법은 모든 불신 국가에게 참된 지혜와 참된 정의를 계몽하도록 되어 있었다(신 4장). 율법이 모든 문화에 어느 정도는 적용될 수 있으며, 따라서 시대를 초월하는 하나님의 지혜와 정의를 담고 있다는 뜻이다. 그렇다면 그리스도인은 모세 율법의 모든 조항에 순종해야 할까? 예수님이 오신 뒤로는 구약의 그 무엇도 신자에게 구속력이 없다고 주장하는 사람이 많다. 반면에 마치 예수님의 강림으로 달라진 것이 전혀 없다는 듯 구약에서 윤리를 도출하는 사람들도 있다.

역사적으로 가장 균형 잡힌 시각은 17세기 개신교 고백 문서인 웨스트민스터 신앙고백서의 정리일 것이다(나중에 스코틀랜드교회와 전 세계 장로교에 채택되었다). 거기 19장에서는 구약의 율법을 세 종류로 구분했다. 첫째로 십계명 같은 일반 도덕법이 있다. 둘째는 이스라엘의 민법과 재판법으로 이삭줍기나 군복무나 품삯 지급 등에 관한 법률이 이에 해당한다. 끝으로 성막 예배와 관련된 "의식법"에는 예배에 합당한 "정결함"과 동물 제사 등이 많은 의식 규율로 규정되어 있다. 이 신앙고백서에 따르면 의식법은 그리스도 안에서 다 성취되었으므로 구속력이 없는 반면 십계명은 로마서 13장 8-10절, 요한일서 2장 3-4절과 7절, 예수님이 십계명을 강해하신 산상수훈 등에서 보듯이 여전히 우리에게 구속력이 있다. 그렇다면 민법이나 재판법은 어떨까?

그런 법을 부여받은 "정치체"로서의 이스라엘은 "이미 그 민족의 국가와 더불어 수명이 다했다"(웨스트민스터 신앙고백서 19장 4항). 유대 민족이 더는 존재하지 않는다는 말이 아니라 그 "국가"—모세 율법이 곧 헌법인 특수한 형태의 군주제—가 소멸되었다는 뜻이다. 아울러 민법과 재판법은 도덕법을 농경 경제와 문화에 세부적으로 적용한 것인데, 그런 농경 사회도 이제 다분히 자취를 감추었다. 그래서 이 신앙고백서에 따르면 이런 법률은 "그 안에 담겨 있는 보편적 공정성의 개념을 제외하고는 더는 누구에게도 구속력이 없다." 이것은 놀랍도록 절묘한 해석이다. 조목조목 상술된 이스라엘의 "재판법" 자체는 우리에게 구속력이 없다. 그러나 모든 조항의 배후에 "공정성" 내지 정의의 일반 원리가 깔려 있으며, 신명기 4장에 암시되어 있듯이 이는 모든 시대와 문화가 각자의 사회를 평가할 수 있는 기준이 된다.

이 신앙고백서에 인용한 신약의 본문들을 보면, 바울은 그리스도인에게 권면할 때 문구 자체의 구속력을 잃은 그 민법에 근거하곤 했다. 고린도전서 9장 8-10절에 그는 신명기 25장 4절("곡식 떠는 소에게 망을 씌우지 말지니라")의 기본 원칙에 입각하여, 그리스도인들이 전임 사역자를 후원해야 한다고 했다. 또 다른 예인 고린도후서 8장 13-15절에는 출애굽기 16장 18절—만나를 거두는 규정—의 기본 "공정성"을 그리스도인이 가난한 자들에게 희생적으로 베풀어야 한다는 원리에 적용했다. 개혁교단과 칼뱅주의의 문서인 이 신앙고백서는 구약을 보는 관점에서 칼뱅의 선례를 따랐다고 보아도 무방하다. 칼뱅 역시 재판법에 똑같이 접근했다.

침례교 등 많은 교단은 구약의 율법을 별개의 세 부류로 구분하는 장로교와 성공회의 신앙고백에 반대한다. 세 범주의 경계선이 늘 확실하지만은 않다는 그들의 지적에도 일리는 있다. 그럼에도 지난 50년간 많은 교단과 전통을 아우르는 정통과 보수 성경학자들 사이에 다음과 같은 합의가 이루어져 있었다. 즉 구약의 민법과 재판법에는 시대를 초월하는 정의의 원리가 반영되어 있으며, 따라서 우리는 그런 원리를 이 시대 이 자리에 구현할 방도를 모색해야 한다. 이 주제를 탁월하게 개괄한 현대의 자료로 다음 두 책을 참고하라. Walter Kaiser, *Toward Old Testament Ethics* (Grand Rapids, MI: Zondervan, 1983). 월터 카이저, 《구약성경 윤리》(생명의말씀사 역간). Christopher J. H. Wright, *Old Testament Ethics for the People of God* (Downers Grove, IL: InterVarsity Press, 2004). 크리스토퍼 라이트, 《현대를 위한 구약윤리》(IVP 역간). 아울러 다음 책도 참고하라. William W. Klein, Craig L. Blomberg & Roberts Hubbard Jr., *Introduction to Biblical Interpretation*, 제3판 (Grand Rapids, MI: Zondervan, 2017), 443-451. 윌리엄 클라인, 《성경해석학 총론》(생명의말씀사 역간). 이 책의 세 공저자는 침례교인으로서, 위와 같이 엄격하게 셋으로 나누는 장로교와 성공회의 입장을 배격한다. 하지만 그중 블룸버그가 구약 율법에 대해 썼듯이, 그들도 "율법의 원리는 어떤 식으로든 모든 문화에 적용되어야 하며" 우리가 "문화를 초월하는 가치"를 찾아내야 한다고 보았다.

시편 기자들 시대와 모세 시대의 예루살렘은 "온 세계가 즐거워"하는 도성이 되어야 했다. 모범적 정의와 문화생활의 질이 결정적 역할을 하여, 열방을 하나님의 영광으로 사로잡아야 했다. 그렇다면 이 땅의 예루살렘의 율법이 단속적이고 부분적으로나마 하늘의 예루살렘의 완전한 정의를 가리켜 보였다고 볼 수 있다. 그래서 우리는 구약의 여러 지시와 원리에서 오늘날 정의를 실천할 우리의 지침을 모색할 수 있다. 구약이 신약 속에 어떻게 활용되었는지를 늘 잘 살피면서 말이다.

6. Craig Blomberg, *Neither Poverty nor Riches: A Biblical Theology of Possessions* (Leicester, UK: Apollos, 1999), 46. 크레이그 블룸버그, 《가난하게도 마옵시고 부하게도 마옵소서》 (IVP 역간).

7. 잠언 구절은 GNT 성경이고 시편 구절은 ESV 성경이다.

8. John B. Taylor, *Ezekiel: An Introduction and Commentary* (London: Tyndale, 1969), 147. 존 B. 테일러, 《에스겔: 틴델 구약주석 시리즈 16》(기독교문서선교회 역간).

9. Richard Rothstein, "The Black Lives Next Door," *The New York Times*, 2020년 8월 15일, www.nytimes.com/2020/08/14/opinion/sunday/blm-residential-segregation.html.

10. Robert Bellah 외, *Habits of the Heart: Individualism and Commitment in American*

Life (Berkeley: University of California Press, 2007). 벨라의 기본 논증 가운데 하나는 이것이다. 문화가 공식적으로 세속적이고 개인주의적이어도 괜찮으려면 '공동체와 가정의 불가피한 침식, 이기주의로 흐르는 경향'을 도덕적 소신으로 상쇄할 수 있는 종교인이 높은 비율로 존재해야 한다.

11. Clarence Darrow, "Crime and Criminals: Address to the Prisoners in the Chicago Jail" (연설, 1902년), Bureau of Public Secrets, www.bopsecrets.org/CF/darrow.htm.

12. Charles Taylor, *Avenues of Faith: Conversations with Jonathan Guilbault* (Waco, TX: Baylor University Press, 2020), 5-7.

13. 이 주제를 혁신적으로 다룬 글을 보려면 네덜란드의 신학자 헤르만 바빙크가 1913년에 쓴 것을 최근에야 네덜란드어에서 번역한 다음 책을 참고하라. Herman Bavinck, *Christian Worldview*, Nathaniel Gray Sutanto, James Eglinton & Cory C. Brock 편집 및 번역 (Wheaton, IL: Crossway, 2019). 헤르만 바빙크, 《헤르만 바빙크의 기독교 세계관》(다함 역간). 저작 시점이 한 세기도 더 전인데도 바빙크는 이미 계몽주의의 과학적 유물론과 프리드리히 니체의 원시 "해체주의" 사상이라는 쌍둥이 세력에 맞서고 있었다. 바빙크는 모든 세속 세계관의 특징을 세 가지로 보았다. (1) 환원주의적 또는 "기계적"이어서 모든 생명을 유물(唯物) 상태로 설명하려 한다. (2) 하나님의 창조세계 가운데 일부 선한 요소를 악의 뿌리로 악마화할 수밖에 없다. (3) 반대로 창조세계의 일부 타락하고 불완전한 요소를 구원으로 승격시키거나 우상화할 수밖에 없다. 바빙크가 보여 주었듯이 이런 불충분한 설명은 우리의 머리와 가슴을 통합하지 못한다. 즉 인간의 삶에 대한 우리의 사고는 직관적 지식에서 비롯될 뿐이다.

14. 잠언 13장 23절은 이렇게도 번역할 수 있다. "가난한 사람들의 경작하지 않은 밭이 많은 양식을 생산하지만 그들의 생활은 불의에 휩쓸린다." 다음 책을 참고하라. Bruce K. Waltke, *Book of Proverbs: Chapters 1-15* (Grand Rapids, MI: Wm. B. Eerdmans, 2004), 549-550. 브루스 월트키, 《NICOT 잠언 I (1-15장)》(부흥과개혁사 역간). "경작하지 않은 밭이 …… 생산"한다 함은 땅이 아주 비옥해서 휴경 중에도 결실한다는 뜻이고, "많은 양식"이라 함은 가난한 사람들이 그것을 열심히 거두어들인다는 뜻이다. 그런데 그들은 왜 가난할까? "그들의 생활은 불의[히브리어로 '로 미쉬파트']에 휩쓸"리기 때문이다. 그래서 빈곤의 원인에는 세 가지가 있을 수 있다. 바로 환경적 원인, 개인적 원인, 사회적 원인이다. 잠언에 따르면 가난은 때로는 부족한 자원 때문이고 때로는 개인의 무책임 탓이다. 그러나 이 말씀에 보듯이 빈곤은 순전히 불의에서 비롯될 수도 있으며, 이 경우 가난한 사람 자신은 아무런 잘못이 없다.

15. James Mumford, *Vexed: Ethics Beyond Political Tribes* (London: Bloomsbury, 2020).

16. 다음 책을 참고하라. Yuval Levin, *A Time to Build: From Family and Community to Congress and the Campus, How Recommitting to Our Institutions Can Revive the American Dream* (New York: Basic Books, 2020). 특히 3장 "We the People," 45-68쪽을 보라.

17. 이번 장을 오해하여 지역 교회의 본분을 주로 사회 참여와 사회봉사로 보아서는 안 된다. 교회의 일차적 사명은 예배, 말씀 교육, 세례와 성만찬의 시행, 전도, 제자 훈련 등이다. 교회가 사람들을 신앙으로 인도하고 제자로 훈련하여 새로운 창조세계와 부활

에 대한 성경적 믿음 등 복음에 함축된 모든 의미를 가르친다면, 세상의 '빛과 소금' 역할을 하면서(마 5:13-16) 선한 사마리아인의 비유(눅 10:25-37)처럼 정의와 선행을 실천하고 이웃을 사랑할 신자들을 꾸준히 낳게 마련이다. 경험으로 입증되듯이 대개 지역 교회의 장로들은 교회를 이끌면서 동시에 지역사회 개발 단체, 주택 공급 법인, 마약 재활 시설, 학교 등을 운영할 전문 지식까지 겸비하고 있지는 못하다. 제도 교회의 우선적 책임은 하나님의 말씀을 통한 전도와 제자 훈련에 있다. 그러나 제자 훈련은 그리스도인들에게 각자의 도시와 생활 반경에서 정의를 실천하려는 목적의식을 길러 주고 실제로 준비시켜 주어야 한다. 그렇지 않으면 말씀과 복음에 충실하지 못한 것이다.

18. O'Donovan, *Resurrection and Moral Order: An Outline for Evangelical Ethics* (Grand Rapids, MI: Wm. B. Eerdmans, 1986).

19. C. S. Lewis, *Mere Christianity* (New York: MacMillan, 1958), "The Practical Conclusion," 50. C. S. 루이스, 《순전한 기독교》(홍성사 역간).

20. C. S. Lewis, *Mere Christianity*, "The Rival Conceptions of God," 31. C. S. 루이스, 《순전한 기독교》(홍성사 역간).

21. N. T. Wright, *For All God's Worth: True Worship and the Calling of the Church* (Grand Rapids, MI: Wm. B. Eerdmans, 1997), 65-66. 톰 라이트, 《톰 라이트 예배를 말하다》(에클레시아북스 역간).

11. 터져 나오는 눈물, 낭비하지 않고 '기쁨의 씨'로 뿌리다

1. Christopher Watkin, *Michel Foucault*, Great Thinkers Series (Phillipsburg, NJ: Presbyterian and Reformed, 2018), 81.

2. 다음 책을 참고하라. John Stott, *The Message of the Sermon on the Mount: Christian Counter-Culture* (Downers Grove, IL: InterVarsity Press, 1978). 존 스토트, 《존 스토트의 산상수훈》(생명의말씀사 역간). "반문화"(counter-culture)라는 단어는 이 책의 부제에서 따왔다.

3. Stott, *The Message of the Sermon on the Mount*, 18-19. 존 스토트, 《존 스토트의 산상수훈》(생명의말씀사 역간).

4. Michael Wilcock, *The Savior of the World: The Message of Luke's Gospel*, The Bible Speaks Today (Downers Grove, IL: InterVarsity Press, 1979), 86. 《누가복음 강해: 온 세상의 구세주》(IVP 역간).

5. John Nolland, *Luke 9:21-18:34*, 제35B권, Word Biblical Commentary (Dallas: Word, 1993), 828. 존 놀랜드, 《누가복음 중: WBC 성경주석 35》(솔로몬 역간).

6. David Foster Wallace, "Commencement Address" (연설, Kenyon College, Gambier, OH, 2005년 5월 21일). 다음 웹사이트에서 원고를 볼 수 있다. https://web.ics.purdue.

edu/~drkelly/DFWKenyonAddress2005. pdf.

7. 정말 성 아빌라의 테레사(1515-1582년)라는 실존 인물이 한 말인지는 확인이 불가능하다. 그러나 잘 알려져 있고 자주 인용되는 말이다.

8. C. S. Lewis, *Mere Christianity* (New York; MacMillan, 1958), "The New Man," 174-175. C. S. 루이스, 《순전한 기독교》(홍성사 역간).

9. Gregory K. Beale, *Redemptive Reversals and the Ironic Overturning of Human Wisdom* (Wheaton, IL: Crossway, 2019), 118.

10. Beale, *Redemptive Reversals*, 120.

11. William Goldman, *Four Screenplays with Essays* (New York: Applause Books, 2000), "The Princess Bride," 324.

12. Derek Kidner, *Genesis: An Introduction and Commentary* (Downers Grove, IL: InterVarsity Press, 1967), 212. 데렉 키드너, 《창세기: 틴델 구약주석 시리즈 1》(기독교문서선교회 역간).

13. Paul Barnett, *The Second Epistle to the Corinthians*, The New International Commentary on the New Testament (Grand Rapids, MI: Wm. B. Eerdmans, 1997), 73. 폴 바넷, 《NICNT 고린도후서》(부흥과개혁사 역간).

14. John Owen, *The Glory of Christ*, R. J. K. Law 축약 (Edinburgh: Banner of Truth, 1994), 115.

15. John Owen, *Works*, W. Goold 편집, 제7권, *Sin and Grace* (London: Banner of Truth, 1965), "The Grace and Duty of Being Spiritually Minded," 347.

12. 부활 예수, '끝'이 아닌 '새 시작'을 향해 역사를 이끄신다

1. David Brooks, "America Is Facing 5 Epic Crises All at Once," *The New York Times*, 2020년 6월 25일, www. nytimes. com/2020/06/25/opinion/us-coronavirus-protests. html.

2. Robert Nisbet, *History of the Idea of Progress* (New York: Basic Books, 1980), 10-46.

3. Nisbet, *History of the Idea of Progress*, 47.

4. Nisbet, *History of the Idea of Progress*, 47.

5. Nisbet, *History of the Idea of Progress*, 47. 강조는 내가 추가했다.

6. Nisbet, *History of the Idea of Progress*, 172.

7. Nisbet, *History of the Idea of Progress*, 277.

8. Nisbet, *History of the Idea of Progress*, 171.

9. Nisbet, *History of the Idea of Progress*, 317.

10. H. G. Wells, *A Short History of the World* (New York: J. J. Little and Ives, 1922), 426-427. H. G. 웰스, 《H. G. 웰스의 세계사 산책》(옥당 역간).

11. H. G. Wells, *H. G. Wells Non-fiction Trio*, 제3권, *New Worlds for Old, the Fate of Man, Russia in the Shadows* (CreateSapce Independent Publishing Platform, 2017), "The Fate of Man," 232. "The Fate of Man"은 원래 다음 책으로 간행되었다. *The Fate of Homo Sapiens* (London: Secker and Warburg, 1939).

12. H. G. Wells, *The Last Books of H. G. Wells: The Happy Turning: A Dream of Life and Mind at the End of Its Tether* (Rhinebeck, NY: Monkfish, 2006), 54.

13. Jean-François Lyotard, *The Postmodern Condition: A Report on Knowledge*, G. Bennington & B. Massumi 번역 (Minneapolis: University of Minnesota Press, 1984) 9장 "Narratives of the Legitimation of Knowledge," 31-37쪽을 참고하라. 장 프랑수아 리오타르, 《포스트모던의 조건》(민음사 역간).

14. Lyotard, *Postmodern Condition*, 32. 장 프랑수아 리오타르, 《포스트모던의 조건》(민음사 역간).

15. Nisbet, *History of the Idea of Progress*, 318.

16. 프랑스학 교수가 푸코를 기독교적 관점에서 탁월하게 요약하고 평가한 내용을 보려면 다음 책을 참고하라. Christopher Watkin, *Michel Foucault* (Phillipsburg, NJ: Presbyterian and Reformed, 2018).

17. David A. Graham, "The Wrong Side of 'the Right Side of History,'" *The Atlantic*, 2015년 12월 21일, www.theatlantic.com/politics/archive/2015/12/obama-right-side-of-history/420462.

18. Charles Taylor, *A Secular Age* (Cambridge, MA: Belknap Press, 2007), 716-717.

19. Margaret O'Mara, "The Church of Techno-Optimism," *The New York Times*, 2019년 9월 28일, www.nytimes.com/2019/09/28/opinion/sunday/silicon-valley-techno-optimism.html.

20. James E. Krier & Clayton P. Gillette, "The Un-easy Case for Technological Optimism," *University of Michigan Law Review* 84 (1985): 405-429, https://repository.law.umich.edu/articles/928/.

21. 일례로 다음 기사가 있다. Kara Swisher, "The Immunity of the Tech Giants," *The New York Times*, 2020년 5월 1일, www.nytimes.com/2020/05/01/opinion/tech-companies-coronavirus.html.

22. Nisbet, *History of the Idea of Progress*, 351.

23. Nisbet, *History of the Idea of Progress*, 351.

24. 이 견해의 한 예로 사회주의자 변호사인 클래런스 대로우가 쿡 카운티 교도소의 재소자들에게 한 연설을 참고하라. Clarence Darrow, "Crime and Criminals: Address

to the Prisoners in the Chicago Jail" (연설, 1902년), Bureau of Public Secrets, www. bopsecrets.org/CF/darrow.htm.

25. 다음 책에 인용된 말이다. Dorothy Sayers, *Creed or Chaos?* (New York: Harcourt, 1949), 39.

26. C. E. M. Joad, *The Recovery of Belief* (London: Faber and Faber, 1952), 61.

27. Joad, *Recovery of Belief*, 63.

28. Joad, *Recovery of Belief*, 74.

29. Joad, *Recovery of Belief*, 82.

30. C. S. Lewis, *Present Concerns* (London: Fount Paperbacks, 1986), "On Living in an Atomic Age," 74. C. S. 루이스, 《현안: 시대 논평》(홍성사 역간).

31. Lewis, "On Living in an Atomic Age," 74-75.

32. Brian Greene, *Until the End of Time: Mind, Matter, and Our Search for Meaning in an Evolving Universe* (New York: Alfred A. Knopf, 2020), 321.

33. William Shakespeare, *Macbeth*, 5막 5장. 《맥베스》.

34. Lewis, "On Living in an Atomic Age," 76. C. S. 루이스, 《현안: 시대 논평》(홍성사 역간).

35. N. T. Wright, *Surprised by Scripture: Engaging Contemporary Issues* (New York: HarperOne, 2014), 61. 톰 라이트, 《시대가 묻고 성경이 답하다》(IVP 역간).

36. Wright, *Surprised by Scripture*, 61. 톰 라이트, 《시대가 묻고 성경이 답하다》(IVP 역간).

37. Watkin, *Michel Foucault*, 102.

38. Gerhard Kittel, *Gerhard Friedrich & Geoffrey William Bromiley*, Theological Dictionary of the New Testament (Grand Rapids, MI: Wm. B. Eerdmans, 1985), 231. 게르하르트 킷텔, 《신약성서 신학사전》(요단출판사 역간).

39. J. R. R. Tolkien, *The Return of the King* (1955; 2nd ed., New York: HarperCollins, 2004), 1148-1149. J. R. R. 톨킨, 《왕의 귀환》(씨앗을뿌리는사람 역간).

에필로그

1. 이런 구절들에 대한 이 해석은 다음 책의 주해와 분석에 기초한 것이다. Derek Kidner, *Psalms 73-150: An Introduction and Commentary*, 제16권, Tyndale Old Testament Commentaries (Downers Grove, IL: InterVarsity Press, 1975), 450.

2. Noel Paul Stookey, "Building Block" (노래), 1977.

3. Stookey, "Building Block."

4. S. Baring-Gould, "Onward, Christian Soldiers" (찬송가), 1609. 우리말 통일찬송가 389장

〈믿는 사람들은 군병 같으니〉.

5. Ernest W. Shurtleff, "Lead On, O King Eternal" (찬송가), 1887.

6. Michael Wilcock, *The Message of the Psalms 73-150* (Downers Grove, IL: InterVarsity Press, 2001), 65.